应用型本科院校“十三五”规划教材/体育类

主　编　那小波　王　勇
副主编　吴瑞巍　安警波　李兴凯　刘　晨
参　编　徐　丹　马丹丹　关文博
　　　　刘志涛　隋嘉奕

大学体育与健康

（第2版）

College Physical Education and Health Education

哈爾濱工業大學出版社

内容简介

本书共20章，主要内容有：体育概述、大学体育、科学的体育锻炼、《国家学生体质健康标准》与体育卫生保健、奥林匹克运动会、田径运动、健美操、足球、篮球、排球、乒乓球、羽毛球、跆拳道、毽球、武术、体育舞蹈、瑜伽、速度滑冰、轮滑和滑雪。

本书可作为应用型本科院校公共体育课教材，也可供体育爱好者参考。

图书在版编目(CIP)数据

大学体育与健康/那小波，王勇主编. —2版.
—哈尔滨：哈尔滨工业大学出版社，2017.7
应用型本科院校"十三五"规划教材
ISBN 978-7-5603-6711-8

Ⅰ.①大… Ⅱ.①那… ②王… Ⅲ.①体育-高等学校-教材 ②健康教育-高等学校-教材
Ⅳ.①G807.4

中国版本图书馆CIP数据核字(2017)第125580号

策划编辑 杜 燕
责任编辑 苗金英
出版发行 哈尔滨工业大学出版社
社 址 哈尔滨市南岗区复华四道街10号 邮编150006
传 真 0451-86414749
网 址 http://hitpress.hit.edu.cn
印 刷 哈尔滨久利印刷有限公司
开 本 787mm×1092mm 1/16 印张19.25 字数439千字
版 次 2016年7月第1版 2017年7月第2版 2017年7月第1次印刷
书 号 ISBN 978-7-5603-6711-8
定 价 36.80元

序

哈尔滨工业大学出版社策划的《应用型本科院校“十三五”规划教材》即将付梓,诚可贺也。

该系列教材卷帙浩繁,凡百余种,涉及众多学科门类,定位准确,内容新颖,体系完整,实用性强,突出实践能力培养。不仅便于教师教学和学生学习,而且满足就业市场对应用型人才的迫切需求。

应用型本科院校的人才培养目标是面对现代社会生产、建设、管理、服务等一线岗位,培养能直接从事实际工作、解决具体问题、维持工作有效运行的高等应用型人才。应用型本科与研究型本科和高职高专院校在人才培养上有着明显的区别,其培养的人才特征是:①就业导向与社会需求高度吻合;②扎实的理论基础和过硬的实践能力紧密结合;③具备良好的人文素质和科学技术素质;④富于面对职业应用的创新精神。因此,应用型本科院校只有着力培养“进入角色快、业务水平高、动手能力强、综合素质好”的人才,才能在激烈的就业市场竞争中站稳脚跟。

目前国内应用型本科院校所采用的教材往往只是对理论性较强的本科院校教材的简单删减,针对性、应用性不够突出,因材施教的目的难以达到。因此亟须既有一定的理论深度又注重实践能力培养的系列教材,以满足应用型本科院校教学目标、培养方向和办学特色的需要。

哈尔滨工业大学出版社出版的《应用型本科院校“十三五”规划教材》,在选题设计思路上认真贯彻教育部关于培养适应地方、区域经济和社会发展需要的“本科应用型高级专门人才”精神,根据前黑龙江省委书记吉炳轩同志提出的关于加强应用型本科院校建设的意见,在应用型本科试点院校成功经验总结的基础上,特邀请黑龙江省9所知名的应用型本科院校的专家、学者联合编写。

本系列教材突出与办学定位、教学目标的一致性和适应性,既严格遵照学科体系的知识构成和教材编写的一般规律,又针对应用型本科人才培养目标及与之相适应的教学特点，精心设计写作体例，科学安排知识内容，围绕应用讲授理论，做到“基础知识够用、实践技能实用、专业理论管用”。同时注意适当融入新理论、新技术、新工艺、新成果，并且制作了与本书配套的PPT多媒体教学课件，形成立体化教材，供教师参考使用。

《应用型本科院校“十三五”规划教材》的编辑出版，是适应“科教兴国”战略对复合型、应用型人才的需求，是推动相对滞后的应用型本科院校教材建设的一种有益尝试，在应用型创新人才培养方面是一件具有开创意义的工作，为应用型人才的培养提供了及时、可靠、坚实的保证。

希望本系列教材在使用过程中，通过编者、作者和读者的共同努力，厚积薄发、推陈出新、细上加细、精益求精，不断丰富、不断完善、不断创新，力争成为同类教材中的精品。

第 2 版前言

为了应对现代文明给人类健康带来的新问题，一个全球性的健康促进战略——面向21世纪的国际健康促进运动，已经在全世界范围内展开。无论是我国的“全民健身计划纲要”，还是美国的“健康公民2000年计划”、新加坡的“生命在于运动计划”、日本的“国家促进健康基本计划”等，都紧紧地围绕着一个目标，即“体育为健康”；努力使体育成为现代健康生活方式的基石。中共中央国务院《关于深化教育改革全面推进素质教育的决定》提出了学校教育要树立健康第一的指导思想，充分体现了党中央对教育、对青少年健康成长的关怀。应用型本科院校主要是以“应用型与技能型”为主，体育教育作为应用型本科高等院校的公共基础课承载着重要的使命，传统的大学体育教育已经不能适应时代的发展与需要，面对此情况，我们的编写团队结合应用型本科院校的特点，特此编写了本书。

本书是根据国务院批准颁布实施的《学校体育工作条例》和教育部《全国普通高等学校体育课程教学指导纲要》的精神以及教育部、国家体育总局新颁布的《国家学生体质健康标准》实施办法的基本要求，结合近年应用型本科院校的特点，根据实际情况编写的。本书贯彻“健康第一”的指导思想，在更新观念的前提下，注意体育与健康的有机结合，使学生在加强身体锻炼的同时，学习一些体育保健知识和健康教育知识，使体育教学内容既有身体锻炼的手段，又有健康锻炼的基础理论和健康生活的科学方法，为大学生体育课程学习和自我身体锻炼提供科学的指导，同时也为推进大学生素质教育奠定一定的理论基础。

全书共分为20章，由基本理论、田径运动、健身健美运动、球类运动、游泳、轮滑运动、跆拳道、武术、瑜伽和冰雪运动等内容组成，使学生不但对体育的产生、发展以及体育对人体发展的影响等理论有一个宏观的认识，而且对各项运动的基本技术和比赛基本规则有更好的理解，为以后终身体育运动打下了坚实的基础。

本书由那小波、王勇担任主编，吴瑞巍、安警波、李兴凯、刘晨担任副主编，徐丹、马丹丹、关文博、刘志涛、隋嘉奕参编。具体分工如下：那小波编写第1章1.1和1.3节、第4章、第10章、第11章、第14章（字数为10.1万字）；王勇编写第8章、第18章、第1章1.2节（字数为5.1万字）；吴瑞巍编写第2章、第5章、第12章、第1章1.4节（字数为5.1万字）；安警波编写第3章、第6章、第15章15.1、15.2、15.3节（字数为5.05万字）；李兴凯编写第19章、第20章20.1节（字数为2.05万字）；刘晨编写第16章、第20章20.2、20.3

节(字数为 2.05 万字);徐丹编写第 7 章、第 17 章(字数为 5.1 万字);马丹丹编写第 15 章 15.4 节(字数为 1.5 万字);关文博编写第 9 章 9.3、9.4 节和附录(字数为 2.1 万字);刘志涛编写第 9 章 9.1、9.2 节(字数为 2.01 万字);隋嘉奕编写第 13 章(字数为 3.1 万字)。

本书体例新颖、内容精练、实用性强,适合作为应用型本科院校各专业公共体育课程的教材,也可供相关专业人员和广大体育爱好者学习参考。

由于编者水平有限,书中不妥之处在所难免,请各位专家同仁批评指正!

编者

2017 年 5 月

目　录

第1章 体育概述

【学习目标】

1. 理解体育的概念。

2. 了解体育的产生及发展脉络。

3. 了解体育的组成及体育的功能。

4. 了解体育与健康的关系。

【内容提要】

本章主要内容为:体育的概念;体育的产生与发展;体育的分类与功能;体育与健康的关系。

1.1 体育的概念

体育作为一个专门的科学领域,是在人类社会长期的实践中,随着社会生活和生产的不断发展而逐步形成和建立起来的,它受社会政治、经济和文化的影响与制约,也为社会政治、经济和文化服务。

近几十年来,体育的实践有了很大的发展,出现了身体教育、竞技运动和身体锻炼三个互相区别而又互相联系的内容,并逐渐发展成为一个与教育和文化相并列的新体系。到了20世纪50年代,各国学者越来越感到“体育”(即身体教育,physical education)这个反映教育范畴的专用词,已不能概括新发展起来的这个学术领域的全部内容,需要创立一个新名词。1953年,有40多个国家在美国举行了第一次国际体育会议,曾讨论过这个问题。以后,美国、原联邦德国、加拿大、前苏联、日本等国都曾展开过讨论。1963年成立了“统一体育术语国际研究会”,第一届大会就是以讨论体育基本概念为中心,后来还编辑出版了《体育术语小辞典》。美国百科全书用的是 physical education and sport(体育与运动),释文是“泛指一切非生产性的体力活动,即从兴趣出发,以竞技为目的和以强健身体为目的的体力活动”。但在英文中还有两个类似的词,一个是美国百科全书中的 athletic sports(直译是“竞技运动”,一般译为“体育运动”),是当体育(身体教育)和运动两个词作为一个词来用时所采用的专门词汇,其含义和美国百科全书中的 physical education and sport 相同;另一个是国际体育名词协会出版的《体育名词术语》中的 physical culture(直译是“身体文化”,一般译为“体育”),解释为“广义文化的一个组成部分,它综合各种身体活动来提高人的生物学潜力和精神潜力的范畴、规律、制度和物质条件”。

在原联邦德国和原民主德国,都有与英文 physical culture 相对应的词,称为“krper kultur”,也有“身体文化与运动”这个词,称作“krper kultur and sport”。近年来又有人主张用“sport”作为总概念,其内容是指所有旨在游戏和取得好成绩的,为增强身体和精神灵活性服务的,特别是身体活动领域里的人类活动形式的总称。本来译自英语的 sport,源自拉丁语 disport,本来的含义是“离开工作”,即通过一些轻松愉快的身体活动使人转移对日常生活的艰难和压力的注意力。在美国、前苏联、英国、原联邦德国、日本等国的百科全书和辞典中,都还保留着这样的解释:sport 是游戏、娱乐活动。如美国《韦氏体育词典》(1976 年版)把 sport 解释为“一种娱乐或竞赛活动,需要一定的体力或技巧,如用球、铁饼或羽毛球等进行运动和计分”;原联邦德国《体育百科全书》(1973 年版)称 sport 是“以游戏和提高运动成绩为特点的、为增强身体和精神活动能力服务的人类活动的各种形式的总称。这些活动一般都有自己的规则,可以进行自由竞赛并有自己的组织形式”。但现在各国学者对 sport 的含义的看法并不完全一致,如美国的布切尔认为 sport 是与表现坚韧、顽强、灵巧的游戏竞赛相关的用语。

日本的加藤在其所著《体育概论》中,认为“竞技运动是一般所说的以乐趣为目的,不求直接教育效果的活动”。日本的前川峰雄则认为“sport 是指以游戏和竞赛这种形式出现的运动来说的”。由此可知,随着体育运动的实际内容的发展,“sport”一词的含义已经因用于反映不同的内容而起了变化。在中国译为“运动”时也有两种不同的解释,一是泛指身体活动的过程;二是指体育的手段,其中包括各种游戏和专门的运动项目。

竞技运动是 sport 一词近年来逐渐形成的具有新的含义的一个概念。随着体育实践的发展,sport 这个词虽然还保留着游戏的因素,但是这些因素已经不是主要的了,而出现了一种强调 sport 的竞赛、竞技含义的见解,如加拿大的盖伊和基里翁认为“sport 是根据规则进行的、以取胜为目的的竞赛性和娱乐性体力活动”。在我国《体育大辞典》中对体育是这样定义的:体育也称“体育运动”。人们根据生产和生活的需要,遵循人体的生长发育、生物机能活动能力变化与适应性的规律,以及动作技能形成规律与认识事物的一般规律,以身体练习(体育动作)为基本手段,结合日光、空气、水等自然因素和卫生措施,以全面发展身体、促进健康、增强体质,提高运动成绩水平,丰富社会文化娱乐生活为目的的一种社会活动。

在我国,体育被定义为广义和狭义两种,用于广义时是“体育运动”的同义词,是身体教育、竞技运动和身体锻炼三方面内容的总称;用于狭义时,一般是指体育教育。但是,体育的概念并非是一成不变的,随着社会的发展与进步,人们对体育的认识也将有所发展。

1.2　体育的产生与发展

体育是一种古老的现象，但作为体育现象认识体育的概念却不是从来就有的，而是人类社会发展到一定历史阶段的产物，是随着体育实践和人类自身认识水平的提高而发展的。就体育产生的动因而言，除了劳动需要以外，还有适应环境的需要，对付同类袭扰的防卫需要，同疾病做斗争的生存需要，表达和抒发内心各种感情的需要等。在人类历史上最早出现与身体运动或运动技能相关的体育运动是原始社会的狩猎和农耕。随着狩猎和农耕的工具和技术的发展，身体活动从生活化、实用化到游戏化发生了改变。但由于生产力的局限，原始社会无法形成专门的体育，此时的体育往往与军事活动、祭祀、生产、游戏等融合在一起。

原始社会作为人类社会的初级阶段，也是体育的萌芽时期。随着私有制的出现，原始社会瓦解进入奴隶社会。这一时期，随着生产力进一步提升，体育也与劳动初步分离，与军事、教育、宗教、礼仪以及统治阶级的享乐生活紧密结合，并向着多样化、复杂化和独立化的方向发展。这一时期在我国有文字记载的体育运动包括射、御、角力、兵器武艺、奔跑、跳跃、举鼎、投关、游水、弄丸、投壶、棋类活动等。在古希腊的文献中，有大量关于体育内容的描述，包括“竞技”“体操”“训练”等。公元前 10 世纪前后“竞技”一词被广泛使用。产生于公元前 5 世纪的“体操”一词同现代的“体育”在概念上十分相近。这一时期东西方体育既有共同之处，又各具特色。两者都注重体育的教育性，并把体育作为富国强民的重要手段。两者的区别在于，东方崇文尚柔，以静养为主；西方更多地提倡肌肉健美、体格强壮。总之，与萌芽时期的体育相比，这一时期形成了独立形态的体育，体现了较强的教育性和阶级性，同时它的竞技性、健身性和娱乐性也大大增强。

封建社会前期，体育在我国又经历了从战国到南北朝的体育蓬勃发展时期，就种类而言，这一时期的运动项目增多，内容日益丰富。同时体育逐渐向竞技方向靠拢，就理论而言，体育专著在这一时期也开始涌现。其中以华佗所创的五禽戏最负盛名。至隋唐五代，体育空前繁荣。体育项目呈现出多样化和规范化的特点，许多运动项目明确了规格型制，拥有了专职机构和专业人员，如蹴鞠、武术、角抵等，另外，女子体育也蔚然成风，如踏球、抛球等。这一时期的国际交流增多，如从印度、罗马传入杂技和幻术等。到了封建社会后期，宋元明清到鸦片战争之前，民间体育组织的大量出现，极大地推动了民间体育的普及和提高；大量的体育资料被汇集成书，在一定程度上促进了体育的进一步发展。但到了近代，尤其是鸦片战争之后，由于政局动荡，战争频繁，经济实力薄弱，中国传统体育逐渐没落。直到现代，新中国成立以来，中国体育事业才又突飞猛进，竞技体育硕果累累；大众体育运动广泛开展，群众体育逐渐健全，学校体育从体育院系的建设到校园体育稳步成长，体育已成为当代人重要的生活方式。

在“体育”一词出现之前，世界各国对体育这一活动过程的称谓都不相同。据现今可查的文献资料记载,“体育”一词最先出现在法国。18 世纪 60 年代,法国有关儿童教育的著作中出现了“体育”这个概念。德国近代学校体育的教育家古茨穆茨在 1793 年出版的《青年的体操》一书中使用了“体育”这个词语。进入 19 世纪,德国形成了新的体操体系,并广泛传播于欧美各国,与此同时相继出现了多种新的运动项目。在学校也逐渐开展了超出原来体操范围的更多的运动项目,建立起“体育是以身体活动为手段的教育”这一新概念。于是,在相当长的一段时间里,“体操”和“体育”两个词并存,相互混用,直到 20 世纪初才逐渐在世界范围内统一称为“体育”。

我国的体育虽然有悠久的历史,然而“体育”一词见诸中文却不足百年历史。由于我国封建后期的闭关自守,直到 19 世纪中叶,德国和瑞典的体操传入我国,随后清政府在兴办的“洋学堂” 中设置了“体操球”。1902 年左右,一些在日本留学的学生从日本传来了“体育”这一术语。随着西方文化不断涌入我国,学校体育的内容也从单一的体操向多元化发展,课堂上出现了田径、篮球、足球等。同时也把生理卫生和保健知识列为教学内容,扩大了学校教育中的体育范围。有些学者认为不应该把学校体育课称为体操课,要理清概念层次。1923 年,在《中小学课程纲要草案》中,正式把“体操科” 改为“体育课”。从此“体育”一词成了标记学校中身体教育的专门术语。

综上所述,体育随着人类社会而萌发,经过了独立形态体育时期,再到渐成科学体系的体育,最后到现代体育,在经过长期的发展后,现如今的体育已遍及社会的各个角落,并已成为现代人生活的一部分。随着社会的进步,体育还会继续发展和完善。可以说今天的体育,只是其历史长河的一部分。

1.3 体育的分类与功能

1.3.1 体育的分类

体育的形式多种多样,根据不同的划分标准可以有多种分类方法。按年龄特征,可分为少儿体育、青年体育、成年体育和老年体育;按体育实施过程中主要活动场所,可分为学校体育、军队体育、社区体育和农村体育;按功能,可分为健身体育、娱乐体育和医疗体育等;按体育实践的基本特征和功能等综合因素,可划分为三种基本形式:学校体育、竞技体育和社会体育。

1. 学校体育

学校体育是学校教育的重要组成部分,也是全民体育的基础。它作为教育和体育的交叉点和结合部,又是国家体育事业发展的战略重点。为了达到教育、教养及发展身体的总目的,不同层次的学校体育按不同教育阶段和年龄特征,通过体育课程、课余体育训练及课外体育活动这三种基本组织形式,围绕“增强体质”这个中心,全面实现学校体育的各项任务,并与其他教育环节共同构成一个完整的教育过程,使学生在德、智、体、美几方面得到全面发展。现代学校体育既要注重增强体质的近期效益,又要着眼于将来学生对"享受"和"发展"的需要,即重视包括生理、心理及社会等综合效果,为此,学校体育在充分注重体现现代体育主要特征的基础上,还必须拓宽体育的社会渠道,满足个人体育兴趣和爱好,启发主动参与体育的意识,讲究体育锻炼的科学性,不断提高体育欣赏水平,并创造条件为国家输送和培养竞技体育人才,以适应当代社会和青年对精神、文化生活日益增长的需要。

2. 竞技体育

竞技体育也称竞技运动,它是在全面发展身体素质的基础上,最大限度地挖掘体力、智力与运动才能,以取得优异运动成绩为目标而进行的科学训练和各种竞赛活动。竞技体育在现代奥林匹克运动会的推动下,现已有 50 多种用于国际竞赛的运动项目,并设有相应的国际体育组织和单项运动协会。当前,随着竞技水平的不断提高,为了应对日趋激烈的赛场竞争,正广泛采用先进的科学训练方法和手段,以探索人类运动的极限。

3. 社会体育

社会体育也称大众体育或群众体育,是指以健身、娱乐、休闲、医疗和康复为目的的体育活动。由于它吸引的对象主要为一般民众,活动领域遍及整个社会,乃至家庭,所以堪称活动内容最广、表现形式最新、趣味性最强、参加人数最多的一项群众性体育活动。它作为学校体育的延伸,可使人们的体育生涯得以继续维持。

1.3.2　体育的功能

体育是社会发展与人类文明进步的一个标志,体育事业发展水平是一个国家综合国力和社会文明程度的重要体现。在现代化建设的进程中,体育伴随着经济、社会的发展而发展。体育能在人类社会连绵不断地存在和发展,得到了不同民族和国家人们的喜爱和广泛认同,而且发展的活力越来越强,影响和作用也越来越大,这充分说明体育对人类社会有着重要的功能和作用。而且,经济越发展,社会越进步,人们强身健体的意识就越强烈,体育的地位就越重要,作用就越显著。为了深入地分析和认识体育对人和人类社会的功能和作用,可以把体育的功能分成体育的独特功能和体育的派生功能两大类。

1. 体育的独特功能

体育的独特功能是指体育独有的本质功能和基本作用,是区别于其他社会现象和事物对人类社会所产生的功能和作用的根本点,并且具有独特性和其他事物不可替代的基本特征。体育的独特功能和作用主要表现在如下几个方面。

(1)增强体质,强民强国。

这是体育的本质功能,也是体育能在人类社会中长盛不衰和持续不断存在的原因。通过体育手段来实现增强人的体质的目的,促进人自由、全面发展。这正是体育的独特之处,也是体育区别于其他社会活动的根本点,并且具有不可替代的基本特征。人的身体素质是思想道德素质和科学文化素质的物质基础,也是一个民族和国家强盛的基础。

体育最基本的作用和本质功能恰恰是作用于一个人,人民的健康和身体素质的提高对民族的强盛具有独特作用。通过体育达到增强体质、强民强国的目的,已经成为人类社会一种普遍的做法。这也是当今世界各国普遍重视体育运动的根本原因。

(2)培养人们勇敢顽强、克服困难、超越自我的意志品质。

人们在进行体育运动时,特别是在运动训练过程中,要克服许多由体育运动产生的特有的身体困难,体验到很多在正常条件下不可能获得的身体感受。它对一个人的内在意志品质具有特殊的培养和陶冶作用。强筋骨、增意志、调感情是体育的特殊功效,可以起到"文明其精神,野蛮其体魄"的作用。体育的这些功能对青少年的意志品质的培养尤为重要。

(3)培养人们竞争、团结、协作的社会意识。

体育有利于人的"社会化"。竞赛是体育运动的一个最显著的特征。体育竞赛能有效地培养人们的竞争意识和团结协作精神。人类社会是一个充满着激烈竞争的场所,需要团结和协作精神。体育竞赛,特别是在集体项目的竞赛过程中,要想取得胜利,既要有力争胜利的顽强竞争意识,又要懂得与同伴和队友团结协作,这样才可能达到目的。而这种"模拟社会"的功能,是体育运动所独有的。

(4)丰富个人和社会的文化生活,提高人们的生活质量。

人们通过参加和欣赏体育运动不仅能增强体质还能够愉悦身心,丰富文化生活。世界上还没有任何一种其他活动能像体育竞赛那样有规律地举行,特别是以奥林匹克运动会为最高层次的国际体育竞赛已经成为现代人们关注的焦点和欣赏的热点。各种不同形式和类型的体育竞赛,以它独有的形式和方式为人类社会增添了丰富多彩的文化精神食粮,提高人们的生活质量。

(5)为社会提供和构建公平、公开、公正的价值体系和价值标准。

公平是人类社会所共同追求的一种理想社会状态。竞赛是体育最鲜明的特点,通过竞赛,优胜劣败,决出名次,可以激发荣誉感,鼓舞上进心。这是其他任何形式的社会活动所不能代替的。从一定意义上说,没有竞赛,就没有体育运动。体育竞赛就是在公平的规则下,在公开的场合中,通过最大限度地发挥个人和集体的体力和智力,优胜者得到奖励和人们的尊重。体育运动向人们和社会所展示的,以公平、公开、公正为核心的价值体系和价值标准,得到了不同民族和国家的普遍尊重和推崇。"阳光下的公平竞争"正是现代人类社会所需要构建的价值体系和价值标准的道德核心。

2. 体育的派生功能

体育对人和社会的派生功能与体育的独特功能不同。两者的主要区别在于派生功能不是体育所独有的,在其他社会现象和活动中也能产生类似的功能。其主要表现在以下几方面。

(1)体育的交流功能。

体育运动有利于增强人与人之间的交流和交往,是促进人们的友谊和增强团结的重要手段。通过体育活动,能够扩大人们的情感交流,增加人与人之间的相互了解,改善人际关系,共同创造和谐文明的社会环境。国际体育交往,还能够促进国家与国家之间、不同民族之间的相互了解和相互信任,有利于人类社会的和平与发展。

(2)体育的经济功能。

体育是人的活动,特别是体育成为一种很多社会成员参加的经常性活动后,总是在一定的物质消费的基础上进行,必然要消耗一定的人力、物力和财力。因此,与体育活动相关的服装、器材、装备和体育场地设施等就会随之而产生,体育服务等社会行业就必然会出现。特别是在现代社会,体育中的很多内容已经发展成为人类社会的第三产业,在社会经济生活中发挥着越来越大的作用。许多国家的政府还出台了《体育产业发展纲要》等政府文件。

(3)体育的教育功能。

体育是学校教育的一个重要组成部分,是教育的一个重要手段和方法。几乎所有国家都把体育作为教育的内容之一。体育在培养人们健康、合理的生活方式及集体主义精神、爱国主义精神、吃苦耐劳和顽强拼搏精神等方面有重要作用。

(4)体育的娱乐功能。

体育运动能得到广大社会成员的喜爱,一个重要原因是体育与文化、艺术等活动一样具有较强的娱乐功能。人们在体育运动的过程中能体验到乐趣和快感,因而它也成为人们娱乐的一种形式。

此外,体育还具有政治功能、对外交往功能、科学研究功能等多种派生功能。体育的派生功能和体育的独特功能一样,在人类发展和社会进步中起着重要的作用,同时也促进了体育运动本身在人类社会中的不断发展。

体育的功能和作用随着社会发展和体育本身的发展也会不断地变化和发展。正确认识和深入研究体育的功能和作用,有助于了解体育在人类社会中的作用和充分地发挥体育的不同功能,使体育更好地为人类社会进步和发展服务。

1.4　体育与健康的关系

1.4.1　健康的概念

1948 年,世界卫生组织(WHO)首先提出了健康的概念,认为“健康不仅是免于疾病和衰弱,而且是保持身体、精神和社会适应方面的完善状态”。1974 年,WHO 对健康的定义是:“健康是人的肉体与社会的康乐的完善状态,而不仅仅指无疾病或无体弱的状态。”1979 年,WHO 又在《阿拉木图宣言》中重申:“健康不仅是疾病和体弱的匿迹,而且是身心健康、社会幸福的状态。”1989 年,WHO 将健康重新定义为“心理健康、身体健康、道德健康和社会适应良好”。目前,世界各国学者公认新定义是一个全面的、明确的、广泛适用的、科学的健康概念。

1.4.2 亚健康

亚健康是个大概念,包含着前后衔接的几个阶段。其中,与健康紧紧相邻的可称作“轻度心身失调”,它常以疲劳、失眠、胃口差、情绪不稳定等为主症,但是这些失调容易恢复,恢复了则与健康人并无不同。它约占总人口的25%~28%。这种失调若持续发展,会进入“潜临床”状态,此时,已呈现出发展成某些疾病的高危倾向,潜伏着向某病发展的高度可能。在人群中,处于这类状态的超过1/3,且在40岁以上的人群中比例陡增。他们的表现比较复杂,可为慢性疲劳或持续的心身失调,包括前述的各种症状持续2个月以上,且常伴有慢性咽痛、反复感冒、精力不支等。也有专家将其错综的表现归纳为“三种减退”,即活力减退、反应能力减退和适应能力减退。从临床检测来看,城市里的这类群体比较集中地表现为“三高一低”倾向,即存在着接近临界水平的高血脂、高血糖、高血黏度和免疫功能偏低。另有至少超过10%的人介于潜临床和疾病之间,可称作“前临床”状态,指已经有了病变,但症状还不明显或还没引起足够重视,或未求诊断,或即便医生作了检查,一时尚未查出。严格地说,最后一类已不属于亚健康,而是不健康状态,只是有待于明确诊断而已。因此,也有不少研究者认为亚健康者约占总人口的60%。

1.4.3 体育与健康的关系

体育与健康的关系是手段与目的的关系,即以体育为手段,以健康为目的。体育锻炼具有深厚的群众基础,是增进健康、增强体质最有效的方法,并且能够起到防治疾病的作用。坚持科学的体育锻炼能达到“健身、健心、健美”的效果。

1. 体育锻炼可促进人体健康

(1)促进人体健康发展。

骨骼的生长发育需要不断地吸收营养物质,体育锻炼能促进血液循环和增加对骨骼的血液供应,同时,体育锻炼中的各种动作,也具有促进骨骼生长的良好刺激作用。科学的体育锻炼会使肌肉体积增大、肌肉中脂肪减少、肌肉毛细血管增多等,使身体显得丰满而结实。

(2)使人体功能得到充分发挥。

体育锻炼可以提高人体的运动机能和心脏、循环系统的机能。适当地进行体育锻炼对维持和增强人体活动具有重要意义,人长期从事体育锻炼能增强体质并具有延年益寿的功效。

2. 体育锻炼有利于人的心理健康发展

(1)培养良好的意志品质。

体育锻炼,无论是有组织地或个人单独地进行,对培养和锻炼良好的意识品质都有积极的作用。坚持经常锻炼,需要具有自觉性和自制力。长期从事体育锻炼的人都有体会,如果没有克服困难的毅力和持之以恒的精神是不可能坚持长久的。在体育锻炼中,需要完成一定的身体练习和承受一定的运动负荷，如果没有自觉性、坚持性及果断性，是不可能做到的。

(2)提高人适应社会的能力。

有体育锻炼基础的人对外界环境具有较强的适应能力，其基本原因有两点：一是长期进行体育锻炼，增进了健康，强壮了体格，身体的各个组织系统在中枢神经支配下，承受外界刺激和协调各组织系统的能力得到增强；二是从事体育锻炼，往往是在各种外界环境和条件下进行的，因而使机体得到较强的社会环境适应能力。

第 2 章 大学体育

【学习目标】

1. 了解大学体育的目标。

2. 理解大学体育的任务及实施途径。

3. 了解大学生体育素养。

【内容提要】

本章主要内容为:大学体育的目标;大学体育的任务及实施途径。

2.1 大学体育的目标

2.1.1 目标内容

当代社会,科学技术突飞猛进,社会的进步对人们的健康与体质提出了新的、更高的要求。高等教育担负着培养有理想、有道德、有文化、守纪律、身体健康的合格人才的艰巨任务。作为高等教育重要组成部分的高校体育必须与德育、智育紧密配合,在培养跨世纪人才方面做出应有的贡献。大学体育的目的,也称大学的总目标,主要是指通过大学体育教育实践达到期望结果,即增强学生体质,培养学生的体育能力、良好的思想品德和意志、品质等,主要表现在以下几方面。

1. 增强学生体质,提高健康水平

我国大学生体质情况与世界发达国家相比仍存在一些差距,因此,促进大学生身心自我完善、提高大学生身体素质,是高校体育当前的首要任务。另外,当代体育发展要求运动员必须具有良好的体力和智力,大学生在体能与智能上都有较大的适应性和优势,有条件、有可能为我国竞技体育发展做出贡献。因此,高校体育需要为国家培养高水平的体育人才,为国家输送能提高竞技体育水平的体育人才作准备。

2. 学习体育与健康知识和技能

通过学习体育与健康知识和技能,使学生懂得健身的意义,能运用所学的体育理论知识和自我监督、检测,评价自身的心理、生理变化,并能指导自己进行科学锻炼,激发参加体育的兴趣和自我锻炼意识;教育学生理解和认识体育的多种功能,全面发展身心,促进健康,增强体质;结合体育的特点,促进智力发展。

3. 提高心理健康水平

人的心理活动是客观存在的,是人的大脑对社会客观现实的反映。人的健康状态和疾病的产生与心理因素作用有着密切的关系。积极的情绪对健康有良好的促进作用,有利于大脑功能得到改善,增强机体免疫力,提高机体防病和治病的能力。

4. 培养良好的思想品德,促进学生个性全面发展

体育活动对良好性格的形成具有重要的意义,培养良好的性格,首先要培养自我接受的态度,主要是在运动实践中认识自己,了解自己的心理品质和性格,扬长避短,促进良好性格的发展及良好的情绪状态和人际关系。体育锻炼对培养坚强的个性、突出的意志品质、战胜困难的决心、稳定的情绪状态具有显著效果。另外,体育活动发展了生理必备的、生活必需的各种能力,在学习体育知识、技能的过程中进一步提高能力覆盖面,从而能更好地应对生活、学习和工作。把体育作为学校教育手段,能较为全面地发挥体育对个性发展的功能。

2.1.2　高校体育选项课课程目标确立的依据

高校体育教学目的反映了国家对高校体育的基本要求,而选项课课程目标是服从和服务于这个目的的。高校体育教学目的是具有时代特征的,在不同的社会发展时期,都会产生相应的变化,国内外都是如此。我国高校体育教学目的,也在早期的侧重增强体质,掌握体育的基本知识、基本技术和基本技能的基础上逐步提升和扩展,从而形成了一个比较全面的价值体系,与美国和日本的体育教学目的也有较多的共性。但从价值追求的角度来看,美国和日本的描述都有他们的特点。美国是一个分权制国家,教育方针和教育计划都由各个州自己制订,因而没有全国统一的体育教学目的。但综合起来,它可以体现出强调个人发展和自我完善,重视基本姿态的养成和能力培养,注重个体的社会化,为未来做好准备的特点。

日本则注重体育的娱乐价值,对健康、体力的理解和自我管理能力,重视自我锻炼习惯的养成和集体主义意识的培养,主张让学生体会到运动的乐趣,从而激发学生参加运动的自觉积极性,并使之成为终身追求的目标。不难看出,虽然表述角度和侧重点不完全一致,但中美日体育教学目的是非常近似的。换句话说,都是希望通过体育教学使学生增强体质,提高健康水平,养成科学锻炼的习惯,培养集体意识,形成终身体育能力,为将来走向社会做好准备。提高身心健康水平、形成良好的体育素养、从体育的角度为学生的社会化所需的素质结构的构建提供帮助,就是我们实施体育教学行为的根本意图,亦即高校体育教学的目的。因此,我们的体育选项课的课程目标就必须以这个主观愿望为依据来制订,教学行为就必须在这个意图的指导下展开,使之成为一种可操作、可测量的教学策略,通过学生来加以体现。

2.1.3 高校体育选项课课程目标的基本内涵

体育选项课作为高校体育课程的一种模式,它的教学目标和价值追求与其他教学模式是一致的。它包括认知、情感、运动行为和社会发展等几个方面。

1. 认知目标

体育是一种教育手段,它有完整的知识体系。通过教学,能传授给学生体育知识和进行体育文化的熏陶。在高校体育选项课的实施中,应该有相应的认知目标,这个目标必须在与中学阶段有机对接的基础上作进一步的完善和提升。基本目标是使学生更加深入地了解体育活动和身心健康以及全面发展之间的关系,了解科学锻炼的规律和原理,了解科学锻炼的方法。作为大学生能把这些知识贯穿在教学过程中加以运用,从而得到强化,使之能运用这些知识来指导身体练习、解释运动行为和实现知识的积极转移。有了这些知识储备,才可能为学生形成终身体育提供理论基础。

2. 情感目标

体育运动是带有感情色彩的活动,体育情感是指学生在体育活动中所产生的持续、稳定的态度体验,是学生参与体育活动和进行体育学习的内部动力,体育教学过程要注意培养学生积极的情感,这是学校教育的基本要求。情感目标主要包括体育思想、体育价值观和审美观等。积极的体育情感的培养是一个潜移默化的过程,需要学生了解体育活动的价值,形成体育活动的兴趣,能够自觉积极地用顽强的意志品质来克服体育学习过程中的种种困难,正确体验和欣赏体育美,将积极的态度体验内化为学生终身体育意识和终身体育能力的个性品格。

3. 运动行为目标

体育教学过程中运动行为的价值主要体现在使身心得到锻炼和掌握相应的技术,形成技能。根据运动技能的形成规律和学生差异的客观现实,运动行为目标具有鲜明的层次性特点。第一个层次是体验,即通过视觉、听觉和本体感觉感受动作信息,初步建立动作概念。第二个层次是通过直接模仿或通过专门练习掌握动作环节和单个动作。第三个层次是准确、轻松地完成完整的动作。第四个层次是在不同条件下都能精确自如地完成动作。运动行为目标的达成是依次实现的,但在选项课教学实践中,由于学生程度的差异,就学生个体而言,运动行为目标的实现是不会那么层次分明和整齐划一的,需要区别对待。

4. 社会发展目标

培养学生适应社会的能力,促进学生的社会化,是当代高校教育的一个重要任务,也是终身体育的一个重要环节。利用选项课教学,培养学生自信、自尊,讲究礼仪,推崇公平竞争,形成良好的社会品格;利用体育教学的特点培养学生的决策能力、交际能力、应变能力等,造就学生的群体意识和社会风范;利用体育教学的氛围,培养学生通达乐观的情绪、自觉的纪律意识和良好的自我表达能力。这些都是大学生社会发展目标不可或缺的因素。

2.2 大学体育的任务及实施途径

2.2.1 体育教学

体育教学是我国高校教学计划中的基本课程之一，是高校体育工作的中心环节，是实现高校体育目的的基本组织形式。通过体育教学，使学生懂得健身的意义，能运用所学的体育理论知识和自我监督、检测的方法来评价自身的心理、生理变化，指导自己进行科学锻炼，激发参加体育的兴趣和自我锻炼意识；教育学生理解和认识体育的多种功能，全面发展身心，促进健康，增强体质；结合体育的特点，促进智力发展，并进行思想品德和美学方面的教育。

由于体育选项课的一个重要特点是主要以一个专项作为载体来实施体育教育，认知范围具有一定的局限性，因而教学过程必须利用各个环节，采取有效的方法来提高认知水平。首先，要利用专门的理论课，向学生传授基础性、普适性的体育知识，在此基础上与学生共同探讨体育对于健康、对于人的发展的作用，提升对体育的认识，树立正确的体育思想。其次是要在各个教学环节中，充分利用学生已有的知识经验，适时地分析和总结概念、原理和科学的方法、手段，了解动作技能之间的内在联系，提高学生的学习积极性和练习的科学性。第三是要引导学生理论与实际相结合，强化相关知识，敢于创新，充分发挥主体作用，能够运用知识的积极转移，寻求最适合自己的体育方法和手段，提高学习效率。

在高校体育选项教学中必须区别对待，避免“一刀切”，要根据学生的特点分类指导，除了学生项目的选择要符合自己的需求外，教学过程中要扬长补短，要引导学生发现自己的长处，了解自己的需要，掌握适合自己的学习和锻炼方法，养成自觉锻炼的习惯，不断提高自己的运动能力。学生拥有较高的运动技术和身体素质水平固然重要，但更重要的是增进健康，掌握和运用运动技能，为终身体育奠定基础。因此，选项课必须以选项教材为主线，辅以其他教材，让学生得到全方位的锻炼，掌握更多的运动技能和练习方法，获得更强的运动能力。

在教学设计中要加以策划，并且要在教学过程中不失时机地利用各种教育因素来提示和强化。在练习中以鼓励为主来提振学生的自信心，在竞技活动中强调公平、公正来强化学生的公平意识，在集体活动中倡导学生自主组织、协调来提高学生的组织交往能力和归属感，用多种多样的活动形式使学生得到更多的自我表达机会，产生更多的愉快体验等。

2.2.2 课外体育活动

课外体育活动是高校体育课程的延续和补充，是实现高校体育目的的重要组成部分。课内外结合是学校体育工作的特点之一，只有广泛开展多种多样、生动活泼的课外体育活动，才能达到增强学生体质、提高健康水平、培养学生自我锻炼的习惯、丰富课余生活的目的。其主要有以下几种形式。

1. 早操

早操即清晨运动，是每天起床后坚持的室外活动，是大学生作息制度中的重要组成部分。大学生坚持做早操，不仅能锻炼意志，养成良好的卫生习惯，促进身体健康，也能恢复脑力疲劳，使神经兴奋，活跃生理机能，形成良好的生理状态。

2. 课间活动

课间活动（课间操）是文化课下课后在教室周围进行的几分钟轻微活动或两节课后休息期间进行的体育活动。其目的是活动躯体，进行积极性的休息，为下一堂课的学习注入更充沛的精力。

3. 课外体育锻炼

课外体育锻炼是大学生结束一天的课程学习后，利用每天下午第七、八节课的时间，进行有目的、有计划、有组织的体育活动。搞好课外体育锻炼，可以使大学生增强体质、增进健康、陶冶情操、丰富知识，达到身心完善、精神饱满的目的，它不仅是高校体育教育的重要组成部分，也是增加课余活动时间、丰富校园文化生活、建设精神文明的重要手段之一。

2.2.3 课余体育训练与体育竞赛

课余体育训练与体育竞赛是高校利用课余时间对部分身体素质较好并有体育专长的大学生进行系统训练的一种专门教育过程，是实现高校体育目的的重要组织形式之一，它有助于提高我国大学生的运动技术水平。参加不同层次的竞赛，还能为学校培养一支体育骨干队伍，有利于推动学校群众性体育活动的开展。

2.2.4 加强大学生体育素养

1. 体育素养的概念

体育素养是一个含义广泛的概念，包括体育知识、技能、行为举止和审美情操等多方面的内容，既有修身养性的知识，又包括为人处世的态度以及运动技能等多方面的能力与品质。体育素养是人生中的一种重要的修养，它是个体为实现现代生活方式的一种美好追求，也是指经过长期努力所形成的审美情操和所达到的生活态度。

2. 加强大学生体育素养的重要意义

加强大学生体育素养是体育教学的核心。重视体育素养的培养和加强，达到终身受益的目的；拓宽了学校体育培养目标的内涵，在培养学生个体行为的基础上发展体育特长，使学生掌握体育锻炼的知识技能；培养与加强学生的体育素养，养成经常参加体育锻炼的习惯，有利于全民健身活动的普及与提高，有利于大学生身心的可持续发展从而达到终生体育锻炼的目的。

3. 体育素养评价

学生体育素养评价是学校体育评价中最基本的组成部分,因为学生体育素养水平是检验学校体育工作的基本指标,能够反映学校体育效果的好坏。学生体育素养评价指标既有显性的,如体质检测、身体素质达标等,也有隐性的,如体育价值观,体育态度、兴趣、习惯、能力等。隐性指标的评价不单是体育课评价能达到的,所以,学生体育素养评价包含了学生课内外体育学习和锻炼的评价。一方面要正确把握学生体育素养评价与整个学校体育评价的关系,另一方面要探讨学生体育素养评价的改革问题。

从终身体育思想看学生体育素养评价,关键是要解决评价的指导思想和方法论,既不能随意取消考试,也不能把学生体育搞成"玩玩乐乐";要从单一的生物学评价或运动技术评价,向综合性评价转变,从学校的"阶段体育"向"终身体育"转变,淡化考评的选拔功能,强化教育、检验、反馈、激励的综合功能,为学校体育的育人服务。这是符合当今世界教育大潮,也是我国学校体育改革的必由之路。从评价指标来看,要综合评估学生的认知、情意、技能的领域。要在学校体育评价中既考评体育知识技能的学习成果,又要关注学生的身体发展和体育能力培养;要从教育评价出发,不但看学生在体育课上达到的绝对水平,更要重视学生在体育学习中的进步幅度与努力求知程度。在对学生的体育素养评价中,终身体育方面的知识也可以作为评定学生体育成绩的重要方面,同时要建立能够延续到成年期、具有较高锻炼价值、在身体素质全面发展的基础上,学生能努力掌握且自己有兴趣、有特长的终身锻炼的体育项目。

终身体育思想提出显性与隐性评价相结合的学生体育素养评价体系观,这给学校体育评价提供了一个新的视野和空间,一个显著的变化是突破原有的只重视运动技术、运动能力的评价体系,将学生的体育态度与兴趣、体育兴趣与习惯、终身体育意识和能力纳入学校体育评价体系,构建显性与隐性指标相结合的学生体育素养评价体系,将显性评价与隐性评价、过程评价与结果评价、起点评价与进步评价结合起来,对各大中小学生体育素养评价的指标与权重有所区别。这既可以推进学校体育评价的改革,也可以更加有效地提高学校体育的整体水平和效益。

第 3 章 科学的体育锻炼

【学习目标】

1. 了解体育锻炼的生理学、心理学基础。

2. 了解体育锻炼与合理营养。

3. 掌握体育锻炼的手段与方法。

【内容提要】

本章主要内容为:体育锻炼的生理学基础;体育锻炼的心理学基础;体育锻炼与合理营养;体育锻炼的基本原则。

3.1 体育锻炼的生理学基础

3.1.1 运动肌肉

1. 人体肌肉的结构

人体的运动是由运动系统实现的。运动系统由 206 块骨骼、600 多块肌肉以及关节构成。组成人体肌肉的基本单位是肌纤维,许多肌纤维排列成肌束,表面有肌束膜包绕,许多肌束聚集在一起构成一块肌肉。肌肉的化学组成中大约 3/4 是水,1/4 是固体物质(包括蛋白质、能量物质、酶等),同时肌肉中有着丰富的毛细血管网及神经纤维,保证肌肉的氧气和养料供应及神经协调。

2. 人体肌肉的成分和收缩形式

人体肌肉由多种组织构成,其中肌组织和结缔组织分别构成肌肉的收缩成分和弹性成分。肌纤维是肌肉的收缩成分,通过肌纤维的主动收缩和放松,实现各种运动;结缔组织是肌肉中的弹性成分,它与肌肉中的收缩成分并联或串联,称并联(或平行)弹性成分或串联弹性成分。当收缩成分缩短时,弹性成分被拉长,并将前者释放的能量部分吸收储存起来,然后再以弹性反作用力的形式发挥出来,以促使肌肉产生更强大的力量和更快的运动速度。根据肌肉在完成各种动作时整块肌肉长度的变化,可将肌肉的收缩分为向心收缩、等长收缩和超等长收缩三种形式。

3.1.2　能量代谢

机体在物质代谢过程中伴随着能量释放、储存、转移和利用的过程称为能量代谢。机体的一切活动均需消耗能量。体内的糖、脂肪、蛋白质通过生物氧化而释放能量，所释放的总能量大部分以热的形式释放于体外。运动强度越大，运动时间越长，能量消耗就越多，所需要的营养物质也就越多。

1. 磷酸原系统（三磷酸腺苷 – 磷酸肌酸，简称 ATP – CP）

每个肌肉细胞周围都有一些浮游的 ATP，细胞可以即刻利用，但是其数量不是很多——仅够维持大约三秒钟。每个肌肉细胞都要迅速补足 ATP，肌肉细胞含有一种叫作磷酸肌酸的高能磷酸化合物。有一种叫作肌酸激酶的酶会从磷酸肌酸上移走磷酸基团，并将其转移给 ADP（二磷酸腺苷），形成 ATP。细胞将 ATP 转化为 ADP，磷酸肌酸则迅速将 ADP 再转化为 ATP。随着肌肉继续工作，磷酸肌酸水平开始降低。ATP 和磷酸肌酸水平一起被称为磷酸原系统。磷酸肌酸系统可以快速为工作肌肉供应能量，但是仅能维持 8 ~ 10 秒钟。

2. 乳酸能系统（无氧糖酵解系统）

肌肉还含有一类高储量的复合碳水化合物，叫作糖原。糖原是一个葡萄糖分子链。细胞可将糖原分解为葡萄糖。然后细胞利用厌氧代谢产生 ATP 以及一种叫作乳酸的葡萄糖副产品。该过程共经过 12 个化学反应才能生成 ATP，因此该系统与磷酸肌酸系统相比，供应 ATP 的速度较慢。但该系统起作用仍较迅速，能产生足够维持大约 90 秒钟的 ATP。该系统不需要氧气，因此它是一个有利的系统，它能够快速收缩肌肉挤压血管，使自身失去了富氧血液。乳酸能系统的能量产生是靠肌糖原的无氧酵解，最后产生乳酸，而放出的能量被 ADP 接受，再合成 ATP，它是机体缺氧情况下的主要能量来源。乳酸能系统对人体进行能量供应，它的作用与磷酸原系统一样，能在暂时缺氧的情况下迅速供能。

3. 有氧氧化系统

运动持续两分钟时，人体会产生反应，为工作肌肉供应氧气。当有氧气存在时，通过有氧呼吸，葡萄糖可迅速分解为二氧化碳和水。葡萄糖可能来自三个不同的位置：肌肉中的剩余糖原供应；肝脏糖元分解的葡萄糖，经血流到达工作肌肉；在肠道中从食物中吸收的葡萄糖，经血流到达工作肌肉。有氧呼吸还可利用肌肉和身体脂肪存储库中的脂肪酸产生 ATP。在极端情况下（比如饥饿），蛋白质还可分解为氨基酸并且产生 ATP。有氧呼吸会首先利用碳水化合物，然后如果有必要再利用脂肪，最后利用蛋白质。有氧呼吸比上述两个系统需要更多化学反应才能产生 ATP。三个系统中，有氧呼吸产生 ATP 的速率最慢，但是它可以持续数小时供给 ATP 甚至更长时间，只要有燃料供应就可以持续供给 ATP。

有氧氧化系统供能是指糖和脂肪在氧供充分的情况下，分解成二氧化碳和水，同时产生大量的能量，使 ADP 再合成 ATP。有氧氧化系统生成丰富的 ATP，且不生成乳酸，它是人进行长时间耐力活动的主要供能系统。

3.1.3 人体运动中的氧运输

氧运输系统包括通气(鼻道、咽、气管、肺泡)、交换(肺泡-毛细血管)、运输(氧和血红蛋白)三个步骤,运输主要靠血液循环系统,除大约1.5%以物理溶解方式运输外,其余与红细胞中的血红蛋白结合进行运输。氧运输系统对人的健康及生命活动有十分重要的作用,它把氧气从体外吸入体内并运送到各器官组织,供人体生命活动需要。氧运输系统由呼吸系统、血液系统及心血管系统组成。呼吸系统把氧气从体外吸入体内,氧气进入血液与血液中的血红蛋白结合,由心脏这个血液循环的动力站不停推动,使血液流遍全身,将氧运送到各组织器官。

3.1.4 运动时能源物质的消耗与补充

从营养学观点来看,合理的饮食足以保证身体进行有效活动,经常食用牛奶、肉、鱼、蔬菜、水果和粮食制品,都能满足从事力量或耐力锻炼的需要。当进行力量项目锻炼时,蛋白质和无机盐类的需要量可以略微增加。运动竞赛前食用含糖量高一些的食物(或称高糖膳食),有助于竞赛开始后糖能源的利用,运动能力比食用普通膳食者有所提高。

3.1.5 运动后能量物质的恢复

运动时体内代谢过程加强,以不断满足运动时能量的消耗,运动中及运动停止后,能量物质需要不断进行补充与恢复。能量物质的恢复过程大致可分为三个阶段:第一阶段是在运动进行当中,恢复过程就已开始,这时机体进行运动消耗的同时也进行能量物质的恢复补充,但由于锻炼中消耗多,此时的恢复跟不上消耗的量,因此能量物质储备逐渐下降;第二阶段是运动结束后,此时体内能量物质消耗逐渐减少,而恢复过程却不断加强,锻炼中消耗的能量物质不断得到补充,直至锻炼前的水平;第三阶段是超量恢复阶段,能量物质恢复到原水平时并未停止,而是继续恢复补充,在一段时间内,能量物质的恢复可超过锻炼前水平,体内能量物质不断消耗,而恢复能达到更高程度,体质不断增强。

3.2 体育锻炼的心理学基础

体育运动心理学是研究体育活动和竞赛活动所涉及的心理特点的科学。在一般体育运动中,研究各种体育运动所涉及的骨骼肌肉系统的解剖特点和器官活动的灵敏度与感受性及受意识支配的能力,研究运动的技能和技巧形成的一般规律。在运动竞赛中,研究竞赛条件下具备的情绪特征、意志品质和人格特点,竞赛中的动机水平、情绪状态对运动机能产生的影响。在运动员选拔方面,心理选拔和测量方法的制定也是重要的研究领域。

心理学是研究人的心理现象和心理规律的科学。近年来,心理科学的分支——体育运动心理学的研究有很大的进展。体育教学是一种向学生身心施加影响的过程，有很多方面都要涉及心理学，例如对学生心理年龄特征和个性特征的了解，学生知识的掌握，技能的形成，以及发展体质和培养学生的体育活动能力等，都离不开心理学知识。借助心理科学的研究，可以保证体育教学的科学性、可靠性和坚实性。心理学作为体育教学的科学基础，突出表现在利用它对儿童和青少年心理特点和个性特点的研究成果上。

3.3　体育锻炼与合理营养

随着生活质量的提高，健康逐步被人类所重视。经科学研究表明，依据个人条件不同采取合理、科学的体育锻炼对人体健康有着积极的促进作用，而合理的饮食又可保证人体每日所必需的营养物质与微量元素，提高人体免疫力。因此人体健康与体育锻炼、合理饮食密不可分、相辅相成、缺一不可，只有正确对待和处理好三者之间的关系，才能使我们拥有一个健康的身体。

1. 合理营养

简单地讲，合理营养就是指运动者一日三餐的食物中提供的热量和多种营养素与其完成每日训练的运动量所需能量和各种营养素之间保持平衡。从营养素来讲，要有充足的热能，而且蛋白质、脂肪、碳水化合物的含量和比例要适当，要有充足的无机盐、维生素、微量元素和水分，也就是说，每日各种食物的种类和数量的选择要得当、充足。

2. 营养对体育锻炼的影响

进行体育锻炼时，体内会发生一系列的生理性变化，中枢神经系统活动紧张，内分泌机能提高，酶系统活跃，新陈代谢旺盛，单位时间内的能量消耗数倍、数十倍于安静状态，体内的糖、脂肪被大量分解，蛋白质代谢更新加快，大量的维生素、无机盐参与分解代谢而加大了损失过程。这些变化，使机体对各种营养物质的需求量大大增加。

体育锻炼造成的能量消耗，要在运动结束后通过合理的营养膳食进行补充。如果缺乏合理营养保证，消耗得不到补充，机体就会处于一种“亏损”状态。久而久之，于机体健康不利，会使锻炼者生理机能及运动能力下降，出现乏力疲劳甚至疾病状态。在这种情况下，想要提高锻炼效果或运动成绩是很困难的事情。

合理营养与体育锻炼是维持和促进健康的两个重要条件。以科学合理的营养为物质基础，以体育锻炼为手段，用锻炼的消耗过程换取锻炼后的超量恢复过程，使机体积聚更多的能源物质，提高各器官系统的机能。此时获得的健康，较之单纯以营养获取的健康上升了一个新的高度。在合理营养及进行体育锻炼而获得健康的同时，也获得了良好的身体素质。

3. 不同锻炼项目对合理营养的需求

在体育锻炼活动中，因各个项目代谢特点不同而对合理营养有着不同的需求特点。

(1)跑步的营养特点。

短跑是体育竞赛活动经常设立的一个项目。它以力量素质为基础的无氧代谢供能为特点，工作时间短，强度大，要求有较强的爆发力。在膳食中要有丰富的动物性蛋白质，以增加肌肉体积，提高肌肉质量，蛋白质的摄入量每日每公斤体重可达3.0克左右。另外，要在膳食中增加磷和糖的含量，为脑组织提供营养，改善神经控制和增强神经传递，动员更多的运动单位参加收缩。此外，还要求在膳食中增加钙、镁、铁及维生素B_1的含量，以改善骨肉收缩质量。

长跑以有氧耐力素质为基础，以有氧代谢供能为特点，要求有较高的心肺功能及全身的抗疲劳能力。虽强度较小但时间较长，体力消耗较大。要求膳食有全面的营养成分，增加机体能源物质的储备，在丰富的维生素、矿物质成分中，突出铁、钙、磷、钠、维生素C、维生素B_1和维生素E的含量，有利于提高有氧耐力。

(2)操类项目的营养特点。

群众喜爱的健美操以及在一些群众体育活动中也开展的竞技体操、艺术体操和技巧，动作复杂而多样，要求有较强的力量与速度素质及良好的灵巧性与协调性，对神经系统的要求较高。其营养特点是：高蛋白质、高热量、低脂肪，矿物质、维生素类应突出铁、钙、磷的含量及维生素B_1、维生素C的含量。需引起注意的是，参加该类项目有时为竞赛须控制体重，但不能过分控制饮食，避免造成营养不良，特别是不能影响参加锻炼的少年儿童的生长发育。

(3)球类项目的营养特点。

球类项目对力量、速度、耐力、灵敏、柔韧素质有较高的要求。食物中要含丰富的蛋白质、糖以及维生素B_1、C、E、A。球的体积越小，运动员食物中维生素A的量应越高一些。足球活动时间较长且在室外活动，矿物质、水分丢失较多，应及时补充。

(4)冰雪项目的营养特点。

由于长时间在冰雪上活动，加之周围环境温度较低，机体产热过程增强以维持体温，所以蛋白质和脂肪消耗较多，膳食中必须给予补充。同时增加糖类以提供能源，并增加维生素A、维生素B的摄入，以保护眼睛，适应冰雪场地的白色环境。

(5)游泳项目营养特点。

游泳项目在水中进行，使机体散热较多、较快，冬泳更是如此。游泳锻炼要求一定的力量与耐力素质，要求在膳食中含有丰富的蛋白质、糖和适量脂肪。老年人在水温较低时出于抗寒冷需要，可再增多脂肪摄入。维生素以B_1、C、E为主。矿物增加碘的含量，以适应低温环境甲状腺素分泌增多的需要。

(6)棋牌类对营养的需求特点。

棋牌类是以脑力活动为主的项目，脑细胞的能源特质完全依赖血糖提供。当血糖降低时，脑耗氧量下降，工作能力下降，随之产生一系列不适症状，所以棋牌类项目对糖类有着特殊的需求，也可在下棋、打牌时随时补充。此外，膳食中应增加蛋白质和维生素B_1、C、E、A的供给，提高卵磷脂、钙磷铁的含量；应减少脂肪摄入，以降低机体耗氧，保证脑组织的氧供应。

3.4 体育锻炼的基本原则

1. 从实际出发的原则

体育锻炼的目的、内容、方法以及适宜的运动负荷要从实际出发。每个参加锻炼者的条件各不相同,如性别、年龄、职业、体育基础、身体状况、生活条件、锻炼目的等,因此在选择锻炼内容、方法、运动负荷时要因人而异,量力而行,特别要注意运动负荷适量。

2. 持之以恒的原则

从生物学角度看,人的体质的增强是一个不断积累、逐步提高的过程,不可能一劳永逸。人体机能水平的提高,各种运动素质的发展,运动技能的形成与巩固,有赖于较长时期经常的锻炼。这样,才能使有机体在解剖形态、生理机能、生化过程等方面产生一系列适应性的变化。体育锻炼是对机体给予刺激的过程,每次刺激都产生作用痕迹。连续不断的刺激作用,在机体内产生痕迹的积累,这种积累使机体的结构和机能产生新的适应性,从而使体质不断增强。如果"三天打鱼,两天晒网",间断地进行,前一次的作用痕迹已经消失,下一次作用的积累就小,机体的适应性变化就小,锻炼效果就不明显。如果长时间停止锻炼,各器官系统的机能会慢慢减退,使体质逐渐下降。

3. 循序渐进的原则

循序渐进是人体适应环境的基本规律。人体对内、外环境变化的适应,是一个缓慢的由量变到质变的过程。只有遵循这个规律,才能取得良好的锻炼效果。否则,非但不能增强体质,还会引起机体损伤和运动性疾患,损害身体的健康。因此,进行体育锻炼不能急于求成。

4. FIT 监控原则

FIT 是次数(frequency)、强度(intensity)和时间(time)三个英文单词的缩写。要想取得良好的锻炼效果,必须在体育锻炼中科学地安排好锻炼的次数、锻炼的强度和锻炼持续的时间。

5. 安全性原则

安全性原则要求在体育锻炼的过程中始终注意保护自己,做到安全第一。其主要内容包括,不要盲目参加超过你的能力的活动;每次练习前必须做好充分的准备活动;饭后、饥饿或疲劳时应暂缓锻炼,每次锻炼后,要注意做好整理、放松活动。

6. 专门性原则

专门性原则是指锻炼时针对身体的某一部位或某一机能进行反复的练习。如果锻炼的主要目的是提高有氧能力,就应该选择慢跑、步行、自行车、有氧操、游泳等运动项目进行锻炼。

7. 恢复性原则

人体机能的提高是通过锻炼、疲劳、恢复、再锻炼这样一个循环往复的过程而实现的。

8. 锻炼效果的可逆性原则

锻炼效果的可逆性是指由于停止锻炼而引起体能水平的下降。研究表明，停止力量练习8周后，肌肉力量下降10%，停止耐力练习8周后，耐力水平下降30%～40%。

9. 大小运动量相结合的原则

交叉采用大小运动量进行身体锻炼，不仅能够提高效果，而且能防止伤害事故的发生。

第4章

《国家学生体质健康标准》与体育卫生保健

【学习目标】

1. 了解《国家学生体质健康标准》的内容。
2. 理解《国家学生体质健康标准》的评价指标。
3. 了解《国家学生体质健康标准》的操作方法。
4. 了解体育卫生保健知识。

【内容提要】

本章主要内容为:《国家学生体质健康标准》以及体育卫生保健知识。

4.1 《国家学生体质健康标准》

4.1.1 《国家学生体质健康标准》的内容

《国家学生体质健康标准》是国家学校教育工作的基础性指导文件和教育质量基本标准,是评价学生综合素质、评估学校工作和衡量各地教育发展的重要依据,是《国家体育锻炼标准》在学校的具体实施,适用于全日制普通小学、初中、普通高中、中等职业学校、普通高等学校的学生。

《国家学生体质健康标准》的修订坚持健康第一,落实《国家中长期教育改革和发展规划纲要(2010—2020年)》、《国务院办公厅转发教育部等部门关于进一步加强学校体育工作若干意见的通知》(国办发〔2012〕53号)和《教育部关于印发〈学生体质健康监测评价办法〉等三个文件的通知》(教体艺〔2014〕3号)有关要求,着重提高《国家学生体质健康标准》应用的信度、效度和区分度,着重强化其教育激励、反馈调整和引导锻炼的功能,着重提高其教育监测和绩效评价的支撑能力。

《国家学生体质健康标准》从身体形态、身体机能和身体素质等方面综合评定学生的体质健康水平,是促进学生体质健康发展、激励学生积极进行身体锻炼的教育手段,是国家学生发展核心素养体系和学业质量标准的重要组成部分,是学生体质健康的个体评价标准。

《国家学生体质健康标准》将适用对象划分为以下组别：小学、初中、高中按每个年级为一组，其中小学为6组、初中为3组、高中为3组。大学一、二年级为一组，三、四年级为一组。

小学、初中、高中、大学各组别的测试指标均为必测指标。其中，身体形态类中的身高、体重，身体机能类中的肺活量，以及身体素质类中的50米跑、坐位体前屈为各年级学生共性指标。

《国家学生体质健康标准》的学年总分由标准分与附加分之和构成，满分为120分。标准分由各单项指标得分与权重乘积之和组成，满分为100分。附加分根据实测成绩确定，即对成绩超过100分的加分指标进行加分，满分为20分；小学的加分指标为1分钟跳绳，加分幅度为20分；初中、高中和大学的加分指标为男生引体向上和1000米跑，女生1分钟仰卧起坐和800米跑，各指标加分幅度均为10分。

根据学生学年总分评定等级：90.0分及以上为优秀，80.0～89.9分为良好，60.0～79.9分为及格，59.9分及以下为不及格。

每个学生每学年评定一次，记入《国家学生体质健康标准》登记卡。特殊学制的学校，在填写登记卡时可以按规定和需求相应地增减栏目。学生毕业时的成绩和等级，按毕业当年学年总分的50%与其他学年总分平均得分的50%之和进行评定。

学生测试成绩评定达到良好及以上者，方可参加评优与评奖；成绩达到优秀者，方可获体育奖学分。测试成绩评定不及格者，在本学年度准予补测一次，补测仍不及格，则学年成绩评定为不及格。普通高中、中等职业学校和普通高等学校学生毕业时，《标准》测试的成绩达不到50分者按结业或肄业处理。

学生因病或残疾可向学校提交暂缓或免予执行《国家学生体质健康标准》的申请，经医疗单位证明，体育教学部门核准，可暂缓或免予执行《国家学生体质健康标准》，并填写免予执行《国家学生体质健康标准》申请表，存入学生档案。确实丧失运动能力、被免予执行《国家学生体质健康标准》的残疾学生，仍可参加评优与评奖，毕业时《国家学生体质健康标准》成绩需注明免测。

各学校每学年开展覆盖本校各年级学生的《国家学生体质健康标准》测试工作，《国家学生体质健康标准》测试数据经当地教育行政部门按要求审核后，通过“中国学生体质健康网”上传至“国家学生体质健康标准数据管理系统”。测试和数据上传时间由教育行政部门确定。

4.1.2 《国家学生体质健康标准》的内涵

《国家学生体质健康标准》的内涵是测量学生体质健康状况和锻炼效果的评价标准，是国家对不同年龄段学生体质健康方面的基本要求，是学生体质健康的个体评价标准。健康的概念包括身体健康、心理健康和社会适应。《国家学生体质健康标准》涵盖的是与学校体育密切相关的学生身体健康范畴。为了界定它的内涵，又避免与三维的健康概念混淆，故将“体质”作为“健康”的定语以示其内涵。

4.1.3 《国家学生体质健康标准》的功能

《国家学生体质健康标准》名称的外延涉及它的激励和教育功能、反馈功能和指导锻炼功能。《国家学生体质健康标准》是学生体质健康的个体评价标准,并规定了各校应将每年测试的数据按时上报至国家学生体质健康标准数据管理系统,该系统具有按各种要求进行统计、分析、检索的功能,并定期向社会公告。该系统为学生及其家长提供了在线查询和在线评估服务,向学生提供了个性化的身体健康诊断,使学生能够在准确地了解自己体质健康状况的基础上进行锻炼;该系统还可为各级政府机关、教育行政部门、学校提供翔实的统计和分析数据,使之了解学生的体质健康状况,及时采取科学的干预措施。

新的《国家学生体质健康标准》增加了一些简便易行、锻炼效果较好的项目,并提高了部分锻炼项目指标的权重,对引导学生进行体育锻炼具有较强的实效性;同时通过国家学生体质健康标准数据管理系统,学生还可以查询到针对性较强的运动处方,用于自身因地制宜地进行科学的体育锻炼,提高身体健康水平。

4.1.4 《国家学生体质健康标准》的教育激励

《国家学生体质健康标准》是促进学生体质健康发展、激励学生积极进行身体锻炼的教育手段。所选用的指标可以反映与身体健康关系密切的身体成分、心血管系统功能、肌肉的力量和耐力以及关节和肌肉的柔韧性等要素的基本状况。《国家学生体质健康标准》的实施将使学生和社会能够对影响身体健康的主要因素有一个更加明确的认识和理解,引导学生积极追求身体的健康状态,实现学校体育的目标。《国家学生体质健康标准》实施办法还规定,对达到合格以上等级的学生颁发证章,以激励学生对体育锻炼的内在积极性。

4.1.5 《国家学生体质健康标准》的评价指标

大学生体质健康标准的单项指标与权重见表 4.1。

大学生体质健康标准的单项指标与权重

测试对象	单项指标	权重/%
大学各年级	体重指数(BMI)	15
	肺活量	15
	50 米跑	20
	坐位体前屈	10
	立定跳远	10
	引体向上(男)/1 分钟仰卧起坐(女)	10
	1 000 米跑(男)/800 米跑(女)	20

注:体重指数(BMI) = $\frac{体重}{身高^2}$(体重单位:千克;身高单位:米)

4.1.6 《国家学生体质健康标准》的操作方法

实施《国家学生体质健康标准》的过程中，掌握各项目正确的测试方法，是所有体育教师和测评人员迫切需要了解的内容。测试工作必然与所使用的测试仪器有一定的关系。测试器材多种多样，有全手工操作仪器，也有电子仪器。手工操作仪器与电子仪器的操作流程不完全相同。如使用带有 IC 卡的测试仪器就可以减少测试人员的记录和计算工作。但无论使用何种仪器，对测试人员的基本操作要求是一致的，本章对《国家学生体质健康标准》中各个项目基本的测试方法及其操作要求进行介绍。对于不同的测试器材，可参考相应测试器材的说明书。

1. 测试身高

(1)测试目的。

评定学生的身体匀称度，评价学生生长发育的水平及营养状况。

(2)场地器材。

身高测量计。误差不得大于0.1 厘米。

(3)测试方法。

受试者赤足，立正姿势站在身高计的底板上(上肢自然下垂，足跟并拢，足尖分开成60 度角)。以厘米为单位，精确到小数点后一位。

2. 测试体重

(1)测试目的。

评定学生的身体匀称度，评价学生生长发育的水平及营养状况。

(2)场地器材。

杠杆秤或电子体重计。使用前需检验其准确度和灵敏度。准确度要求误差不超过0.1%，即每百千克误差小于0.1 千克。

(3)测试方法。

测试时，杠杆秤应放在平坦地面上，调整 0 点至刻度尺水平位。受试者赤足站在秤台中央。读数以千克为单位，精确到小数点后一位。

3. 测试肺活量

(1)测试目的。

测试学生的肺通气功能。

(2)场地器材。

电子肺活量计。

(3)测试方法。

房间通风良好；使用干燥的一次性口嘴(非一次性口嘴，则每换测试对象需消毒一次，每测一人时将口嘴下倒出唾液并注意消毒后必须使其干燥)。肺活量计主机放置在平稳桌面上，检查电源线及接口是否牢固，按工作键液晶屏显示“0”即表示机器进入工作状态，预热 5 分钟后测试为佳。

4. 测试50米跑

(1)测试目的。

测试学生速度、灵敏素质及神经系统灵活性的发展水平。

(2)场地器材。

50米直线跑道若干条,地面平坦,地质不限,跑道线要清楚。每分钟误差不得超过0.2秒;每小时误差不超过0.3秒。

(3)测试方法。

受试者至少两人一组测试。站立起跑,受试者听到"跑"的口令后起跑。精确到小数点后一位,小数点后第二位数按非零进1原则进位。

5. 测试800米或1 000米跑

(1)测试目的。

测试学生耐力素质的发展水平,特别是心血管呼吸系统的机能及肌肉耐力。

(2)场地器材。

400米、300米、200米田径场跑道,地质不限。

(3)测试方法。

受试者至少两人一组进行测试,站立式起跑。当听到"跑"的口令后起跑。

6. 测试立定跳远

(1)测试目的。

测试学生下肢爆发力及身体协调能力的发展水平。

(2)场地器材。

沙坑、丈量尺。沙面应与地面平齐,如无沙坑,可在土质松软的平地上进行。

(3)测试方法。

受试者两脚自然分开站立,站在起跳线后,脚尖不得踩线(最好用线绳做起跳线)。两脚原地同时起跳。记录其中成绩最好的一次。以厘米为单位,不计小数。

7. 测试引体向上

(1)测试目的。

测试学生上肢肌肉力量的发展水平。

(2)场地器材。

高单杠或高横杠,杠粗以手能握住为准。

(3)测试方法。

受试者跳起,双手正握杠,两手与肩同宽成直臂悬垂。静止后,两臂同时用力引体(身体不能有附加动作),上拉到下颌超过横杠上缘为完成一次。记录引体次数。

8. 测试坐位体前屈

(1)测试目的。

测量学生在静止状态下的躯干、腰、髋等关节可能达到的活动幅度,主要反映这些部位的关节、韧带和肌肉的伸展性和弹性以及学生身体柔韧素质的发展水平。

(2)场地器材。

坐位体前屈测试计。

(3)测试方法。

受试者两腿伸直,两脚平蹬测试纵板坐在平地上,两脚分开约 10 ~ 15 厘米,上体前屈,两臂伸直前,用两手中指尖逐渐向前推动游标,直到不能前推为止。

9. 测试仰卧起坐

(1)测试目的。

测试学生的腹肌耐力。

(2)场地器材。

垫子若干块(或代用品),铺放平坦。

(3)测试方法。

受试者仰卧于垫上,两腿稍分开,屈膝呈 90 度角,两手指交叉贴于脑后。另一同伴压住其踝关节,以固定下肢。受试者坐起时两肘触及或超过双膝为完成一次。

4.2 体育卫生保健知识

4.2.1 个人卫生

1. 睡眠卫生

①必须养成有规律的睡眠习惯,定时睡,定时起。

②睡前情绪要平静,不要太紧张、太兴奋,不要看惊险小说、电影和电视,不要思考问题或长时间交谈。

③睡前不宜过饱或过饥。

④睡前用温水洗脚,有助于消除疲劳,促进入睡。

⑤睡前的环境易安静,室内温度适宜,通风良好,但不宜睡在风口处。夏天中午不要睡在屋檐下,以免感冒着凉,甚至受风。

⑥睡眠时,要盖好腹部,以免受凉引起腹痛和腹泻等疾病。

2. 饮食卫生

参加激烈运动后,会产生饥饿感,用餐时不要狼吞虎咽,应细嚼慢咽,机体在疲劳时,消化液的分泌减退,不宜吃太油腻的食物,应多食些易消化和含有丰富维生素的蔬菜及水果。

水是维持人体正常生理活动的重要物质,约占成年人体重的 60% ~70%。当人体内的水分损失 20% 时,就无法维持生命。但饮水过多对机体也无益,饮水过多会增加排汗量,使机体感到疲惫。口渴时,应每隔 10 ~ 20 分钟喝几口水,因为喝入的水要经过 10 ~ 20 分钟才开始进入机体的血液和组织。夏季应适当饮用含盐水,以补充机体盐分的消耗。

糖是人体最主要的热能来源,是进行体育锻炼的主要供能物质。但过多吃糖会引起胃部不适,还会引起口渴,需大量饮水。联合国卫生组织认为,一般人食糖量不应高于 50 克/日,亚洲国家日食糖量以 20 克为宜。

饮食中注意不要食过量的盐,尤其是青少年。现代医学证明,食物中的盐对高血压的患病率有较大的影响。联合国卫生组织认为,食盐量应以 4 ~6 克/日为宜。

3. 感官卫生

要保持皮肤清洁,冬季运动要防止皮肤冻伤;夏季户外锻炼时间不宜过长,要穿戴防紫外线的衣帽及黑色或绿色保护镜。参加剧烈运动后不可大汗淋漓就冲冷水浴,因为剧烈运动时,大量的血液从内脏器官流向肌肉和皮肤,体内的物质代谢加强,产热过程增强,体温高于平时,身体内部不断通过皮肤向外散发热量,此时的血管扩张,毛孔开放,如果突然受到冷水刺激,会感冒,同时会使回心血量突然增加而加重已经疲劳了的心脏的负担。

4. 衣着卫生

服装能保护人体免受外界环境不良影响。运动时应穿轻便、舒适并且具备良好的保温性、透气性、吸湿性、溶水性的运动服装。

5. 女子经期卫生

科学研究表明,女子经期可以照常进行身体活动,但要避免过于剧烈的跑、跳及震动性强的、增强腹压的锻炼,以免盆腔充血,引起月经过多或时间过长。可参加轻微的体育锻炼,以改善盆腔的血液循环,从而消除月经期不适感。

4.2.2 环境卫生

1. 减少噪声

噪声能危害中枢神经系统,当噪声达 95 分贝时,人的舒张压普遍上升。理想的音响强度应不超过 35 分贝,因此,体育锻炼时应选择噪声小的场所。

2. 清新的空气,适宜的光照和温度

阳光中适量的紫外线对人体健康十分有益,可预防佝偻病,促进血液循环,改善皮肤机能。适宜的光照和温度,能使人情绪饱满,兴奋敏锐,有利于运动技能的提高和正常发挥,可增强锻炼的信心和兴趣。但要避免由于阳光过强或温差过大而出现的中暑、灼伤、冻伤等不良反应。

4.2.3 保健原则

1. 适宜的运动

如果运动不足,会使肌肉组织活动量减少,容易造成驼背,改变人的整体形象,还会使神经组织和大脑皮层功能衰退,出现各种机能失调。即使是青年人,若是很少或根本不进行任何身体活动,尽管摄取营养丰富的食物,也同样会造成功能衰退。因此要借助适宜的体育运动,使人体机能达到最佳状态,保持和增进健康,提高工作能力。

2. 合理的饮食

①营养素搭配合理;酸性食物和碱性食物搭配合理;热性食物和凉性食物搭配合理。

②节制食量,切忌暴饮暴食。

③克服挑食、偏食的饮食习惯。

3. 适应季节

夏季人体内分泌活动水平变化大,消化能力减弱,应少吃含脂肪较多的食物,多吃蔬菜、瓜果。秋季,大自然呈现一片萧条景象,人的情感应当保持安逸宁静,精神不要过分激动,防止凉气的侵袭。冬季,自然界进入闭藏潜伏的季节,草木凋零,昆虫蛰伏。人的心情应含蓄一些,不要过分外露,这样有利于五脏的安和。

4. 作息有序

学习、工作、生活要有规律,要劳逸结合。每日起床、入睡、锻炼、学习、工作、散步、洗漱、排便等形成一定的规律,不仅能有效地提高学习、工作效率,还有利于健康。

5. 调节情绪

现代医学研究认为,目前人类疾病的诱因有50%以上是由情感、精神失调等心理疾病所致。因此,保持积极向上、开朗乐观的情绪和心理是有益于健康的。

4.2.4　运动损伤的预防

①加强安全意识,提高预防运动损伤的意识,克服麻痹大意思想。

②准备活动要有针对性,加强对易伤部位的防患措施。

③遵循教学规律,特别是对技术较难和容易受伤的环节,应事先做好预防准备工作,合理安排运动量,区别对待,切忌急于求成。

④提高自我保护能力,如摔倒时立即屈肘、低头、团身、以肩背着地,顺势滚动,而不能直臂撑地。

⑤加强医务监督,要善于把握自己在运动前后的生理变化,患有慢性疾病者要定期体检,并在医生和体育教师指导下进行体育锻炼。

⑥重视运动器材、场地的安全和卫生,场地器材应经常检查和维修。锻炼者的服装、鞋子要符合体育卫生要求。

4.2.5　常见的运动损伤与临时处置

1. 开放性软组织损伤的临时处置

(1)擦伤

擦伤指在运动时,因摔倒或皮肤受器械摩擦致伤。擦伤后皮肤出血或组织液渗出。小面积擦伤可用紫药水涂抹伤口;大面积擦伤应先用生理盐水洗净后涂抹紫药水,再用消毒纱布覆盖包扎。

(2)撕裂伤

撕裂伤指在剧烈运动时突然受到强烈撞击,造成肌肉撕裂,有开放伤和闭合伤两种。

常见的有眉际撕裂、跟腱撕裂等。轻度开放伤可用紫药水涂抹;若裂口大,则需止血和缝合,必要时要注射破伤风抗毒素。

(3)刺伤,切伤

刺伤是因为尖细物刺入人体所致。其特点是伤口较小但是较深,可能伤及深部组织器官,或者异物带入伤口深处,容易引起感染,如田径运动中的鞋钉和标枪的刺伤。

切伤是因为锐器切入皮肤所致,如冰刀切伤等。切口伤口边缘整齐,多成直线,出血较多,但是周围组织创伤较轻;深的切伤可能切断大血管、神经、肌腱等组织。

刺伤和切伤,轻者可用碘酒、酒精将伤口周围消毒,然后在伤口撒上消炎粉,用消毒纱布包扎。裂口较长和感染较重者,应该清除伤口内的污物,切除坏死的组织,彻底止血,缝合伤口;伤情和感染较重者,应该口服或者注射适当的抗菌素,预防感染;被不洁物致伤较深者,应该注射破伤风抗毒素。

2. 闭合性软组织损伤的临时处置

(1)肌肉拉伤

肌肉拉伤是在外力作用下,使肌肉过度主动收缩或被动拉长,引起肌肉拉伤。这种损伤多数是由于准备活动不充分,或者动作不协调,或者用力过猛造成的。致伤后,轻者应立即冷敷,局部加压、包扎,并抬高患肢,24 小时后可施行按摩;严重者肌肉完全撕裂,经加压后应立即送医院手术缝合治疗。

(2)关节、韧带扭伤的处置

①急性腰伤,指运动时因腰部受力过重,肌肉收缩不协调,或脊柱运动超过正常生理范围而致伤,如挺身式跳远、举重时过分挺腹、跳水时下肢后摆过多等。若轻度损伤,可轻按,重症者应立即让患者平卧,一般不应随意移动,并用担架护送医院治疗。处理后,应该睡硬板床或者腰后垫一个高度合适的枕头,使肌肉韧带处于放松状态,24 小时后方可施行按摩。

②踝关节扭伤,通常是因跳起、落地时身体失去平衡,使踝关节过度内翻或外翻。场地不平或动作不协调等,也可造成踝关节扭伤。扭伤后,伤处肿胀、疼痛、皮下出血。如果疼痛剧烈,不能站立行走,则可能发生骨折。伤后要立刻进行冷敷,以免毛细血管过度出血,造成肿胀,影响日后的恢复,千万不要去揉捏和牵拉,而要进行包扎,必要时还要进行固定。

3. 中暑和运动性贫血的临时处置

由于天热和学生身体弱等原因,在体育运动中,易出现中暑或运动性贫血现象。

(1)中暑的临时处置。

将中暑者移至通风阴凉处,用凉水擦拭和冷敷。中暑者昏迷时要使其侧卧以保证呼吸通畅,可适量喝淡盐水。

(2)运动性贫血的临时处置。

运动员发生运动性贫血时,应立即停止运动,并进行下列处理:将脚抬高加速血液的回流;解开衣服,加速血液流动。运动员昏迷时要使其侧卧,以保证呼吸顺畅。

第5章

奥林匹克运动会

【学习目标】

1. 了解奥林匹克运动会的产生及其发展脉络。

2. 了解北京奥林匹克运动会。

【内容提要】

本章主要内容为:奥林匹克运动会的产生与发展及北京奥林匹克运动会。

5.1 奥林匹克运动会的产生与发展

5.1.1 奥林匹克运动会的产生

奥林匹克运动会的产生与希腊当时社会的政治、经济、文化和宗教有着密切的关系。奴隶社会的希腊,战争连年不断,为了取胜,各个城邦都利用体育锻炼来培养身强力壮的武士,体育运动就是在这种情况下发展起来,逐渐形成了有组织的运动竞赛,为奥运会的产生打下了基础。

古希腊人信奉多神教,每逢重大的祭祀节日,各城邦都举行盛大的宗教集会,以唱歌、舞蹈和竞技等方式来表达对诸神的敬意。古希腊人认为宙斯神是众神之首,所以对他格外崇敬,对他的祭祀也格外隆重,促进了奥林匹克运动会的产生。

古希腊人民厌恶连年不断的城邦战争,渴望和平,希望在奥林匹克运动会举办期间,以神的名义实行休战,以达到减少战争,摆脱灾难的目的。

由此可见,奥运会是在战争背景和祭礼形式中产生的,但它又表达了人民对和平的美好愿望,这种互相矛盾又互相制约的关系,使奥运会产生并延续下来。

5.1.2 奥林匹克运动会的发展

1. 古代奥林匹克运动会

古代奥林匹克运动会从公元前776年起,到公元394年止,经历了1 168年,共举行了293届。按其起源、盛衰,大致分为以下三个时期。

(1)公元前776年至公元前388年,古代奥林匹克运动会的黄金时期。

公元前776年,伯罗奔尼撒的统治者伊菲图斯,努力使宗教与体育竞技合为一体。它不仅革新了宗教仪式,还组织了大规模的体育竞技活动,并决定每4年举行一次,时间定在闰年的夏至之后。所以公元前776年的古代奥林匹克运动会就正式载入史册,成为古代奥林匹克运动会的第1届。当时仅有一个竞赛项目,即距离为192.27米的场地跑。这一时期各城邦之间虽有纷争,但希腊是一个独立的国家,政治、经济、文化都比较发达,是古代奥林匹克运动会的黄金时期。特别是在公元前490年,希腊雅典在马拉松河谷大败波斯军之后,民情奋发,国威大振,兴建了许多运动设施、庙宇等,参赛者遍及希腊各个城邦,奥运会盛极一时,成为希腊最盛大的节日。

(2)公元前388年至公元前146年,古代奥林匹克运动会开始衰落。

由于斯巴达和雅典长期的伯罗奔尼撒战争(公元前431年至公元前404年),希腊国力大减,马其顿逐渐吞并了希腊。马其顿君王菲利普还亲自参加了赛马。随后亚历山大大帝虽自己不喜爱体育活动,仍积极支持,并视奥林匹克运动会为古希腊的最高体育活动,为其增添设施。不过,这一时期古代奥林匹克运动会精神已大为减色,并开始出现职业运动员。

(3)公元前146年至公元394年,古代奥林匹克运动会由衰落走向毁灭。

罗马帝国统治希腊后,起初虽仍举行运动会,但奥林匹亚已不是唯一竞赛地了。如公元前80年第175届奥运会,就把优秀竞技者召集在罗马竞赛,而奥林匹亚只举行了少年赛。这时职业运动员已开始大量出现,奥林匹克运动会成了职业选手的竞赛,希腊人对之失去了兴趣。公元2世纪后,基督教统治了包括希腊在内的整个欧洲,倡导禁欲主义,主张灵肉分开,反对体育运动,使欧洲处于一个黑暗时代,奥运会也随之更趋衰落,直至名存实亡。公元393年罗马皇帝狄奥多西一世宣布基督教为国教,认为古奥运会有违基督教教旨,是异教徒活动,翌年宣布废止古奥运会。

2. 现代奥林匹克运动会

奥林匹克运动自1894年国际奥委会成立至今,已有一个世纪的历程。其发展可分为四个阶段。

(1)奥林匹克运动的初创时期(1894~1914年)。

从1894年到1914年第一次世界大战前,正值世界性的政治经济关系发生急剧变化时期,各种民族主义和排外心理妨碍了正常的国际交往。现代运动项目仅在少数欧洲国家开展,世界范围的体育竞赛活动很少进行。奥林匹克运动尚处于一种摸索阶段。奥运会也还未形成一定的举办模式,如项目设置稳定性差,场地设施简陋,财政困难,会期不固定,裁判员执法不公,以及参赛资格缺乏明确规定等。

1908年奥林匹克运动会实施了标准化和规范化管理,为未来奥运会的举办构建了基本框架。1912年奥林匹克运动会是这一时期最成功的奥运会,从参赛国家、运动员人数、场地设施到组织工作都有较大提高,第一次实现了顾拜旦所期望的:没有事故、没有抗议、没有民族沙文主义仇恨的奥林匹克运动会。

这一时期存在的主要问题是国际奥委会、国际单项体育组织还都只是一个松散的机构。国际奥委会尚未认识到奥林匹克运动会是国际奥委会委托给某个城市承办的,放弃了领导和监督权,以致奥林匹克运动会一切事宜均由东道主随意安排。由于不允许妇女正式参加奥林匹克运动会,不但使奥林匹克运动会的广泛性存在较大的缺陷,而且使女子体育发展受到阻碍。

(2)奥林匹克运动的形成时期(1915~1945年)。

因第一次世界大战而中断的奥林匹克运动会于1920年重新举行。国际奥委会从实践中意识到奥运会规范化的重要性,整个奥运会的基本框架、运行机制在这一时期基本形成,具体表现在:竞赛项目的设置逐渐趋向合理;竞赛设施进一步完善;会期基本固定;申办、举办程序基本确立,并基本解决了有关运动员的参赛资格问题。先进的技术开始应用到竞赛中去,如电子计时器、终点摄影仪、自动打印机、闭路电视转播等。自1928年起,女子田径项目纳入正式竞赛,这一重要变化对奥林匹克运动的普及性和号召力起到了推动作用。另一个重要发展是有了冬季奥运会,它使奥林匹克运动的覆盖面大大增加。

这一时期,奥林匹克运动的组织机构也得到发展,国家奥委会由第一次世界大战前的29个增加到60个,为奥林匹克思想在世界各地的传播做出了重要贡献。与此同时,各国际单项体育组织也相继成立,通过国际奥委会与各国际单项体育组织和各国家奥委会的协调,使国际奥委会摆脱了每届奥运会的具体技术事务,而更多地在领导、协调、决策等更高的层次发挥作用。

这一阶段存在的一个重要问题是政治对奥林匹克运动的影响日益加重,如1936年柏林奥运会,虽在许多方面优于以往各届,但被希特勒用以向世界炫耀自己的实力,违背了奥林匹克和平、友谊、进步的宗旨。

(3)奥林匹克运动的发展时期(1946~1980年)。

第二次世界大战结束后,世界政治格局形成了东西方两大政治集团对峙的局面,这对奥林匹克运动的发展产生了重大影响。战后各国经济振兴和科技发展,促进了奥林匹克运动的发展。

由于苏联及新兴独立国家的参加,这一时期奥运会每届参赛国家和人数以及竞赛项目都在增加;与此同时,顾拜旦关于在各大洲轮流举办奥运会的设想得以实现;各洲范围的运动会、伤残人奥运会也相继产生。随着运动的普及,竞技运动水平也迅速提高,非洲体育开始崛起。在奥运会上形成美国和苏联争强的局面。

奥运会竞赛场地及各种配套设施较前有很大的发展,奥运会向大型化、艺术化方向发展。先进的电子设备,以及性别和违禁药物检查,使竞赛的公正性得到加强。历届奥运会,促使举办城市的各种市政建设也大为改善,并为其在竞赛后继续发挥作用奠定了基础。奥运会的举办资金也由单纯的政府拨款和私人捐赠向以政府拨款、社会捐资和出售电视转播权、发行彩票相结合的多种形式方向转变。

这一时期的奥林匹克组织已不单纯是一个体育机构,它与国家、社会各部门的关系日益密切。政治对奥运会的影响也更趋明显、复杂、尖锐,各种势力集团都想通过这个舞台来达到自己的目的。此外,兴奋剂问题、奥运会承办国财政负担过重等问题成为重要议程。三大支柱之间出现了裂痕,经济上也危机四起。这种状况从 1972 年基拉宁担任奥委会主席后才有所改变。

(4)奥林匹克运动的改革时期(1980 年至今)。

进入 20 世纪 80 年代,在萨马兰奇的领导下,针对奥林匹克运动所面临的各种问题进行了大规模的变革。过去的那种"独立性"原则,即在经济上不谋利,政治上不同政府联系的做法已不适应新时期的需要。人们对奥林匹克运动的要求不只限于 4 年一度的奥运会,奥林匹克运动已扩展到更加广阔的领域。国际奥委会在文化教育、科学技术方面注重了奥林匹克思想的传播。通过一系列活动,如举办奥林匹克艺术节,建立博物馆,举办"奥林匹克日"纪念活动,定期召开奥林匹克科技大会等,都起到了很好的宣传作用。1992 年巴塞罗那奥运会参加国家和地区已增至 172 个,竞赛项目达 257 个。

在组织结构上的自我更新与完善,使国际奥委会同其他各个机构的联系日益密切,自 20 世纪 80 年代以来,国际奥委会建立了包括主席、各类专业人员在内的长驻机构——洛桑总部,保证了总部机构对各方面的领导。自 1981 年起国际奥委会第一次有了正式的法律地位,以法人的身份参与处理各种重大事务,经济上大胆进行商业性开发,利用各种活动创造财富,为奥林匹克运动的发展创造了一个良好的经济基础。从第 23 届奥运会开始连续几届的奥运会主办国均未出现赤字。经济上的盈利,极大地调动了主办国家搞好奥运会的积极性。

这一时期发生的重要变化是在肯定政治对体育的作用的同时,强调体育不应听命于任何一个国家的指挥;在肯定商业化的同时,对商业化采取一定的限制措施,并废除了参赛者业余身份的原则,使奥运会向所有优秀的运动员开放。这种务实的态度,促进了奥林匹克运动向健康的方向发展。

奥林匹克运动从初期的探索到自身模式的基本形成,从第二次世界大战后的发展到停滞,以后又经 80 年代以来的改革,终于进入了一个生机勃勃的发展阶段。

5.2　北京奥林匹克运动会

1991 年北京正式提出申办 2000 年第 27 届奥运会,但是以 2 票之差未能如愿。此后在 1998 年 11 月 25 日,北京市人民政府向中国奥委会递交申请举办 2008 年奥运会的申请书。1999 年 9 月 6 日,经党中央、国务院批准,由国家体育总局、北京市人民政府和国务院相关部门组成北京 2008 年奥运会申办委员会,申办大幕正式拉开。北京具有其他申办城市所不可比拟的优势。

第一,中国是世界上人口最多的国家。2008 年奥运会在占世界人口五分之一,其中有近 4 亿青少年的中国举办,是宣传奥林匹克理想和精神、普及发展奥林匹克运动的大好时机,更能体现奥运会的全球性、广泛性和参与性。

第二，北京是世界历史文化名城。北京具有3 000年建城史，800多年建都史，有着众多的名胜古迹和丰厚的文化底蕴。北京又是一座拥有近百所高等学府、科学教育事业发达的现代化城市。在北京举办奥运会，有利于弘扬奥林匹克精神，促进东西方文化的交流与融合。

第三，北京申办奥运会得到了中国政府和全国人民的大力支持。2000年5月8日，朱镕基总理代表党中央、国务院表示：中国政府对这次申办十分重视，全力支持，并将从各个方面为北京申办工作创造良好的条件。北京申奥得到了全国人民和全市人民的大力支持，北京奥申委征集到2 000多件北京奥申委会徽设计稿和3万余条申奥口号；各地群众通过签名等方式表达对北京申办奥运会的支持，奥申委网站开通首日，访问量就突破万人大关，网上支持率达94.6%。中外许多企业出资赞助北京申办奥运会。

第四，中国从未举办过奥运会。按惯例，奥运会应轮流在各大洲举办，一个大洲一般不能连续举办两次。亚洲自1988年韩国汉城奥运会后，到2008年已有近20年没有举办过奥运会。中国作为亚洲的最大国家，如果从地缘政治考虑，从奥林匹克运动的全球性和公正性以及未来发展考虑，北京申办的优势很大。

终于，经过近两年的申办历程，在2001年7月13日晚，北京时间22:10，北京获得第29届2008年奥运会主办权。人们为此欢呼不已。教科书利用照片和文字形象地描绘了这一历史性的时刻，从而引导和激发学生的爱国热情，并提示学生思考申奥成功将有助于提升中国的国际地位，促进中国经济的发展，也为每一个中国人的发展提供了更多的空间。

为了把2008年北京奥运会办成是历史上最好的一届奥运会，北京市制定了《奥运行动规划》，包括奥运行动规划、体育专项规划、交通建设和管理专项规划、科技奥运建设专项规划、数字奥运建设专项规划、文化环境建设专项规划、能源建设和结构调整专项规划、生态环境保护专项规划8个部分的内容，强调以“新北京、新奥运”为主题，突出“绿色奥运、科技奥运、人文奥运”的理念。

规划中明确指出：“办好2008年北京奥运会，坚持‘绿色奥运、科技奥运、人文奥运’的理念具有十分重要的意义。”

(1)绿色奥运。

把环境保护作为奥运设施规划和建设的首要条件，制定严格的生态环境标准和系统的保障制度；广泛采用环保技术和手段，大规模多方位地推进环境治理、城乡绿化美化和环保产业发展；增强全社会的环保意识，鼓励公众自觉选择绿色消费，积极参与各项改善生态环境的活动，大幅度提高首都环境质量，建设生态城市。

北京“绿色奥运”理念在生态环境建设方面的特殊含义表现在：全面增强城市可持续发展能力，为2008年奥运会提供一个清洁、优美的环境；保证奥运会举办过程对环境不产生负面影响，并对北京和全国环境保护工作发挥示范作用；强调人与自然和谐的宗旨，使全民生态文明素养得到全面提升。因此，生态环境保护的指导思想是：坚持“绿色奥运”理念，以实现北京地区生态系统良性循环为基本任务，以落实关于城市环境质量和

“绿色奥运”的申办承诺为目标，从实际出发，以人为本，全面规划，分步实施，全面推动北京生态环境改善与可持续发展，为 2008 年奥运会提供一个清洁、优美的环境。

其总体目标是 2008 年，在环京津地区生态状况明显改善的情况下，环境质量按功能区划达到国家标准，全市生态状况明显好转。全面落实申办中关于奥运建设和活动中生态环境问题的承诺，在可持续发展思想指导下，把北京奥运会办成一个在环境保护方面做出突出贡献的绿色奥运盛会。

(2)科技奥运。

紧密结合国内外科技最新进展，集全国科技创新成果，举办一届高科技含量的体育盛会；提高北京科技创新能力，推进高新技术成果的产业化和在人民生活中的广泛应用，使北京奥运会成为展示高新技术成果和创新实力的窗口。将在试点示范、数字奥运、运动科技、科普、中关村科技园区 5 个方面，优选一批重点项目，分批、滚动实施。

为了更好地落实科技奥运的理念，在《奥运行动规划》中还提出了科技奥运建设专项规划，与“奥运科技(2008)行动计划”密切配合，依据奥运各项需求，综合北京奥运各专项建设规划，并考虑未来 6 年科技发展趋势，在交通、洁净能源、环境保护、奥运场馆、信息通信、奥运安全、运动科技、奥运会开(闭)幕式、科学普及、中关村科技园区 10 个方面，优选一批项目，集成国内外科技资源，分期、分批、滚动实施。

(3)人文奥运。

普及奥林匹克精神，弘扬中华民族优秀文化，展现北京历史文化名城风貌和市民的良好精神风貌，推动中外文化的交流与融合，加深各国人民之间的了解、信任与友谊；突出“以人为本”，以运动员为中心，提供优质服务，努力建设使奥运会参与者满意的自然、人文环境；遵循奥林匹克运动的宗旨，以举办奥运会为主线，开展丰富多彩的文化教育活动，丰富全体人民的精神文化生活，促进青少年的全面发展；以全国人民的广泛参与为基础，推进文化体育事业的繁荣发展，增强中华民族的凝聚力和自豪感。

为把北京在申办 2008 年奥运会时提出的“人文奥运”理念化为实践，《北京奥运行动规划》专门提出了“文化环境建设专项规划”，指出奥运会的文化环境建设，将突出“人文奥运”的理念，强调“以人为本”的思想，体现“辉煌而又朴素”的文化品格，以“体育健身、文化美心”和“奥运兴业、文明兴都”为主要内容，广泛吸引民众参与，动员整合各类文化资源，在未来 6 年中力争将北京建成文化人才集中、文化设施完备、文化市场完善、文化产业发达、文化气息浓厚的城市，为承办一届历史上最出色的奥运会创造一个具有“古都特色、中国风格、东方气派”的文化环境，向世界展示北京城市繁荣文明的崭新形象和北京市民昂扬向上的良好风貌。

第6章 田径运动

【学习目标】

1. 掌握田径运动的基本动作和技术要领。

2. 基本掌握田径运动竞赛规则,全面提高学生的身体素质。

【内容提要】

本章主要内容为:田径运动概述;田径运动的锻炼方法;学校田径运动竞赛的主要工作;田径竞赛基本规则。

6.1 田径运动概述

6.1.1 田径运动的定义

田径运动是在人类长期社会实践过程中产生和发展起来的。全面地理解田径运动的定义,应从两方面进行:一方面从竞技体育来认识。尽管田径运动的定义包含了运动竞赛的成分,但决不能简单地把它视为田径运动的全部内涵和最终目的。另一方面,在以增强体质、提高身体素质、提升健康水平和培养意志品质为目的的社会体育和学校体育中,田径运动的作用也是不可替代的。

田径运动包括跳跃、投掷、竞走、跑等40多个单项,以及由跑、跳跃、投掷部分项目组成的全能运动。田赛以高度和远度计算成绩;径赛以时间计算成绩;田径全能运动项目以各单项成绩按"田径全能运动评分表"换算分数计算成绩。

6.1.2 田径运动的分类

现代田径运动的分类不同,多数将田径运动分为田赛、径赛和全能运动三大类,或分为跳跃、投掷、竞走、跑和全能五大类。

1. 田赛

(1)跳跃。

①跳高;撑竿跳高。

②跳远;三级跳远。

(2)投掷。

铅球,标枪,铁饼,链球。

2. 径赛

(1)竞走。

①5 公里,在田径场上进行。

②10 公里,在田径场或公路上进行。

③20 公里、50 公里,在公路上进行。

(2)跑。

①60 米,100 米,200 米,400 米,800 米,1 500 米,3 000 米,5 000 米,10 000 米。

②110 米栏,100 米栏,400 米栏。

③3 000 米障碍。

④马拉松:42 195 米。

⑤接力跑:4 ×100 米;4 ×400 米。

3. 全能运动

(1)十项全能。

100 米、跳远、铅球、跳高、400 米、110 米栏、铁饼、撑竿跳高、标枪、1 500 米。

(2)七项全能。

100 米栏、跳高、铅球、200 米、标枪、跳远、800 米。

(3)五项全能。

100 米栏、铅球、跳高、跳远、800 米。

(4)四项全能。

100 米、跳高、标枪、800 米。

6.2　田径运动的锻炼方法

6.2.1　短距离跑的锻炼方法

短距离跑是速度性运动项目,一般包括 100 米、50 米、25 米往返跑等。

参加短距离跑锻炼,必须通过体育课教学和课外体育锻炼,使学生牢固地掌握短距离跑的技术。途中跑技术是取得良好锻炼效果的主要手段;还要掌握蹲踞式起跑、起跑后加速跑和终点跑的技术。此外,还必须采用多种手段和方法,提高短距离跑的专项身体素质,这样才能提高短距离跑锻炼的效果。短距离跑的专项身体素质包括速度、耐力和力量等。

(1)提高速度的练习。

速度的表现形式有反应速度、动作速度和移动速度三种。

①提高反应速度的方法有:启动、急停、变速或变向跑;身体蹲、坐或各种姿势,听口

令起跑;背对跑步方向听口令转身起跑;站立式起跑(图6.1)或蹲踞式起跑(图6.2)。

图6.1　站立式起跑示意图

②提高动作速度的方法有:原地快速踏步跑;快速斜支撑跑;原地高抬腿跑;行进间小步跑、高抬腿跑;原地快速摆臂。

③提高移动速度的方法有:加速跑;行进间跑;追逐跑;接力跑;下坡跑。

图6.2　蹲踞式起跑示意图

(2)增强耐力的练习。

在进行短距离跑练习时,经常能看到学生后程跑的速度明显下降,跑的动作变形,因此,应注意增强学生的耐力。增强耐力的方法有:斜支撑跑15~20秒;原地快速高抬腿15~20秒;行进间快速跑和快速高抬腿;反复快速跑;反复中上等速度跑;接力跑竞赛。

(3)增强力量的练习。

在短距离跑练习中,无论是后蹬还是前摆都需要肌肉的力量,这种力量必须是短距离跑专项力量,必须在增强一般力量的基础上,注意提高增强力量练习的速度及爆发力。增强力量的方法如下。

①克服自身体重的力量练习:原地或行进间单足跳;立定跳远、立定三级跳远、多级跳等;跨步跳、蛙跳、纵跳摸高等;连续跳障碍物;快速上坡跑;快速仰卧起坐、仰卧举腿等。

②负重的力量练习:手持哑铃摆臂或跳举哑铃;持实心球前后抛;负重上台阶。

对于进行增强力量的练习时的负荷量,要从学生的实际出发。

6.2.2　中长跑的锻炼方法

中长跑是耐力性运动项目,一般包括800米、1 000米、1 500米、3分钟25米往返跑、4分钟25米往返跑等。

良好的中长跑技术,既能使跑的动作具有实效性,又能节省身体能量的消耗。因此,参加中长跑锻炼,必须通过体育教学和课外体育锻炼的复习,使学生牢固地掌握中长跑的基本技术。其主要技术表现为:途中跑时与步子紧密配合的呼吸方法;适合个人特点的跑的节奏以及全程跑的体能分配方法等。此外,还必须采用多种手段和方法,提高中长跑的专项身体素质。

(1)增强一般耐力的练习。

增强一般耐力是提高机体负荷能力、增强专项耐力的基础,也是提高人体呼吸和血液循环系统机能、发展有氧代谢能力的主要途径。其练习方法有:跑走交替;定时或定距离跑;游泳;滑冰;打篮球;踢足球等。

(2)增强专项耐力的练习。

增强专项耐力是在增强一般耐力的基础上进行的,其练习方法有:变速跑;间歇跑;重复跑。

6.2.3 跳高和跳远的锻炼方法

跳高和跳远是灵敏性运动项目。其锻炼方法如图6.3和图6.4所示。

提高跳高和跳远的专项身体素质主要可以从以下两方面进行。

(1)提高弹跳力的练习。

单脚或双脚跳绳;原地或行进间单脚跳;纵跳摸高、跳台阶、蛙跳等;助跑起跳头顶悬物;立定跳远、立定三级跳远、多级跳、跨步跳等。

(2)提高柔韧性的练习。

柔韧性是由人体关节活动范围的大小、肌肉和韧带的弹性、神经和肌肉放松的程度等因素决定的。提高柔韧性的方法有:提高下肢柔韧性可采用压腿、摆腿、劈腿等;提高躯干柔韧性可采用躯干扭转、立体前后屈等。

图6.3 背越式跳高示意图

图 6.4　蹲踞式跳远示意图

6.2.4　推铅球的锻炼方法

推铅球是力量与协调性运动项目。其锻炼方法如图 6.5 所示。

图 6.5　推铅球示意图

提高推铅球的专项身体素质的方法主要有如下几种。

①俯卧撑、臂屈伸。

②连续推举。

③卧推。

④负重半蹲起。

⑤抓举、挺举杠铃。

⑥用实心球前后抛。

⑦原地或滑步推铅球。

6.2.5　田径运动锻炼时的注意事项

田径运动是学校广大学生参加课外体育锻炼的主要项目。学生在参加田径运动锻炼时应注意以下事项。

①要把田径运动项目的技术练习和各田径运动项目的专项身体素质练习密切结合起来。

②要做好田径运动锻炼的准备运动和整理运动。

③要把开展经常性的田径运动锻炼活动与组织小型、多样的田径运动竞赛和《国家体育锻炼标准》达标测验结合起来。

④要加强安全教育和抓好安全措施，防止田径运动锻炼中发生外伤事故。

6.3　学校田径运动竞赛的主要工作

田径运动会编排、记录与公告工作是开好运动会的一个重要环节，它直接影响着竞赛工作能否有秩序地进行和运动员能否正常地发挥运动技术水平。其主要任务是：竞赛前编排秩序册和准备各种竞赛用表；竞赛中负责后继赛次的录取、分组、分道（顺序）的编排工作，及时记录和公告各项竞赛成绩，统计各单位得分情况和奖牌数；竞赛后统计、整理成绩和记录等有关资料。

编排记录公告组竞赛前最重要的工作是编排秩序册，秩序册的编排必须符合规则精神和运动会规程的要求。其工作步骤和流程如图 6.6 所示。

1. 编排竞赛秩序前的准备工作

①学习竞赛规则、规程及补充通知等大会有关文件，了解裁判员人数及水平、场地、器材等情况。

a. 运动会的期限、每天的作息时间、开幕式、闭幕式、表演项目的时间等。

b. 竞赛的单位、组别、项目等。

c. 参加办法。

d. 奖励及计分办法。

e. 场地器材情况：直弯道分道数、跳跃和投掷场地的数量栏架等器材设备。

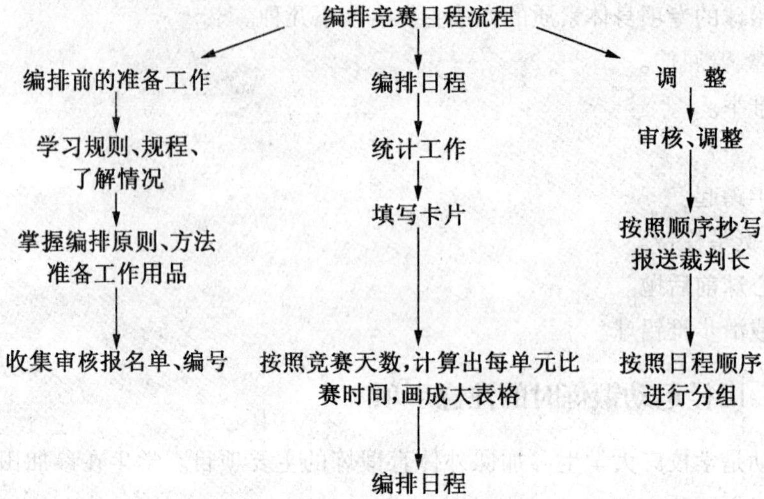

图6.6 编排记录公告的工作步骤和流程

f. 裁判员的人数及水平。

②准备有关用具及各种竞赛表格。

③审查报名表。根据竞赛规程,认真审查报名表,如发现与规程不相符者,应立即与有关单位联系,予以更正。

④编排运动员号码对照表。

a. 编号:一般按先后顺序或大会指定顺序。

b. 编排运动员号码。

c. 开列各代表队名单。如图6.7所示。

× × ×代表队　　号码(1 ~50)

领队:× × ×　　教练:× × ×　　× × ×　　× × ×

男子:001　　002　　003

× × ×　　× × ×　　× × ×

女子:004　　005　　006

× × ×　　× × ×　　× × ×

图6.7　各代表队名单示例

2. 进行统计工作

①各项目参加的人数。

②兼项统计表。

a. 表内各项目的排列顺序与报名单一致。

b. 表行、列项目一致。

c. 统计时,应按报名单将运动员逐个统计在斜线右上方,并在格内划“正”。

6.4　田径竞赛基本规则

6.4.1　田径竞赛通则

①参加竞赛的运动员必须佩带号码,否则不得参加竞赛。

②径赛项目运动员须沿跑道逆时针方向跑进。

③径赛运动员挤撞或阻挡别人而妨碍别人走或跑进时,应取消其该项竞赛资格。

④如果一名运动员参加一个径赛项目,又参加一个田赛项目,或者参加一个以上的田赛项目,而这些项目又同时举行竞赛,有关主裁判可以允许运动员只在某一轮次(高度项目以一个高度为一个轮次,一个高度有三次试跳机会;远度项目以所有运动员按顺序试跳或试掷完一次为一个轮次)的竞赛中以不同于赛前抽签确定的顺序先进行试跳(试掷)一次。错过的试跳(试掷)机会一律不补。

⑤判定名次的方法:

田赛项目中,远度项目以竞赛的六次试跳或试掷中最好的一次成绩作为个人的最好成绩,包括第一名成绩相等决定名次赛时的成绩,然后以各运动员的最高成绩排列名次。高度项目以每名运动员最好一次试跳成绩,包括第一名成绩相等决定名次赛时的成绩,作为最后决定成绩。

径赛项目中,判定运动员到达终点的名次顺序,是以运动员躯干的任何部分到达终点线内沿的垂直面的先后为准。以决赛的成绩作为个人的最高成绩,而不以预、次、复赛的成绩判定最后名次。

全能运动项目,以各运动员全部项目得分的总和排定名次。

如遇两人或两人以上成绩相等,应按下列规定处理:

田赛高度项目竞赛成绩相等的录取办法:在出现成绩相等的高度中,试跳次数较少者名次列前。如成绩仍相等,在包括最后跳过的高度在内的全部竞赛中,试跳失败次数较少者名次列前。如成绩仍相等:如涉及第一名时,则令成绩相等的运动员在其造成成绩相等的失败高度中的最低的高度上,每人再试跳一次。如仍不能判定,则横竿应提升或降低,提升或降低的高度,跳高为 2 厘米,撑竿跳高为 5 厘米,他们应在每个高度上试跳一次,直到决出名次为止。决定名次的试跳,有关运动员必须参加。

田赛远度项目的竞赛成绩相等时,应以其次优成绩判定名次。如次优成绩相等,则以第三优成绩判定,以此类推。如仍相等,并涉及第一名者,则令成绩相等的运动员,按原竞赛顺序,进行新一轮试跳,直到决出名次为止。

在径赛的预、次、复赛中,按成绩录取最后名次时,有两人或两人以上成绩相等,如对下一赛次或决赛人数没有影响,则成绩相等的运动员都应录取;如有影响,则应抽签决定进入下一赛次的人选。此种抽签应在有关裁判长的领导和组织下进行,由成绩相等的运动员自己抽签决定。决赛中出现第一名成绩相等,裁判长有权决定这些成绩相等运动员重新竞赛。涉及其他名次时,成绩相等的运动员名次并列。

全能运动竞赛总分相等时,应以单项得分多的项目较多名次列前。仍不能判定时,则以任何一个项目单项得分最多者名次列前。

团体总分相等时,应以破纪录项目、次数多者名次列前。再相等,则以第一名多者列前。如仍相等,则以第二名多者名次列前,以此类推。

6.4.2　田赛主要规则

(1)跳高竞赛。

跳高竞赛时,应抽签排定运动员的试跳顺序。竞赛开始前,主裁判应向运动员宣布起跳高度和每轮结束后横杆的提升高度,直至竞赛中只剩下一名运动员。除非竞赛中只剩下一名运动员,并且他已获得该项目竞赛的冠军,否则,每轮之后,横杆升高不得少于2厘米;横杆升高的幅度不得增大。在全能竞赛中,每轮的横杆提升高度均为3厘米。一旦竞赛开始,运动员不得使用助跑道或起跳区进行练习。在竞赛中,运动员必须用单脚起跳。

有下列情况之一者,则判为试跳失败:

①试跳后,由于运动员的试跳动作,致使横杆未能留在横杆托上。

②在越过横杆之前,运动员身体的任何部位触及立柱以外的地面或落地区。如果运动员在试跳中一只脚触及落地区,而裁判员认为其并未从中获得利益,则不应判为试跳失败。

运动员可以在主裁判事先宣布的横杆升高计划中的任何一个高度开始试跳,也可在以后任何一个高度根据自己的愿望决定是否试跳。但在任何高度上,只要运动员连续三次试跳失败,即失去继续竞赛的资格(因第一名成绩相等而进行的决名次赛的试跳除外)。

允许运动员在某一高度上第一次或第二次试跳失败后,在其第二次或第三次试跳时请求免跳,并在后继的高度上继续试跳。运动员在某一高度上请求试跳后,不准在该高度上恢复试跳,除非出现第一名成绩相等的情况。每次升高横杆后,在运动员试跳之前,均应测量横杆高度。当横杆放置在记录高度时,有关裁判员必须进行审核测量。如果自上一次测量高度后,横杆又被触及,在后继高度的试跳之前,裁判员必须再次测量横杆高度。即使其他运动员均已失败,一名运动员仍有资格继续试跳,直至其放弃继续竞赛的权利。

当某运动员已在竞赛中获胜时,有关裁判员或裁判长应征求该运动员的意见,由该运动员决定横杆的提升高度。每名运动员应以其最好的一次试跳成绩,包括因第一名成绩相等而进行的决名次赛的试跳成绩,作为其最后的决定成绩。

在竞赛过程中不得移动跳高架或立柱,除非有关裁判长认为该起跳区或落地区已变得不适于竞赛。如需移动跳高架或立柱,应在试跳完一轮之后进行。

(2)跳远竞赛。

所有田赛远度项目竞赛时,参加竞赛的运动员如超过8人,成绩较好的前8名运动员进入决赛,如第8名成绩相等,成绩相等的运动员均可再试跳或掷三次,如不足8人,则均有六次机会。一旦竞赛开始,运动员不得使用竞赛助跑道进行练习。

有下列情况之一者,则判为试跳失败:

①在未做起跳的助跑中或在跳跃中,运动员以身体任何部位触及起跳线以外地面。

②从起跳板两端之外的起跳线的延长线前面或后面起跳。

③在落地过程中触及落地区以外地面,而落地区外触地点较区内最近触地点更靠近起跳线。

④完成试跳后,向后走出落地区。

⑤采用任何空翻姿势。

测量成绩时,应从运动员身体任何部位触地的最近点量至起跳线或起跳线的延长线,测量线应与起跳线或其延长线垂直。

应以每名运动员最好的一次试跳成绩,包括因第一名成绩相等而进行的决名次赛的试跳成绩,作为其最后的决定成绩。助跑道长度至少应为40米,条件许可时,至少应为45米。助跑道宽度最小1.22米,最大1.25米,应用5厘米宽的白线标出助跑道。助跑道的左右最大倾斜度不超过1:100;跑进方向总的倾斜度不得超过1:1 000。为利于助跑和起跳,运动员可在助跑道旁放置1～2个标志物(由组委会批准或提供)。如果不提供此类标志物,运动员可以使用胶布,但禁用粉笔或其他任何擦不掉痕迹的类似物质。起跳板是起跳的标志,应埋入地下,上沿与助跑道及落地区表面齐平。起跳板靠近落地区的边沿称为起跳线。紧靠起跳线前应放置一块橡皮泥显示板,以便于裁判员进行判断。起跳板至落地区近端的距离为1～3米;起跳板至落地区远端的距离不应小于10米。

三级跳远的三跳顺序是一次单足跳、一次跨步跳和一次跳跃。单足跳时应用起跳腿落地,跨步跳时用另一条腿(摆动腿)落地,然后完成跳跃动作。运动员在跳跃中摆动腿触地不应视为试跳失败。

(3)推铅球竞赛。

推铅球竞赛应抽签决定运动员试掷顺序。运动员超过8人,应允许每人试掷三次,有效成绩最好的前8名运动员可再试掷三次,试掷顺序与前三次试掷后的排名相反。当竞赛人数只有8人或少于8人时,每人均可试掷六次。竞赛开始前,运动员可在竞赛场地练习试掷,练习组应按抽签排定的顺序进行,并始终处于裁判员的监督之下。一旦竞赛开始,运动员不得持器械练习,并且,无论持器械与否,均不得使用投掷或落地区以内地面练习投掷。

运动员必须从静止姿势开始试掷。运动员应用单手从肩部将铅球从投掷圈内推出。允许运动员触及铁圈和抵趾板的内侧。当运动员进入圈内开始试掷时,铅球应抵住或靠近颈部或下颌,在推球过程中持球手不得降到此部位以下。不得将铅球置于肩轴线后方;不允许使用任何装置对投掷时的运动员进行任何帮助,例如使用带子将两个或更多的手指捆在一起;除了开放性损伤需要包扎以外,不得在手上使用绷带或胶布;不允许使用手套;为了能更好地持握铅球,运动员可使用某种适宜物质,但仅限于双手;为了防止手腕受伤,运动员可在手腕处缠绕绷带;为防止脊柱受伤,运动员可系一条皮带或其他适宜材料制成的带子;不允许运动员向圈内或鞋底喷洒任何物质。

运动员进入圈内开始投掷后,如果运动员身体的任何部位触及圈外地面,或触及铁圈和抵趾板上面,或以不符合规定的方式将铅球推出,均判为一次投掷失败。在未违反上述规定的前提下,运动员可中止已开始的投掷,可将器械放在圈内或圈外,可以离开投掷圈,然后返回圈内从静止姿势重新开始投掷。铅球必须完全落在落地区角度线内沿以内,试掷方为有效。每次有效试掷后,应立即测量成绩。从铅球落地痕迹的最近点取直线量至投掷圈内沿,测量线应通过投掷圈圆心。运动员在器械落地后方可离开投掷圈。离开投掷圈时首先触及的铁圈上沿或圈外地面必须完全在圈外白线的后面,白线后沿的延长线应能通过投掷圈圆心。应以每名运动员最好的一次投掷成绩,包括因第一名成绩相等而进行的决名次赛的试掷成绩,作为其最后的决定成绩。

其他投掷项目竞赛,除场地、器械和投掷方法与铅球有差异外,竞赛规则与推铅球基本相同。

6.4.3 径赛主要规则

①400 米及 400 米以下,包括 4×100 米接力的项目,运动员应采用蹲踞式起跑。犯规两次以上(全能运动员为三次)者取消竞赛资格。

②在分道跑项目中,运动员跑出自己的分道,如没有获得利益,也未阻挡他人,一般不应取消竞赛资格,否则应取消竞赛资格。

③在中长跑时,运动员擅自离开跑道后,不得继续竞赛。

④跨栏跑时,运动员手脚低于栏顶面、跨越他人栏架、有意用或脚碰到栏架,均属犯规。

⑤接力跑时,在接力区外完成接棒、捡棒时阻挡他人或空手跑过终点,成绩取消。

⑥如用三只秒表计成绩,应以两只秒表所示成绩为准;如各不相同,则以中间成绩为准。两只秒表,应以成绩较差者为准。

第 7 章 健美操

【学习目标】

掌握健美操的基本动作和技术要领,全面发展学生的身体素质。

【内容提要】

本章主要内容为:健美操运动概述;健美操术语及基本动作;健美操的创编;健美操竞赛基本规则。

7.1 健美操运动概述

7.1.1 健美操的概念

健美操是在音乐的伴奏下,融体操、舞蹈、武术等动作为一体的体育运动,是音乐与动作的完美结合,它具有横跨体育、文学、教育、医学四大领域的特征,是在运动的基础上培养人体健康美的一种新兴体育项目。健美操以身体练习为基本手段,以有氧运动为基础,以增进健康、塑造形体为目的。健美操是根据练习者的生理和心理特点,按照健美锻炼的要求把体操和舞蹈以及其他健美锻炼项目中的一些动作组编成操,在音乐伴奏下进行练习,以培养正确的体态、塑造美的形体、陶冶美的情操的一种群众性健美锻炼的手段。

7.1.2 健美操的分类

1. 健身性健美操

健身性健美操的主要目的是"健身"。它包括以提高心肺功能、改善身体有氧代谢能力的有氧操;练习肌肉控制、改善不良姿态、培养良好气质风度的形体操;以保持肌肉外形、防止肌肉退化的力量操。健身性健美操的动作简单,实用性强,音乐速度也适中,且为了保证一定的运动负荷和锻炼的全面性,动作多有重复,常以对称的形式出现。健身性健美操一般的练习时间为一个小时左右,在练习的要求上根据个体情况而变化,严格遵循"健康、安全"的原则,防止运动损伤的出现,在保证安全的基础上,达到锻炼身体的目的。

2. 表演性健美操

表演性健美操的主要目的是“表演”，它是事先编排好的、专为表演而设计的成套健美操，时间一般为2～5分钟。表演性健美操的动作较健身性健美操动作复杂，音乐速度可快可慢，并为了保证一定的表演效果，动作较少重复，也不一定是对称性的。在参与的人数上可是单人，也可是多人，并可在成套中加入队形变化和集体配合的动作，表演者可以利用轻器械，如花环、旗子等，还可采用一些风格化的舞蹈动作，如爵士舞等，以达到烘托气氛、感染观众、增加表演效果的目的。因为表演性健美操的动作比健身性健美操的动作复杂多变，所以对参与者的身体素质要求较高，不仅要具备较好的协调性，还要有一定的表演意识和集体配合的意识。

3. 竞技性健美操

竞技性健美操的主要目的是“竞赛”，其竞赛项目有男单、女单、混双、三人和六人。竞技性健美操在参赛人数、竞赛场地、成套动作的时间等方面都必须严格按照规则进行，规则对成套的编排、动作的完成、难度动作的数量等也都有严格的规定。竞技性健美操在动作的设计上更加多样化，并严格避免重复动作和对称动作。近年来，运动员为争取好成绩，均在竞赛的成套动作中加入了大量的高难度动作，如“直升机”、托马斯全旋等，这对运动员的体能、技术水平和表现力均提出了更高的要求。

7.1.3 健美操的特点与作用

1. 健美操的特点

（1）集健美和健身于一体。

健美操是以健身为基础，根据人体解剖学、运动生理学、体育美学等多学科理论，为使人体健康、健美地发展而编排的。健美操动作讲究健美大方，强调力度和弹性，练习内容讲求针对性和实效性，不仅能使身体各部位的关节、韧带、肌肉得到充分锻炼，使人体匀称、和谐地发展，而且能增强体质，培养健美的体形和风度，塑造健美的自我。因此，健美操是一项既注重外在美的锻炼，又强调内在美的培养的人体运动方式，对人的身心影响较为全面。

（2）鲜明的节奏感和韵律感。

健美操必须在音乐伴奏下练习，音乐是健美操的灵魂。与艺术体操相比，健美操更强调动作的力度。因此，健美操的音乐节奏趋于鲜明强劲，风格更趋于热烈奔放。健美操音乐多取材于迪斯科、爵士、摇滚等现代音乐和具有上述特点的民族乐曲，而正是音乐中的高低、长短、强弱、快慢等有节奏的变化，使健美操更富有一种鲜明的现代韵律感。此外，旋律清晰、活泼轻快、情绪激奋的音乐，不仅能振奋练习者的精神，使人产生跃跃欲试的动感，而且能使人在练习的过程中，忘却疲劳，保持一种轻松、愉快的心情。

（3）动作的多变性和协调性。

健美操成套动作的多变性，不仅表现在动作的节奏和力度上，而且表现在动作的复合性方面。其每节操很少是单个关节的局部动作,大多为多关节的同步运动。如在完成大幅度的上肢动作时,常伴有腰、膝、髋、踝和头部等的动作。这不仅可使身体各关节的活动次数成倍增长,而且能有效地改善和提高人们身体的协调性。

(4)广泛的群众性。

健美操是一项富有趣味性的运动,它能给人们带来热情奔放的情感体验,符合现代人追求健美、自娱自乐的需要,因此深受广大群众的喜爱。同时,由于健美操,尤其是健身性健美操,其练习形式多样,运动负荷和难度可以自我调节,不同年龄、性别、形体、素质、个性、气质的练习者都可酌情择项参加锻炼,各种人群都能从健美操练习中找到适合自己的练习方式,并通过训练增强体质,弥补自身的某些不足,还可从中获得乐趣。因而,健美操是男女老幼皆宜的一项运动。此外,健美操不受气候的影响,对场地、器材条件的要求不高,练习起来简便安全,适合不同地区、不同条件的单位和部门开展。

2. 健美操的作用

健美操是一种有氧代谢运动,通过较大密度和强度的身体练习,对身体各关节、韧带、各主要肌群和内脏器官施加合理的运动负荷,从而有效地改变体重、体脂等身体成分,提高心血管、呼吸系统等内脏器官的机能,发展力量、耐力、速度、灵敏、柔韧等运动素质,增强体质。

(1)塑造形体美。

形体可分为姿态和体型。姿态即从我们平时的一举一动表现出来的行为习惯;体型则是我们身体的外形,虽然体育锻炼可适当改善体型外貌,但相对来说遗传因素起决定性作用。通过健美操练习尤其是力量练习,可使骨骼粗壮、肌肉围度增大,从而弥补先天的体型缺陷,使人变得匀称健美。其次,健美操练习还可消除体内和体表多余的脂肪,维持人体吸收与消耗的平衡,降低体重,保持健美的体型。

(2)增进健康美。

健美操具有生理价值,健康即生理功能正常、无病理性改变和病态出现。但随着经济的发展和社会的进步,现代健康已不仅仅是生理意义上的健康,而兼备健康的心理和行为。健美操作为一项有氧运动,其特点是强度低、密度大,运动量可大可小,容易控制,因此除对健康的人具有良好的健身效果外,对一些病人、残疾人和老年人也是一种医疗保健的理想手段。只要控制好运动范围和运动量,健美操练习就能在预防损伤的基础上,达到医疗保健的目的。

(3)缓解精神压力,娱乐身心。

健美操具有心理学价值,随着时代的发展和社会的进步,人们在享受科学技术所带来的舒适生活和各种便利的同时,也受到了来自方方面面的精神压力。健美操作为一项体育运动,以其动作优美、协调、锻炼身体全面,同时有节奏强烈的音乐伴奏而著称,是缓解精神压力的一剂良方。在轻松优美的健美操锻炼中,我们的注意力从烦恼的事情上转移开,忘掉失意与压抑,尽情享受健美操运动所带来的欢乐,得到内心的安宁,从而缓解精神压力,使人具有更强的活力和最佳的心态。另外,健美操锻炼也促进了人们的社会交往。

(4)健美操在大学校园文化建设中也发挥着很大的作用。

课外健美操锻炼是体育教育的扩展与补充,又是体育文化活动的重要内容之一。健美操是在社会生产力高度发展,快节奏生活方式带来“文明病”蔓延的历史背景下,人类为保护自身健康而创造的一种健身体操。随着社会物质生活水平的提高,闲暇时间富裕,人们体育价值观念增强,追求健与美的心理趋向日益强烈。它还具有很强的群众性、艺术性、娱乐性和创造性,进而成为适应性极广为人们喜闻乐见的一种文化艺术活动。它以自我锻炼,自我塑造,追求健与美的全面协调发展而为大学生所接受,成为大学校园体育文化的一枝奇葩,给大学校园注入了新的活力。

7.2 健美操术语及基本动作

健美操术语是用来表达健美操动作名称及描述动作、技术过程的专门用语。不管是健身娱乐还是教学竞赛,都应统一健美操术语的应用。正确地传达和使用健美操术语,能够更好地提高健美操教学和训练的交流,促进健美操的科研工作,发展和丰富健美操的理论知识。

7.2.1 场地的基本方位

为了能够准确地说明练习者在场地的运动轨迹和方向,在此我们借用舞蹈中的基本方位术语,把整块场地按顺时针方向,每45度为一个基本方位,平均划分为八个基本方位。

7.2.2 运动方向术语

为了统一表达人体各部位运动时的方向,根据人体直立时的基本方位来确定运动方向。

①向上:头顶所对的方向。

②向下:脚底所对的方向。

③向前:身体正面所对的方向。

④向后:身体背部所对的方向。

⑤向侧:两侧肩所对的方向,分为左侧和右侧。

⑥顺时针:运动轨迹与时针运动的方向相同。

⑦逆时针:运动轨迹与时针运动的方向相反。

⑧向内:肢体运动时向身体中线的方向运动。

⑨向外:肢体运动时由身体中线向身体两侧方向运动。

7.2.3 健美操动作方法术语

①伸:身体某部位的展开,伸直。

②屈:身体关节部位的弯曲动作。

③举:四肢向上的运动,如手臂侧上举;上手侧平举。

④绕环:肢体的一端围绕另外一端移动,范围在360度或大于360度的弧形运动。

⑤踢:腿用力做加速有弹性的由低向高的摆动动作。

⑥转体:绕身体纵轴转动的动作,如向右180度转体;单足转体360度。

⑦平衡:在特殊动作下,身体保持稳定静止的状态。

⑧跳跃:双腿离开地面,身体在空中的动作,如开合跳;弓步跳。

7.2.4　健美操基本步法名称与动作

健美操步伐根据脚与地面的接触,分为踏步类步伐和跳跃类步伐。

1. 踏步类步伐

踏步类步伐的运动负荷相对较小,所以也称作低冲击力动作。

(1)弹动(spring)。

膝关节、踝关节有弹性地屈伸,如图7.1所示。

种类:膝弹动;膝踝弹动。

形式:并腿弹动;分腿弹动。

方向:向前弹动;向左、右前45度方向弹动;左、右绕弹动。

(2)点地(touch tap)。

有弹性地点地,腿自然伸直,如图7.2所示。

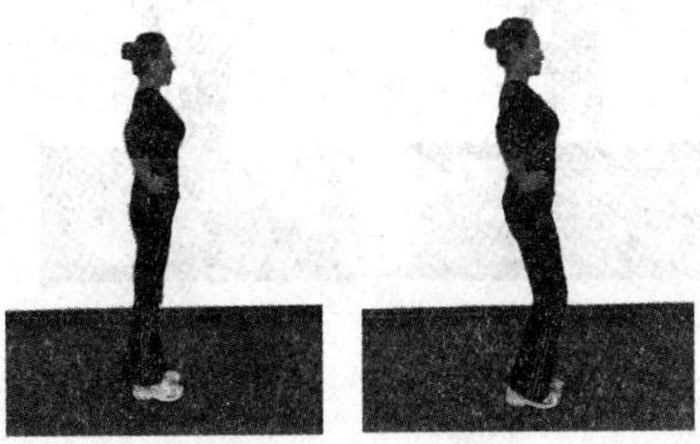

图7.1　弹动示意图

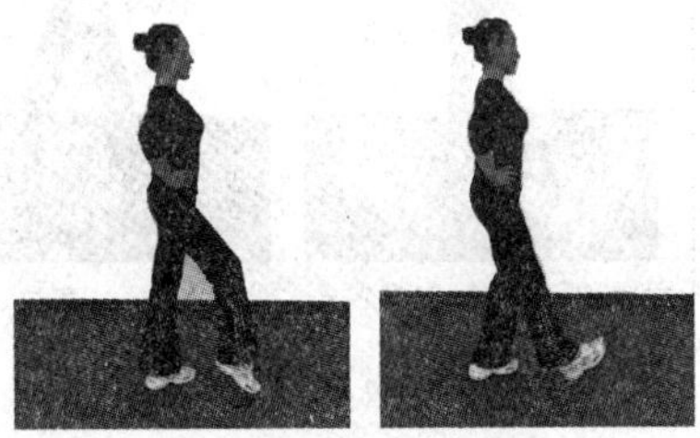

图7.2　点地示意图

种类:脚尖点地;脚跟点地。

形式:原位点地;移动点地;转体点地。

方向:脚尖向前、侧、后、斜方向点地;脚跟向前、侧、斜方向点地。

(3)踏步(march)。

左右腿依次向上屈膝抬起,下落时,膝关节有弹性地缓冲,双手握拳,手臂曲臂前后自然摆动,如图7.3所示。

种类:脚尖不离地踏步;脚离地踏步;高抬腿大幅度踏步。

形式:原位踏步;移动踏步;转体踏步。

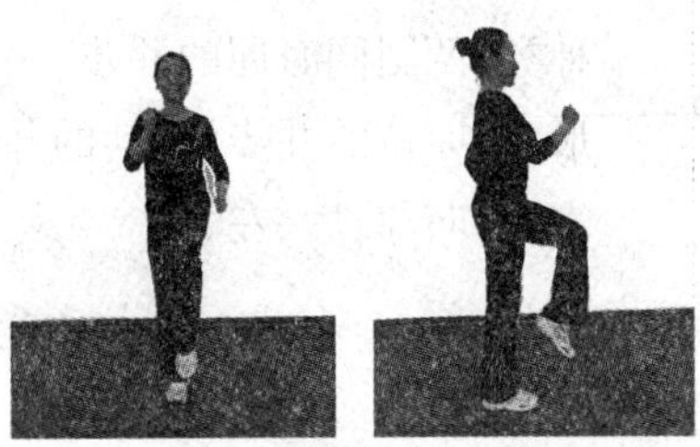

图7.3　踏步示意图

方向:向前、后、左、右。

(4)一字步(easy walk)。

一只脚先向前迈出一步,脚跟先着地,再过渡到脚掌;另一只脚向前迈与前脚对齐并拢;两只脚依次向后迈,退回原地。每一拍动作膝盖都要有弹性地缓冲,如图7.4所示。

图7.4　一字步示意图

种类:一种。

形式:一字步。

方向:左右脚交换做,或一只脚开始向不同方向做。

(5)V字步(V-step)。

两只脚依次向斜前方迈出,脚跟先着地,再过渡到脚掌;然后两只脚依次收回至原地并拢。每一拍动作膝关节都要有弹性地缓冲,如图7.5所示。

图7.5　V字步示意图

种类:正"V"字步;倒"V"字步。

形式:平移的、转体的和小幅度跳的正"V"字步和倒"V"字步。

方向:左、右腿的正和倒"V"字步。

(6)侧并步(step touch)。

以左脚为例,左脚向身体左侧迈出一步,右脚向左脚靠拢,右脚向左脚靠拢时要屈膝点地,做动作时要保持膝盖的弹性,如图7.6所示。

种类:两腿同时屈的并步;一直一屈的并步 。

形式:原位的并步;移动的并步("之"字步);转体的并步。

方向:向前、后、左、右。

图7.6　侧并步示意图

(7)曼步(mambo)。

一只脚向前迈步,脚跟先落地,再过渡到脚掌,重心随之移到前脚掌;另一只脚抬起,原地落下;一只脚向后退一步,另一只脚抬起原地落下,如图7.7所示。

图7.7　曼步示意图

种类:一种。

形式:原地曼步。

方向:向前后方向或左右方向。

(8)交叉步(grape or too touch)。

一只脚迈出,另一只脚在前或在后交叉,重心随之移动,如图7.8所示。

种类:一种。

形式:平移的交叉步;转方向的交叉步;小幅度跳的交叉步。

方向:向前、向后、向侧。

图7.8　交叉步示意图

(9)半蹲类(squat)。

屈膝重心向下,半蹲时,立腰,如图7.9所示。

种类:小分腿半蹲(squat down up);大分腿半蹲(squat side)。

形式:分腿半蹲;并腿半蹲。

方向:向侧(左右)。

2. 跳跃类步伐

跳跃类步伐的运动负荷较大,所以也称作高冲击力动作。

(1)弹踢跳(flick)。

两脚起跳,一条腿小腿后屈,尽量向后折叠,另一条腿落地弹动支撑;一条腿伸直前踢同时绷脚尖,支撑腿弹动。如图7.10所示。

图7.9　半蹲类示意图

图7.10　弹踢跳示意图

种类:一种。

形式:原位的弹踢跳;移动的弹踢跳;转体的弹踢跳。

方向:向前、向侧、向后。

(2)开合跳(jumping jack)。

跳起分腿时,两脚自然外开,膝关节沿脚尖方向弯曲;跳起与落地时,注意屈膝缓冲;第二次跳起时并脚落地,如图7.11所示。

种类:双起双落(两次开开合合、连续开合);单起双落。

形式:原位的开合跳;移动的开合跳;转体的开合跳。

方向:向前。

(3)后踢腿跑(jogging)。

跑步时髋和膝在一条线上或后提,小腿尽量叠于大腿,绷脚尖,两腿快速交换进行,如图7.12所示。

图7.11　开合跳示意图

图7.12　后踢腿跑示意图

种类:一种。

形式:原位的后踢腿跳;移动的后踢腿跳;转体的后踢腿跳。

方向:向前、后、左、右、斜方向。

(4)小马跳(pony jump)。

一只脚蹬地起跳,另一只脚随之靠拢点地,如图 7.13 所示。

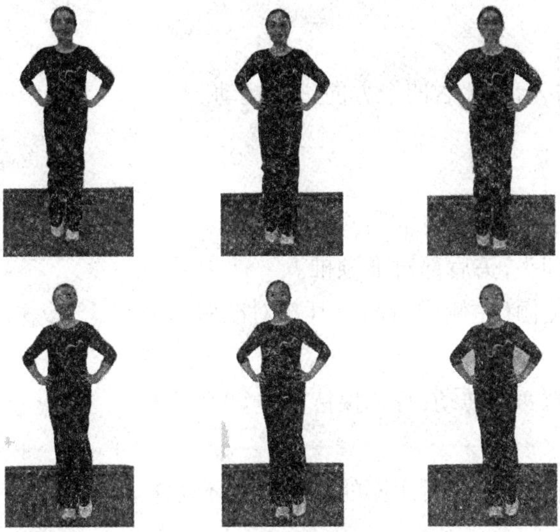

图 7.13　小马跳示意图

种类:一种。

形式:原位的小马跳;移动的小马跳;转体的小马跳。

方向:向侧、向前、向后。

(5)吸腿跳(knee lift jump)。

一条腿屈膝抬起,大腿上抬过水平,小腿垂直于地面,绷脚尖;点地下落,同时积极为吸另一条腿作准备;支撑腿要保持屈膝弹动,两腿交换进行,如图 7.14 所示。

种类:一种。

形式:每条腿吸一次;每条腿吸多次。

方向:向前、侧、斜方向。

(6)弓步跳(lunge jump)。

两腿同时蹬地跳起,落地成弓步,前腿屈膝,后腿伸直,身体稍向前倾,收腹立腰,重心保持在两脚之间;两脚蹬地起跳,落地两脚并拢,注意弹动缓冲,如图 7.15 所示。

图 7.14　吸腿跳示意图

图 7.15　弓步跳示意图

种类:一种。

形式:原地跳;弓步跳转。

方向:向前、斜前方。

7.2.5　健美操的头颈动作

1. 头部运动方向

头部主要围绕前、后、左、右四个方向进行运动。

2. 头部动作

(1)屈。

①向前屈:向前低头,下颌对准前胸。

②向后屈:向后仰头,头后部对准颈椎。

③向侧屈:头向侧倾(左侧或右侧),耳部对准肩部。

(2)转。

侧转:头部向左右两侧转动,身体保持直立。

(3)绕环。

头从一侧屈经前、侧、后最后还原的360度绕环动作。

7.2.6　健美操的上肢动作

1. 健美操常用手型

(1)并掌。

五指伸直并拢,大拇指第一关节收回,并紧贴食指旁,手臂和手背成一条直线,如图7.16所示。

(2)开掌。

五指伸直,充分张开,手臂和手背成一条直线,如图7.17所示。

(3)拳。

四指卷握,大拇指压在食指和中指上,握成实心状,如图7.18所示。

图7.16　并掌示意图

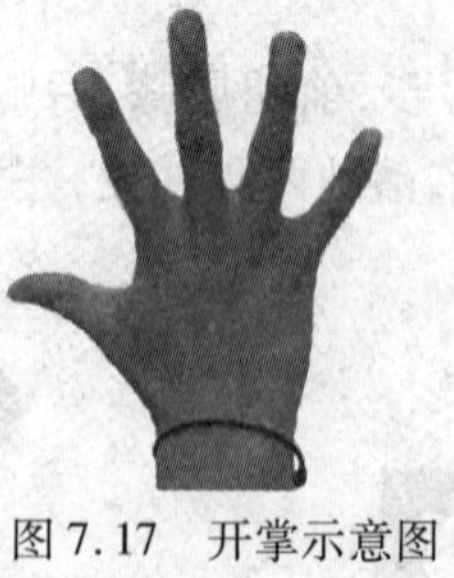

图7.17　开掌示意图

图7.18　拳示意图

(4)花掌。

五指伸直分开,从小拇指开始依次向上旋转,大拇指向后靠,如图7.19所示。

(5)V指。

小指和无名指卷屈,大拇指指腹和无名指握成圈状,中指和食指伸直充分张开,如图7.20所示。

(6)响指。

小指和无名指卷曲,大拇指指腹和中指指腹紧靠在一起,食指自然弯曲,大拇指指腹滑向食指指腹的外侧,如图7.21所示。

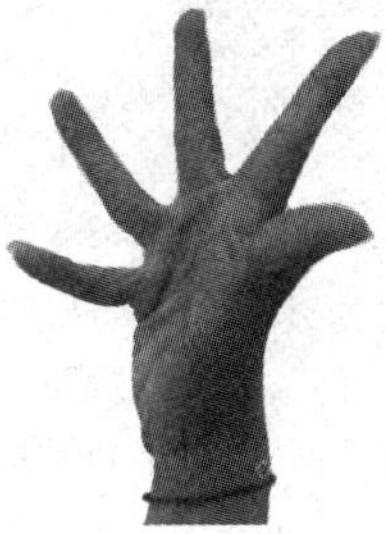

图7.19　花掌示意图

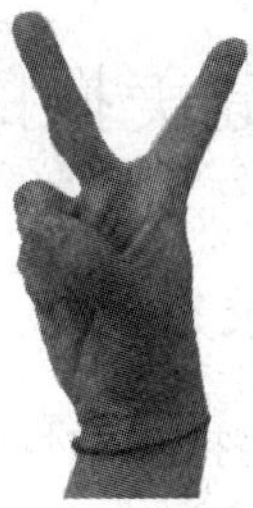

图7.20　V指示意图

图7.21　响指示意图

2.健美操的上肢基本动作

(1)前举。

手臂前平举,掌心相对。

(2)上举。

手臂垂直上举,掌心相对。

(3)侧举。

手臂侧平举,掌心向下。

(4)前上举。

手臂前上45度举,掌心向下。

(5)前下举。

手臂前下45度举,掌心向下。

(6)后下举。

手臂后下45度举,掌心相对。

(7)斜上举。

手臂位于前、侧、上三个方向45度之间的位置。

(8)斜下举。

手臂位于前、侧、下三个方向45度之间的位置。

(9)胸前平屈。

大小臂弯曲成90度角,位于胸前的位置,大臂与胸和身体成90度的夹角。

(10) 肩侧屈。

两臂侧举屈肘,小臂向上弯曲。

(11)屈臂前举。

手臂前举屈肘,小臂垂直于地面(肘向下)。

(12)屈臂侧举。

手臂侧举,小臂垂直于地面(小臂向上和小臂向下)。

(13)胸前屈臂交叉前举。

两臂屈臂前举,小臂交叉。

(14)腰间侧屈。

手臂屈肘下举,小臂位于腰间。

7.3 健美操的创编

7.3.1 编排应围绕性质和要求来进行

编排一套健美操首先应明确所要编排操的性质,因为性质不同,编排的形式与侧重点就会不同。所以编排之前要了解为什么样的对象编排、编什么样的操,是竞赛性的、展示性的还是表演性的。例如,竞赛性健美操以争取优胜为直接目的,要想在竞赛中获取优胜,编排应从竞技的角度考虑,在各方面都具有突出的表现,因此在动作素材的选择上,应独特新颖,具有创新意识和时代气息;动作协调自然,舒展富于韵味,动作的连接与组合巧妙有特色,成套操应有相当的难度。同时,还应明确所要编排操的有关具体要求,了解竞赛的规模和其他参赛队的水平与实力,为编排提供较全面的参考依据。而展示性和表演性健美操,无论是动作的选择,还是音乐的选择,都应多从观赏性、艺术性角度出发,以展示表演的目的与主题为重点进行编排。音乐的节奏不必太快,动作不必太复杂,动作与动作之间的连接过渡自然,整齐一致,加上多变的队形,以达到较好的表演效果和较高的欣赏价值。

7.3.2 编排应围绕参赛对象的特征来进行

1. 年龄特征

普及性健美操按年龄阶段分为儿童组、少年组、青年组、中年组和老年组几类,不同的年龄阶段机体在生理、心理上的变化有很大的差异,因此在动作的表现形式上也有很大的区别。儿童、少年组的动作编排以天真活泼为主体,运动量不可过大,动作自然,轻松欢快,容易模仿。青年组,正值青春年华,体力充沛,精力旺盛,动作敏捷,可选择动作幅度大,力度强,速度快,富有动感的动作。而中老年组适合于选择较简单,舒展、安全、趣味性强的动作,可选择的素材很广泛,如民间舞蹈、迪斯科等。

2. 性别特征

健美操向人们展示的是人体的健、力、美,性别的不同,其美的表现形式也就不同。男性力量性较强,在编排动作时,要选择和设计体现男性的阳刚之气,潇洒豪放的动作和造型。女性柔韧性、灵巧性和表现力较好,在编排上应多一些舒展、优美,柔中有刚和舞蹈性强的动作,以展示女性矫健的身姿。

3. **动作时空变化的丰富性**

健美操动作是在一定的时间、空间中进行的，时间表象（速度、频率、持续时间）和空间表象（方向、路线、幅度、力量）的变化丰富与否直接影响健美操对人体锻炼的效果。因此，创编健美操时应当考虑动作的方向有上下、左右、前后、斜向等变化，动作的路线应当有长短、曲直的搭配，动作的幅度、速度、力量方向有大小、快慢、强弱的对比。动作时空变化的丰富有助于改善神经系统功能状况，通过改变运动位置、方向、节奏、路线以影响不同的肌肉群，通过单一动作和复合性动作的变化来培养人体的协调性，提高关节的灵活性。

4. **因人而异创编**

不同年龄、性别、职业、身体状况、运动水平、文化层次的练习者对健美操的需求、爱好及接受能力都有所不同。因此，在创编时要根据不同对象的生理、心理特点，在操的内容、风格、速度、难度以及运动负荷等方面有所区别。例如，创编儿童健美操时，应选择一些欢快、活泼、造型美观具有儿童特点的动作，还可采用一些游戏性质的内容和模仿性的动作，以提高儿童的兴趣，既适合儿童的心理特点，又能达到锻炼的目的。还要根据少年儿童生长发育的生理特点选择一些有利于形成少年儿童的正确姿势，发展腰背肌及上肢和下肢等主要肌群力量的动作，有利于促进少年儿童身体的正常发育，增强体质，增进健康。

5. **因地制宜创编**

健美操的创编除要针对不同的任务和对象外，还要考虑场地、器材等实际条件，如没有室内或良好的地面条件，不宜创编更多的地面动作。若具备一定的器材设备，还可创编一些轻器械健美操，以增加运动负荷，增强肌力，丰富操的内容，变化创编形式，增强锻炼的效果。常用的健美操练习器材有哑铃、花球、银环、沙锤、实心球、体操棍、拉力皮条、踏板、椅子和垫子等。

6. **合理选编动作**

健美操动作的选择是有益于健康，尊重人体的自然发展规律，安全可靠而不易造成损伤的动作。选择不同的动作，对身体的影响程度则不同。因此，在创编每节操时要注意选择对完成该节锻炼任务有切实作用的动作，突出某节操的特点。如果每节操的动作都能使人体的某些部位得到充分的运动，那么整套操对人体的锻炼就会全面充分，切实有效。

7. **合理安排运动负荷**

健美操运动的总时间可根据任务、对象和要求来安排，一般成套健身健美操的时间为 3 ~5 分钟，竞赛要求的时间为 2 分 30 秒至 3 分，而健身中心的有氧健身操一般为 30 分钟到 45 分钟，无论哪种健身操都要严格地把运动负荷控制在中小强度，使之确保运动当中的呼吸供氧。为了有效地达到最佳锻炼价值，运动强度应当符合健身指标区的要求。健美操运动负荷的安排还应符合人体运动的生理曲线要求，使心率变化由低向高逐渐呈波浪式上升，随之慢慢下降，逐渐恢复到安静状态。

7.3.3 音乐的选择

应根据竞赛规程规定的时间来确定音乐的长短,根据年龄组别限制和参赛对象的实际能力,确定音乐的速度。健美操的音乐选择范围很大,无论是迪斯科舞曲、民歌还是通俗歌曲,只要符合竞赛规定的音乐速度,都可以选用。在选择音乐的时候,应注意音乐的节奏感要强,旋律起伏不可平淡。如果选择的是歌曲,其歌词内容应健康向上。我国是个多民族国家,各民族地区的音乐、舞蹈有着浓郁的地方特色,因此在音乐的选择上,可以选用一些具有民族风格和地方特色的音乐,也可选择一些为大众所熟悉和喜爱的歌曲。此外,还应根据参赛者的年龄、性别、文化修养、身体基本能力选择音乐。可以说音乐是健美操的灵魂,是听觉艺术,能充分展示动作的效果,激发参加者和观赏者的情绪。音乐与动作的节奏和风格相吻合,使人和音乐有浑然一体的感觉。而健美操动作是视觉艺术,只有二者有机结合,才能体现出健美操的真正魅力。

7.3.4 动作设计的艺术性

健美操的动作设计应符合健身和美的特点,既要体现健康有力度的动作,又要体现优美的舞姿和造型,在成套动作设计中,要注意选用舞蹈动作的风格尽可能统一,同时还要注意舞蹈动作应与健美操的特点相结合,动作的特点应热情奔放,清晰有力,富有特色,动作与动作的连接自然流畅、巧妙,切忌杂乱无章。

7.3.5 队形变化的艺术性

如果说一套动作的灵魂是音乐,动作是它的骨架,那么其队形图案的变化则是它的肌肉和韧带。新颖多变的队形变化会使成套动作充满生气,丰富多彩,提高成套动作的表演效果。但是也不能盲目追求队形的多变而忽视整体的动作特点。在编排队形变化时,要根据整体的动作特点,掌握好队形变化的角度、路线、顺序,动作安排的合理程度以及动作之间的衔接,队形之间的衔接要给人一种自然、流畅、巧妙、新颖的感觉,以争取成套动作的最佳效果。

集体健美操的队形包括入场队形、表演队形和退场队形。在健美操的表演和竞赛中表演队形是主体部分,一般多采用各种移动,走、跑、跳的动作来完成。通过多种多样、丰富多彩的队形变换,形成优美的主体图案,为整套操增添气氛。队形变化要求快速、整齐、自然、准确,一般常用的队形有横排、纵队、斜排、八字形、丁字形、十字形、交叉形、井字形、圆形、方形(长方形)、菱形、梯形、三角形和各种对称或不对称队形以及综合队形等。

7.4　健美操竞赛基本规则

7.4.1　总则

1. 参赛人数与内容

按照参赛人数划分为小集体(5~8人)和大集体(9~12人)两组,各组别参赛动作内容见表7.1。

表7.1　参赛动作内容

自选动作内容	规定动作内容
有氧舞蹈	全国健美操大众锻炼标准(2009)
有氧踏板	普及组有氧健美操规定动作(2010)
有氧轻器械	全国普及性健美操全民推广套路(2011)

2. 参赛年龄与分组

学生组:6~11周岁(小学组)、12~17周岁(中学组)、18~25周岁(大学组)。

社会组:20~35周岁(青年组)、36周岁以上(中老年组)。

根据竞赛需求,为增强与观众互动的效果,可增设风采赛(男子风采、女子风采、组合风采):

明星组(35周岁以下曾经获得全国前三名的运动员)。

大师组(36周岁以上曾经获得全国前三名的运动员)。

3. 竞赛成绩

各组别与项目分为预赛和决赛两轮竞赛;为体现全民健身的办赛方针,竞赛设等级奖,不进行单项排名。

全部裁判组的分数相加,17分以上为一等奖、15~17分为二等奖、低于15分为三等奖;一等奖获得者以决赛成绩为准,二、三等奖取预、决赛中的最好成绩。

7.4.2　裁判

1. 裁判组的组成

官方赛事设高级裁判组3人,艺术裁判4人,完成裁判4人,裁判长1人,视线裁判2人,计时裁判1人;基层竞赛可以酌情予以增减。

2. 裁判职责与评分标准

(1)艺术裁判职责与评分标准。

为确保奥运提倡的理念和伦理道德,体现健美操运动积极向上的精神,自选成套的主题要体现健身、健美、健心的原则;观赏性的原则;全面发展身体素质的原则;安全无损伤的原则(包括器械选择与运用的安全性)。

成套动作中的内容(操化动作、过渡/连接、配合与托举、队形变化或器械运用)必须表现出多样性,动作与动作的连接必须表现出自然、动感、灵活和具有创意。

成套动作设计必须符合动感流畅的健美操运动的动作特点。成套动作中不允许出现任何明显地显示其他项目特征的动作和静止造型(如芭蕾、搏击等)。

艺术裁判按照表7.2中的评分标准,予以最高10分的评判。

表7.2　艺术裁判评分标准

评分因素	评分内容	分值
特色内容	主题突出,各类成套动作内容的观赏性与创新性。健美操操化动作运用、踏板操化和轻器械操化动作的运用、第二风格的运用、表演段落的运用和器械使用等	2分
过渡与连接	不同成套动作内容之间在时间顺序上的衔接体现出连贯、流畅、自然、无停顿。整套动作给人留下流畅自然、完整统一的感觉	2分
场地空间	成套动作必须有效地利用竞赛场地,最大限度地使用整个竞赛场地的空间,地面、站立、腾空以及场地内所有成套动作空间顺序上的安排	2分
音乐使用	成套动作的创编与音乐的理念相一致,所有动作的设计必须与所选择的音乐完美统一。被选用的成套音乐在结构和对应的成套内容上能够体现出健美操的项目特征	2分
表演与感染力	运动员自然地表现出自信与欢乐的面部表情,以自然的方式表现出个人魅力、身体能力和感染力,通过高质量的动作完成给人留下动作干净的印象	2分

(2)完成裁判职责与评分标准。

优秀的成套动作必须展示出完美的身体姿态和关节的正确位置,主动和被动的柔韧、力量、爆发力以及肌肉耐力。在完成操化动作、过渡连接和难度动作时,保持正确姿势和身体位置——正常的脊柱位置(地面、站立、腾空与着地)和适当的身体平衡,在整个成套动作中能够展示速度、力量以及持续强度表演成套动作的能力。成套动作必须表现出与音乐合拍的同步性和多人完成动作的一致性的能力。

熟练运用器械,注意器械使用时高度、强度、方向的控制。

完成裁判按照表7.3中的评分标准,予以最高10分的评判。

表7.3　完成裁判评分标准

评分因素	评分内容	分值
准确性	指运动员在完成成套动作中合理运用身体能力(力量、爆发力、柔韧、速度、耐力和灵敏性)表现出正确的动作技术和完美完成动作的能力	6分
一致性	全部队员完成动作整齐划一的能力。它包括动作完成节奏的一致性、动作幅度、轨迹的一致性;队形移动变化的一致性;表演能力的一致性等	4分

完成分是根据错误程度以扣分形式评分,见表7.4。

表7.4　完成分扣分标准

错误程度	减分程度	减分内容
小错误	每次 -0.1 分	指轻微地偏离正确地完成
中错误	每次 -0.2 分	指明显地偏离正确地完成
大错误	每次 -0.3 分	指严重地偏离正确地完成
不可接受	每次 -0.5 分	指没有满足正确完成的任何要求

(3)裁判长职责与裁判长减分。

竞赛过程中,对出现在竞赛场地上的有关违反规则规定的行为与情形进行减分。

裁判长减分:

运动员在开赛叫到后60秒后不出场视为弃权。

运动员的着装仪容不符合规定,减0.2分。

运动员竞赛时掉物或装束散落,减0.2分。

运动员竞赛时身体或器械触及线外地面,每人次减0.1分。

因动作失误器械脱离于界外,运动员不捡起判为失去器械,减0.5分。

超过托举的数量或不足,每次减0.5分。

违例托举,每次减1.0分。

器械种类超过3种,减1.0分。

器械超过3米以上的高抛接动作,减1.0分。

替换器械必须放在场外,如不符合规定,减0.5分。

任何伤害到其他运动员的器械使用,减1.0分。

运动员抛扔道具或服饰,每次减0.5分。

第 8 章 足 球

【学习目标】

1. 领会足球运动的锻炼价值。

2. 掌握足球的基本技术与战术。

3. 学会欣赏足球竞赛。

【内容提要】

本章主要内容为：足球运动概述；足球基本技术与基本战术；足球竞赛基本规则。

8.1 足球运动概述

8.1.1 足球运动的起源和特点

足球源于中国。根据史书记载，早在3 000多年以前的殷商时期，我国就有了类似于足球运动的“足球舞”。早在公元前475—前221年的战国时代，我国有一种称之为“蹴鞠”的运动，这就是我国早期的古代足球运动。唐朝是“鞠”运动最为盛行的年代，“球门”是用两根柱子，中间挂网，非常类似于现在足球竞赛的球门样式。在运动形式上，唐代的“鞠”有无球门、单球门、双球门等多种形式，并发展成为两队同场竞技，以射门为目的的一种运动。

足球运动是以脚支配球为主，两个队的队员在同一场地内进行攻守的体育运动项目。足球是世界上最受人们喜爱、开展最广、影响最大的体育运动项目，被誉为“世界第一运动”。经常进行足球运动，可以锻炼反应能力和判断能力，培养勇敢、顽强、机智、果断、坚忍不拔、勇于克服困难等优良品质和团结互助、遵守纪律的集体主义精神。现代足球运动的价值和影响，已经远远超出了足球运动自身的范围，它已成为一个国家的政治、经济和文化的一种交流工具，它已涉及和渗透到国家和社会的诸多领域，对振奋民族精神，弘扬民族文化和反映国家的整体实力具有重要意义。

在职业化足球已风靡世界的今天，特别是在市场经济极为活跃的形势下，职业化足球同商业化是密不可分的。现代足球运动具有较大的商业价值，人们可以利用足球运动本身的魅力，大力发展足球产业。

大学生足球课的目的是使大学生锻炼身体、增强体质，对其进行思想品德和团队精神教育，培养其欣赏和参与足球运动的意识，普及足球运动的基本技术、战术与相关知识，提高学生的运动技术水平。

8.1.2 足球组织

1. 国际足联

1904 年 5 月 21 日，国际足球协会（简称国际足联，英文缩写为 FIFA）在法国巴黎奥诺累街 229 号法国体育运动协会联盟驻地的后楼正式成立，法国等 7 个国家的代表在有关文件上签了字。国际足联的创建，标志着足球作为一项世界性的体育运动项目登上了世界体坛，这使足球运动在更广泛的范围内开展起来了，影响越来越大。国际足联现有会员协会近 200 个，总部设在瑞士苏黎士茨希 11 号国际足联大厦。

2. 中国足球协会

中国足球协会（CFA），1955 年 1 月 3 日成立于北京，总部设于北京市。中国足球协会是中华全国体育总会所辖的单项运动协会之一；是唯一的全国性足球专项体育社会团体法人；是由各省、自治区、直辖市足球协会、各行业足球协会及解放军相应的运动组织为团体会员组成的全国性、非营利性联合组织；是中国奥委会承认的奥运会项目组织和代表中国参加国际足球联合会及亚洲足球联合会的唯一合法组织。

8.2 足球基本技术

足球技术在竞赛中有着特殊的地位，它是完成战术配合、决定战术效果的前提和保证。

8.2.1 颠球

颠球是指运动员用身体的各个有效部位连续地触击球，并加以控制，尽量使球不落地的技术动作。颠球是运动员熟悉球性的一种练习手段，以增强对球的弹性、重量、旋转及触球部位、击球时用力轻重的感觉。

1. 双脚脚背颠球（正脚背）

脚向前上方摆动，用脚背击球，击球时踝关节固定，击球的下部。两脚可交替进行击球，也可一只脚支撑，另一只脚连续击球。击球时应用力均匀，使球始终控制在身体周围。

2. 双脚内侧、外侧颠球（脚内侧、外侧）

抬腿屈膝，用脚的内侧或外侧向上摆动，击球的下部。两脚内侧或外侧交替击球。

3. 大腿颠球

抬腿屈膝，用大腿的中前部位向上击球的下部。两脚可交替击球，也可一只脚支撑，用另一侧的大腿连续击球。

4. 头部颠球

两脚开立与肩同宽，膝盖微屈，用前额部位连续顶球的下部。顶球时，双目注视球，两臂自然张开,以维持身体平衡。

5. 各部位连续颠球

根据以上单一的颠球技术动作要领,用各部位配合连续颠球,配合的部位越多,难度越大。颠球的部位有脚背、脚内侧、脚外侧、大腿、头部、胸部、肩等。

8.2.2 踢球

踢球的方法很多,其动作要领也有所不同,但是每一种踢法都由助跑、支撑脚的站位、踢球腿的摆动、脚触球和踢球后的随前动作五个环节组成。

1. 基本要求

(1)助跑。

助跑是指踢球前的几步跑动。它的作用在于调整人与球的方向和距离,以便在踢球时使支撑脚能够处于所需要的正确位置,从而增加击球的力量。助跑最后一步要大一些,这为踢球腿的充分摆动、增大摆腿速度、制动身体的前冲和提高击球的准确性创造了条件。助跑可分为直线助跑和斜线助跑。助跑的方向和出球的方向相同叫直线助跑,助跑的方向和击球的方向交叉叫斜线助跑。

(2)支撑脚的站位。

支撑脚的位置要以踢球腿的摆动能达到最大的摆幅、发挥最大的速度和有利于踢球脚准确地接触球的合适部位为原则。支撑脚的位置一般是由所使用的踢球方法(脚法)来决定的。凡采用的踢法需要踩在球侧方的,一般距离球 10 ~ 15 厘米;凡采用的踢法需要踩在球侧后方的,一般距离球 25 ~ 30 厘米。踢活动球时,更要掌握好支撑脚的位置。因为支撑脚落地时球仍在继续运行中,要把踢球腿后摆的时间计算在内。如追踢向前滚动的球时,支撑脚落地的位置要稍靠前,这样才能与球保持合适的距离。支撑脚要积极踏地以制动身体的前冲力量,膝关节要微屈,以维持身体的平衡和保证充分地摆腿和自如地踢球。因此,支撑脚实际上起着固定支点的作用。

(3)踢球腿的摆动。

击球力量的大小,由多方面的因素决定,而主要取决于踢球腿的摆动。它是踢球力量的主要来源。摆幅大,摆速快,踢出去的球力量就大,球的运行速度就快,运行距离就远。因此,踢球腿的摆动动作是否正确,直接关系到踢球的力量、击出球的速度和球的运行距离。踢球腿的摆动是在支撑脚跨步时(助跑最后一步)顺势向后摆起的。在支撑脚着地的同时以髋关节为轴,大腿带动小腿由后向前摆。当膝关节摆动接近球的垂直上方的刹那,小腿加速前摆击球。

(4)踢球。

一般来说,用脚的某一部位击球的后中部,作用力通过球心,出球平直。当踢各种活动来球时,应准确判断来球的速度、方向,根据出球目标,合理选择踢球脚以及脚与球的部位。

(5)踢球后的随前动作。

踢球后随着腿的前摆和送髋,使身体重心向前移动,这样既易于控制出球方向和加大踢球力量,又能缓和因踢球腿急速前摆而产生的前冲惯性,以维持身体的平衡。踢球后的随前动作还便于下一个动作衔接。

在以上五个环节中,支撑脚的站位、踢球腿的摆动、脚触球是主要的因素。

2. 踢定位球方法

(1)脚内侧踢球(脚弓踢球)。

踢定位球时,直线助跑,支撑脚在球的侧方约15厘米处,脚尖指向出球的方向,膝关节微屈。踢球腿以髋关节为轴,由后向前摆动,屈膝外展,脚尖稍微翘起,脚内侧正对出球方向,小腿加速前摆。击球时,踝关节紧张,脚掌与地面平行,脚内侧击球的后中部,如图8.1所示。

图8.1 脚内侧踢球(脚弓踢球)示意图

(2)脚背正面踢球(正脚背踢球)。

踢定位球时,直线助跑,支撑脚位于球侧,膝关节微屈;摆动腿大腿带动小腿由后向前摆膝关节至球上方时,小腿加速前摆;踢球时,脚面绷直,用正面部位踢球的后中部;踢球后,身体顺势前移维持身体平衡,如图8.2所示。

图8.2 脚背正面踢球(正脚背踢球)示意图

(3)脚背外侧踢球(外脚背踢球)。

脚背外侧踢球基本上同脚背正面踢球,只是踢球腿的膝关节和踢球脚脚尖向内转,脚背绷直,脚趾扣紧,以脚背外侧触球的后中部。踢球脚踢弧线球时,支撑脚踏在球侧,离球20厘米的地方,身体稍向支撑脚一侧倾斜,踢球侧后方,同时脚腕用力切削球,如图8.3所示。踢球后,踢球腿向侧前上方摆出,以加大球的旋转力量。

图8.3　脚背外侧踢球(外脚背踢球)示意图

8.2.3　停球

停球是指运动员有目的地运用身体的合理部位把运行中的球停挡在所需要的控制范围内。在竞赛中停球不是最终目的,而是为传球、运球、过人和射门作准备。常用的停球方式有脚内侧停球、脚底停球、脚背正面停球、胸部停球、大腿停球、腹部停球和头部停球等。

1. 脚内侧停球

支撑脚正对来球,膝关节微屈,停球腿屈膝外展,脚尖微翘起,当球接触脚的一刹那开始后撤,在后撤的过程中用脚内侧接触球,缓冲来球力量,把球控制在衔接下一个动作所需要的位置上。

2. 脚底停球

支撑脚站在球的侧后方,膝关节微屈。停球脚提起,膝关节自然弯曲,脚尖翘起高过脚跟(脚跟离地面稍低于球高),踝关节放松,用前脚掌触球的中上部。

3. 脚背正面停球

身体正对来球,接球脚屈膝提起,以脚背对准来球。当球与脚接触的一刹那,小腿和脚腕放松下撤,缓和来球力量,使球落在身前。另一种接法是接球腿稍抬起,在球接近地面时,用正脚背触球,随球下撤落地。

4. 胸部停球

(1)挺胸式停球。

挺胸式停球一般用于停高于胸部的下落球。身体正对来球,两脚前后开立,重心落在两脚之间,两膝微屈,两臂自然张开,上体稍后仰,收下颚。当球与胸部接触前的刹那,脚跟提起,向上挺胸,使球弹起,然后落于体前。

(2)收胸式停球。

收胸式停球一般用于停胸部高度的水平球。身体正对来球,两脚前后开立,两臂自然张开,挺胸迎球,当球与胸部接触的刹那迅速收胸、收腹部以缓解来球力量,把球停在身前。

5. 大腿停球

接球时,大腿抬起迎球。当与球接触的一刹那即随球下撤,使球落在身前。也可用大腿上抬垫球,使球平稳弹下。如做转体接球时,以支撑腿为轴向左或向右转体,把球接到身体左侧或右侧。

6. 腹部停球

(1)腹部接反弹球。

接球者的身体正对来球方向跑动,判断好球的落点,身体前倾,腹部对准落地反弹的球,腹直肌保持紧张,推压球前进。也可在触球瞬间身体侧转,将球接向所需要的侧面。

(2)腹部接平空球。

来球较突然且与腹部同高时,应先挺腹,在腹与球接触瞬间迅速含胸收腹,将球接下来。

7. 头部停球

高于胸部的球可以用头部停球。根据球的运行路线,面对来球,用前额正面接触球的中下部,下颌微抬,两臂自然张开,提踵伸膝,触球瞬间脚掌着地,屈膝、塌腰、收颈,全身保持上述姿势下撤将球接在附近。

8.2.4　运球

运球技术从狭义上讲,仅是指运球的方法,即指用身体的某一部分触球,使球随运球者一起运动;从广义上看,则不仅让球随人运动,还必须越过对方的防守,也就是说如何使用这些运球方法达到越过对方防守的目的。

运球一般有如下几种方法。

1. 脚内侧运球

脚内侧运球要求在运球前进时支撑脚始终领先于球,位于球的侧前方,肩部指向运球方向,支撑脚膝关节微屈,重心放在支撑腿上,另一条腿提起屈膝,用脚内侧推球前进,然后运球脚着地,如图8.4所示。

2. 脚背正面运球

运球时身体保持正常跑动姿势,上体稍前倾,步幅不宜过大,运球腿提起,膝关节稍屈,髋关节前送,提踵,脚尖下指,在着地前用脚背正面部位触球后中部将球推送前进。

3. 脚背外侧运球

运球时身体保持正常跑动姿势,上体稍前倾,步幅不宜过大,运球腿提起,膝关节稍屈,髋关节前送,提踵,脚尖绕矢状轴向内旋转,使脚背外侧正对来球方向,在运球脚落地前用脚背外侧推拨球的后中部,如图8.5所示。

8.2.5　抢截球

抢截球是指运动员在规则允许的范围内,使用身体的合理部位将对手的控球权夺过来或破坏掉。

抢截球一般有如下几种方法。

图 8.4　脚内侧运球示意图

图 8.5　脚背外侧运球示意图

1. 正面跨步堵抢

抢球者两脚前后开立，迎着运球者而站，两膝微屈，身体重心下降并置于两脚间，当运球者与抢球者间的距离缩小到一定范围（即抢球者上前跨一大步可能触及球），运球者脚触球后即将落地或刚刚落地时，抢球者后脚用力蹬地并跨步向前，以脚内侧去堵截球，当已堵住球时，另一脚迅速上步。若抢球脚堵住球，两位对手也堵住球时，则抢球者应将另一只脚迅速前移做支撑脚，抢球脚在不脱离球的情况下迅速向上提拉，使球从对手脚面滚过，身体重心迅速跟上并将球控制好。

2. 合理冲撞抢球

当防守者并肩与运球者跑动追球时，防守者重心稍下降，靠近对手一侧的手臂紧贴身体，利用对方同侧脚离地的过程，用肘关节以上部位适当冲撞对手同样部位，使对手身体失去平衡，乘机将球控制住。

3. 正面铲球

移动接近控球者，膝关节微屈，重心下降，当控球者触球脚触球后尚未落地时，抢球者双脚沿地面向球滑铲，随即用手扶地做向一侧的翻滚，并尽快起身。

4. 异侧脚铲球

当双方都不能用正常的动作触球时（指跑动中），防守者应根据与球的距离，同侧脚用力蹬地使身体跃出，异侧脚向前沿地面对着球滑出，脚底将球铲出，然后小腿外侧、大腿外侧、手依次着地。或铲出球后身体向铲球腿一侧翻转，手撑地后立即起身，使身体恢复到与下一动作衔接的状态和位置。

5. 同侧脚铲球

防守者在跑动中根据双方离球的距离作出判断，当对手不能立即触球时，用异侧脚用力蹬地，使身体向前跃出，同侧脚沿地面向前滑出的同时向外摆腿（脚踝应有向外的动作），用脚背外侧将球踢出。也可用脚尖将球捅出，接着向对手一侧翻滚，手撑地迅速恢复到下一个动作所需要的位置。

8.2.6　头顶球

头顶球是指运动员有目的地用前额将球击向预定目标的动作。足球竞赛中不仅要处理各种不同形式和不同性质的地滚球，同时也要处理各种空中球。当遇到胸以下部位不能触及或规则不允许触及的一些球时就需要用头部来处理，因为头是人体最高的一个部位,额骨的前面比较平坦,只要掌握顶球技术,顶出的球就会有力。现在足球竞赛中对时间与空间的争夺异常激烈,头顶球技术的使用不仅使运动员占据空间,又能争取时间,所以头顶球是处理高空球的重要手段。

头顶球一般有如下几种方法。

1. 原地头顶球

身体正对来球方向,眼睛注视运动中的球,两脚左右开立或前后开立,膝关节微屈,重心置于两脚之间的支撑面上或后脚上,两臂自然张开。当球运行到将垂直于地面的垂线时,两脚用力蹬地,迅速向前摆体,微收下颌,在触球瞬间颈部做爆发式振摆,用前额正面击球中部,上体随球前摆,如图 8.6 所示。

图 8.6 原地头顶球示意图

2. 跑步头顶球

顶球的要领与原地顶球相同,只是第一环节应正对来球跑动中去抢点顶球。球顶出后,由于跑动速度较快,为保持平衡身体须随球向前移动。

3. 原地跳起头顶球

这种技术一般在本方传来或对方传来高球时运用。两膝微屈,重心下降,然后两脚用力蹬地起跳,同时两臂屈肘上摆,在身体上升阶段展腹挺胸,两臂自然张开,两眼注视来球,身体自然成背弓。当球运行至身体额状面时,迅速收腹,上体前摆,触球瞬间颈部做爆发性振摆,用前额正面将球顶出。同时两脚向前做振摆,球顶出后两腿屈膝屈踝落地。

4. 跑动起跳头顶球

一般助跑跳起时都使用单脚起跳。根据来球的速度、运行轨迹,选好起跳位置,及时跑到起跳点,起跳前一步稍大些,起跳脚用力蹬地跳起,同时另一条腿屈膝上摆,两臂屈肘自然上提。其余各环节与原地起跳头顶球相同。

5. 向后蹭顶球

分原地蹭顶与起跳蹭顶。第一环节分别于原地前额正面和跳起前额正面头顶球相同,当球运行到身体上空时,挺胸、展腹、扬下颌,身体向后上方伸展,用前额正面靠上的部位用力击球的下部,将球向后上方顶出。

8.2.7 假动作

假动作必须在接近对方适当距离时进行,假动作慢,真动作快、突然,真假的动作衔接要快速、适当,做到真真假假,使对方捉摸不定,防不胜防。假动作使对手产生错误的判断,造成重心错误的偏移,形成对自己有利的形势以实现自己的目的。

假动作一般有以下几种。

1. 踢球假动作

传球前可假做向左(右)方踢球动作,诱使对方向该方向堵截,待其重心移动后,突然向右(左)方踢球或运球突破。

2. 接球假动作

接球前,如对方上步抢截,可假做向左(右)接球,诱使对方堵截左(右)侧,然后突然改为向右(左)接球。

3. 运球假动作

对方迎面抢截时,可采用身体虚晃动作,使对方捉摸不定,从而越过对手。对手侧面抢截,先快速带球前进,诱使对手追赶,这时带球人可突然降低速度或做假停球,使对手也放慢速度,然后又突然加速甩开对手,带球切进,运传射门。

8.2.8 掷界外球

由于掷界外球时接球人不受越位规则的约束,因此,不仅用于恢复竞赛,而且可以为进攻创造有利条件。尤其是在前场30米内掷界外球,将球直接掷入门前,可以给对方造成很大威胁。掷界外球时要充分发挥蹬地、腰腹和手腕力量,整个动作过程要连续不停。

掷界外球一般分如下两种。

1. 原地掷界外球

面对出球方向,两脚前后或左右开立,每脚均应有一部分站立在边线上或边线外。膝关节弯曲,上体后仰成背弓,重心移到后脚上(左右开立时,重心在两脚之间),两手自然张开,拇指相对,持球的侧后部,屈肘将球置于头后。掷球时,后脚用力蹬地(或两脚用力蹬地),两腿迅速伸直,身体重心由后移到前脚,收腹屈体,同时两臂急速前摆。当球摆到头上时用力甩腕将球掷入场内。掷球后,后脚可沿地面向前滑动,两脚均不得离地,如图8.7所示。

图8.7 原地掷界外球示意图

2. 助跑掷界外球

两手持球放在胸前,在助跑迈出最后一步时,上体后仰成背弓,同时将球上举至头后,掷球时的动作与原地掷界外球动作相同。将球掷出后,后脚可在地面上向前滑行,但不得离地。

8.2.9 守门员技术

随着足球规则的不断发展,足球竞赛对守门员的要求越来越严格,守门员技术的好坏对全队起着决定性的作用;守门员担负着固定的角色,他要独自判断场上情况、控制自己的防守区域、正确处理射门和横传球。不仅如此,守门员必须为防守队员的站位提出建议,并肩负起防守的全部职责。当对方的进攻被瓦解而本方球队重新控球后,守门员是最先发动进攻的队员。

守门员技术一般包括位置选择、准备姿势、移动、接球、拳击球、托球和抛踢球等。

1. 位置选择

守门员为了守住球门,首先要选择正确合理的位置。位置的选择应根据对方的射门地点和射门角度来决定。一般情况下应站在两球门柱与射门时球所处的位置所形成的分角线上,当对方近射时,守门员应靠前些,这样可以缩小射门角度。在对方远射时可适当前移,但要防备对方吊球进门。当球向中场或前场移动时,守门员可前移到球门区线附近,并根据球的发展及时调整自己的位置。当对方在中场直传插入突破时,守门员应抓好时机及时出击截球。

2. 准备姿势

两脚左右开立,约与肩同宽,两膝自然弯曲并稍内扣,脚跟稍提起,身体重心落在前脚掌上,上体稍前倾。两臂于体前自然屈肘,两手五指自然张开,掌心相对。两眼注视来球。

3. 移动

守门员为了更好地堵截和接住对方的传球和射门,必须根据对方射门前球和人的位置变化而相应调整自己的位置。向左右调整的移动,一般采用侧滑步和交叉步两种步法。

(1)侧滑步。

当对方向球门两侧射低平球时,可采用侧滑步移动,使身体正对来球。向左(右)侧滑步时,先用右(左)脚用力蹬地,左(右)脚稍离地面并向左(右)滑步,右(左)脚快速跟上。两眼注视来球。

(2)交叉步。

在接两侧高球或扑接球时,为了便于蹬地跃起,多采用交叉步。如向左(右)侧做交叉步移动时,身体向左(右)侧倾斜,同时右(左)脚用力蹬地,并快速向左(右)前方跨出一步;然后左(右)脚向左(右)侧移动,右(左)脚和左(右)脚依次快速移动,并蹬地跃出。

4. 接球

接球是守门员最主要的技术,主要有下面两种方法。

(1)直腿式接球。

两腿自然开立,脚尖正对来球,上体前倾,两臂自然下垂,两手小指靠近,手掌对准来球,稍向前迎,两手接球的后底部。在手触球的一刹那,两手后引,屈肘、屈腕,两臂靠近将球抱于胸前。

(2)单腿跪撑式接球。

身体正对来球,两腿前后开立,前腿弯曲支撑身体重心,后腿跪立,上体前倾,手臂下垂,手掌对准来球,稍向前迎,两手接球的后底部。在手触球的一刹那,两手后引,屈肘、屈腕,两臂靠近将球抱于胸前,然后起立。

5. 拳击球

在守门员没有把握接住或有对方猛烈冲门的情况下,为了避免接球脱手,可采用拳击球。拳击球有单拳击球和双拳击球两种方法。

6. 托球

托球是判断来球运行路线后,向后跃起,手指微张,用手掌前部触球的下部,使球呈弧形越过球门横梁。

7. 抛踢球

抛踢球是守门员把获得的球直接传给自己同队队员的技术动作。抛踢球有踢自抛的下落空中球和踢自抛的反弹球两种方法。踢自抛的下落空中球和踢自抛的反弹球的动作与脚背正面踢球基本相同。但守门员是向前上方踢,要求高和远。

8.3 足球基本战术

足球运动是一项对抗性的运动项目,由进攻和防守这对矛盾所组成的足球战术是指竞赛双方为了充分发挥个人与集体的特长,进攻对方弱点,取得竞赛胜利所采用的手段和方法。根据攻防的基本特点,足球战术可分为进攻战术、防守战术、竞赛阵型三大部分。在进攻和防守战术中,又分别包括个人、集体与全队的攻防战术。

1. 集体的局部配合进攻战术

集体战术是指两个或两个以上队员在竞赛中为了完成全队攻防任务而采用的局部协同作战的配合方法,它包括"二过一"战术配合、"三过二"战术配合等进攻战术。

(1)"二过一"战术配合。

顾名思义,"二过一"是两个进攻队员,通过传球配合突破一个防守队员。"二过一"是集体配合的基础,可以在任何场区、任何位置上运用这种方法来摆脱对方的抢截或突破防线。"二过一"是进攻的两个队员之间相距 10 米左右,进行一传一切的配合。要求传球平稳及时,一般多用脚内侧、脚外侧等脚法,传地平球为主。传球的位置,尽可能是接球人脚下或前面两三步远的地方。

(2)"三过二"战术配合。

"三过二"是在竞赛中局部地区三个进攻队员通过连续配合突破两个防守者的防守。由于这种配合有两个同队队员可以同时接应传球,因此使持球人传球路线更多,且进攻面扩大。

2. 全队进攻战术

全队进攻战术是指竞赛中一方获得球后,通过队员之间的传递配合达到射门的目的而采用的配合方法。与局部进攻战术相比,全队进攻战术的进攻面比较广,参加进攻和快速反击等。

(1)边路进攻。

利用球场两侧地区发起进攻的方法叫边路进攻。边路进攻是全队进攻战术的主要形式之一,其主要特点是有利于发挥进攻速度,打破对方防线制造缺口。

(2)中路进攻。

中路进攻是利用球场中间区域组织的进攻,这种进攻虽能直接射门,但难度最大,因中路防守最为严密,场前的攻击手必须是反应极其敏锐、意识强、技术高、敢于冒险、速度快的队员。

(3)快速反击。

竞赛中当攻方进攻时,后卫线往往压至中场附近,防守人数也由于插上进攻和助攻而相对减少,此时如能抓住对方防区空隙较大和回防较慢的机会,乘其失球发动快速反击,往往能取得良好的效果。

快速反击是最有威胁的进攻手段,有效地进攻在于突然快速地反击,但其难度较大,既要冒险,又要有准确、快速的传切配合技能。快速反击要有组织,配合得要极为默契,必须进行专门性的训练,否则很难在竞赛中实施。

3. 定位球战术

定位球战术是指在竞赛中,利用"死球"后重新开始竞赛的机会组织进攻与防守配合的战术方法。定位球战术包括中圈开球、角球、任意球、点球、掷界外球等。

在势均力敌的高水平竞赛中,定位球战术有时起决定胜负的作用。在配合上要利用简练的一次配合取得射门机会,配合越复杂成功率就越低。故要进行专门性的练习,才能在竞赛中奏效。

4. 整体的局部配合防守战术

(1)补位。

补位是足球竞赛中局部地区集体配合进行防守的一种方法。当防守过程中一个防守队员被对手突破时,另一个队员则立即上前进行堵封。

(2)围抢。

围抢是指竞赛中在某局部位置上,防守一方利用人数上的相对优势(通常是两三个队员)同时围堵对方的持球队员,以求在短暂时间内达到抢断或破坏对方的目的。

(3)造越位战术。

造越位战术是利用规则而设计的一种防守战术。它是一种以巧制胜的省力打法,因而成为一种重要的防守手段。但由于其配合难度较大,搞不好会适得其反,让对手钻空子,因此该战术往往为水平较高的球队所采纳,但在一场竞赛中也不是多次运用。

5. 全队防守战术

防守战术可分为两种基本类型:盯人紧逼防守(人盯人防守),即在规定的范围内盯人紧逼,不交换看守;区域紧逼防守(盯人和区域相结合),即现今流行的综合防守,紧逼和保护相结合,在个人的防区内紧逼,作交替看守。盯人防守即各自都有明确的防守对象,如对方左边锋大幅度地斜插至右路,则右后卫紧跟盯防,不交替看守。防守最根本的原则是紧逼和保护。只有紧逼才能有效地主动抢断,压制对方技术的优势而获取主动权;保护是为了更好地紧逼和控制空当。

6. 竞赛阵型

(1)阵型的发展和演变。

为了适应攻守战术的需要,全队队员在场上的位置排列和职责分工,称为竞赛阵型。各阵型的名称按队员排列的队形而定。自19世纪中期世界上有了第一个足球竞赛阵型至今日的“四三三”“三五二”“四二四”等,以及某些国家所采用的“水泥式”“锁链式”等,都是沿着这一客观规律演变和发展的。

(2)各个位置的职责。

①边后卫的职责:边后卫主要是要防守对方的边锋以及其他进攻队员在边路的活动,破坏对方由边路发动的进攻。同时还可利用插上助攻式运球来直接威胁对方球门。

②中后卫的职责:中后卫有突前中后卫和拖后中后卫之分。前者主要任务是盯守对方突前的最有威胁的中锋,因而又被称为盯人中后卫;后者则主要担负整个防线的指挥任务,其站位经常处于其他防守队员后面,一般称为自由中卫。

③前卫的职责:前卫通常称为中场队员。中场是一个非常重要的区域,控制了中场也就得到了竞赛的主动权,因此竞赛各队往往都在中场投入较大力量。

8.4 足球竞赛基本规则

1. 竞赛场地

(1)场地。

球场面积必须符合规定。国际足联曾规定世界杯决赛阶段竞赛场地为长105米、宽68米。国内基层竞赛的场地可因地制宜,但在任何情况下,边线的长度必须长于球门线的长度,场内各区域的面积不得变更。

(2)界线。

场地各线的宽度不超过12厘米(一般以12厘米为宜)。边线与球门线的宽度应包括在场地面积之内,其他各线宽度亦应包括在该区域面积之内。球门区和罚球区的丈量,都应从球门柱内侧和球门线外沿量起。球门线的宽度必须与球门柱的宽度相等。

(3)边线与球门线。

边线与球门线划定的足球场是足球竞赛时队员的基本活动区域。竞赛开始后,未经裁判员许可,队员及其他人员不得擅自进场。

(4)中线。

①中线把全场划分为两个相等的半场,中线的宽度应包括在每个半场的面积之内。

②开球时,双方队员必须站在本方半场内(且守方队员不得进入中圈)。当裁判员鸣哨后,球被踢出并向前移动时,竞赛方为开始,这时双方队员可进入对方半场。

③队员在本方半场无越位犯规。

(5)球门区。

可以在球门区内的任何一点踢球门球及本方的任意球。

(6)罚球区。

①守门员在本方罚球区内可以用手触球。

②球门球或在本方罚球区内踢任意球时:对方应退出罚球区;必须把球直接踢出罚球区,竞赛才能恢复。

(7)角球弧。

踢角球时,球必须放定在角球弧内。

(8)罚球点球。

罚球点球时,球必须放定在罚球点上。因大雨冲刷,罚球点模糊不清时,由裁判员确定罚球点的位置。

(9)中点。

中线的中点俗称开球点。开球时,球必须放定在该点上。

(10)中圈。

以中线的中点为圆心,9.15米为半径,画一个圆圈叫中圈。

开球时,守方队员须站在中圈以外的本方半场内。这同罚任意球时,守方队员须站在至少距球9.15米处的意义相同,其作用是保证攻方队员踢球时不受对方阻碍。

(11)罚球弧。

罚球点球时,除主罚队员与对方守门员外,其他队员均须在罚球区及罚球弧外的场内、罚球点的后面;当球被踢出并向前移动,竞赛即为恢复,此时队员方可进入罚球弧。

(12)角旗。

①角旗是场地四周的标志,应垂直竖于边线与球门线外沿的交点处。

②角旗杆的高度(杆顶至地面)不得低于1.50米,杆的顶端应为平顶,以防刺伤队员。角旗颜色应与助理裁判员用旗和场地颜色有明显区别,晚间竞赛使用灯光时,可用白色角旗。角旗可用布或绸料制成,规格一般为30厘米×40厘米。

(13)中线旗。

在中线两端距边线外至少1米处,可各竖立一面与角旗大小相同的中线旗,作为中线的标志。它对判断越位有益。

(14)球门。

竞赛场地的球门应是固定的,门柱及横梁的宽度与厚度均应相同。球门颜色必须是白色。

2. 竞赛用球

(1)质量和测量。

圆形;用皮革或其他适当材料制成;圆周不大于70 厘米(28 英寸)、不小于68 厘米(27 英寸);重量在竞赛开始时不多于450 克(16 英两)、不少于410 克(14 英两);压力在海平面上等于0.6 ~1.1 个标准大气压(600 ~1 100 克/平方厘米、8.5 ~15.6 磅/平方英寸)。

(2)坏球的更换。

如果球在竞赛过程中破裂或损坏,应停止竞赛;用更换的球在原球破裂时所在地点以坠球方式重新开始竞赛。

如果球在开球、球门球、角球、任意球、罚点球或者掷界外球等死球时破裂或损坏,应按照相应的规定重新开始竞赛。

竞赛中未经裁判员的许可不得更换竞赛用球。

3. 队员人数

(1)正式队员。

一场竞赛应有两队参加,每队上场队员不得多于11 名,其中必须有一名守门员。如果任何一队少于7 人则竞赛不能开始。

(2)替补队员。

在由国际足联、洲际联合会或国家协会主办的正式竞赛中,每场竞赛最多可以使用3 名替补队员。竞赛赛程应说明可以有几名替补队员被提名,最多不超过7 名。

4. 队员装备

(1)装备要求。

队员不得使用或佩带可能危及自己及其他队员的装备或任何物件(包括各种珠宝饰物)。

(2)基本装备。

队员必需的基本装备是:运动上衣;短裤——如果穿紧身内裤,必须与短裤的主色同一颜色;护袜;护腿板;足球鞋。护腿板必须由护袜全部包住;由适当的材料(橡胶、塑料或其他类似材料)制成;提供适当的保护。

(3)守门员服装。

守门员的服装颜色必须有别于其他队员、裁判员和助理裁判员。

5. 裁判员

裁判员的权力:每场竞赛由一名裁判员控制,他被任命具有全部权力去执行与竞赛有关的竞赛规则。

6. 助理裁判员

每场竞赛应委派两名助理裁判员,他们的职责由裁判员决定。

7. 竞赛时间

(1)竞赛时间。

竞赛分为两个半场,每半场45 分钟。特殊情况经裁判员和双方同意规定除外。任何改变竞赛时间的协议(如因光线不足每半场减少到40分钟)必须在竞赛开始之前制定,并要符合竞赛规程。

(2)中场休息。

队员有中场休息的权利,中场休息不得超过15分钟。竞赛规程必须阐明中场休息的时间,只有裁判员同意方可改变中场休息时间。

8. 竞赛开始和重新开始

(1) 预备。

通过掷币,猜中的队决定上半场竞赛的进攻方向。另一队开球开始竞赛。猜中的队在下半场开球开始竞赛。下半场竞赛两队交换竞赛场地。

(2)开球。

开球是竞赛开始和重新开始的一种方式,在竞赛开始时;在进球得分后;在下半场竞赛开始时;在决胜期两个半场开始时。开球可以直接射门得分。

(3)坠球。

坠球是在竞赛进行中因竞赛规则未提到的原因而需要暂停竞赛之后,重新开始竞赛的一种方法。

(4)特殊情况。

判给守方在其球门区内的任意球,可从球门区内的任何地方踢出;判给攻方在其对方球门区内的间接任意球,从距犯规发生地点最近、与球门线平行的球门区线上踢出。竞赛暂停之后,在距竞赛停止时球所在的球门区内的地点最近、与球门线平行的球门区线上坠球,重新开始竞赛。

9. 竞赛进行及死球

(1)竞赛成死球。

下列情况竞赛成死球:当球不论在地面或空中全部越过球门线或边线时;当竞赛已被裁判员停止时。

(2)竞赛进行。

其余所有时间均为竞赛进行中,包括:球从球门柱、横梁或角旗杆弹回竞赛场地内;球从竞赛场地上的裁判员或助理裁判员身上弹回场内。

10. 计胜方法

(1)进球得分。

当球的整体从球门柱间及横梁下越过球门线,而此前未违反竞赛规则,即为进球得分。

(2)获胜的队。

在竞赛中进球较多的队为胜者。如两队进球数相等或均未进球,则竞赛成平局。

11. 越位

(1)越位位置。

队员处于越位位置:队员较球和最后第二名对方队员更接近于对方球门线。

队员不处于越位位置:他在本方半场内;他齐平于最后第二名对方队员;他齐平于最

后两名对方队员。

队员处于越位位置本身并不是犯规。

(2)犯规。

处于越位位置的队员,在同队队员踢或触及球的一瞬间,裁判员认为其就下列情况而言“卷入”了现实竞赛中时才被判为越位犯规:干扰竞赛;干扰对方队员;利用越位位置获得利益。

(3)没有犯规。

如果队员直接从下列情况下接到球,则没有越位犯规:球门球;掷界外球;角球。

12. 犯规与不正当行为

(1)直接任意球。

裁判员认为,如果队员草率地、鲁莽地或使用过分的力量出现下列六种犯规行为中的任何一种,将判给对方在犯规发生地点踢直接任意球:踢或企图踢对方队员;绊摔或企图绊摔对方队员;跳向对方队员;冲撞对方队员;打或企图打对方队员;推对方队员。

如果队员出现下列四种犯规行为中的任何一种,也判给对方踢直接任意球:为了得到对球的控制而抢截对方队员时,于触球前触及对方队员;拉扯对方队员;向对方队员吐唾沫;故意手球(不包括守门员在本方罚球区内)。

(2)罚球点球。

在竞赛中无论球在什么位置,如果队员在本方罚球区内出现上述十种犯规行为中的任何一种,应被判罚球点球。

(3)间接任意球。

如果守门员在本方罚球区内出现下列五种犯规行为中的任何一种,将判给对方在犯规发生地点踢间接任意球:当手控制球时,在发出球之前行走四步以上;在发出球之后未经其他队员触及,再次用手触球;用手触及同队队员故意踢给他的球;用手触及同队队员直接掷入的界外球;拖延时间。

裁判员认为,队员在下列情况下,也将判给对方踢间接任意球:动作具有危险性;阻挡对方队员;阻挡对方守门员从其手中发球;违反规则第十二章以前未提及的其他任何犯规,而停止竞赛被警告或罚令出场。

(4)纪律制裁。

①可警告的犯规:如果队员出现下列七种犯规行为中的任何一种,将被警告并出示黄牌:犯有非体育道德行为;以语言或行动表示异议;持续违反规则;延误竞赛重新开始;当以角球或任意球重新开始竞赛时,不退出规定的距离;未得到裁判员许可进入或重新进入竞赛场地;未得到裁判员许可故意离开竞赛场地。

②罚令出场的犯规:如果队员出现下列七种犯规行为中的任何一种,将被罚令出场并出示红牌:严重犯规;暴力行为;向对方或其他任何人吐唾沫;用手球故意破坏对方的进球或明显的进球得分机会(不包括守门员在本方罚球区内);用可判为任意球或罚球点球的犯规破坏向本方球门移动着的明显的进球得分机会;使用无礼的、侮辱的或辱骂性

的语言;在同一场竞赛中得到第二次警告。

13. 任意球

(1)任意球的种类。

①直接任意球:如果直接任意球直接踢入对方球门,判为得分。

如果直接任意球直接踢入本方球门,判给对方踢角球。

②间接任意球:当裁判员判间接任意球时,应单臂上举过头,并保持这种姿势直到球踢出后被其他任何队员触及或成死球为止。

(2)任意球的位置。

罚球区内的任意球属于守方的间接或直接任意球:所有对方队员距球至少9.15米(10码);所有对方队员应站在罚球区外直到竞赛进行;当球被直接踢出罚球区竞赛即为进行;可以在球门区内任何一点踢任意球。

①属于攻方的间接任意球:所有对方队员距球至少9.15米(10码)直到竞赛进行,除非他们已经站在本方球门柱之间的球门线上;当球被踢出并移动时竞赛即为进行;在对方球门区内踢间接任意球时,应在距犯规发生地点最近、与球门线平行的球门区线上执行。

②罚球区外的任意球:所有对方队员距球至少9.15米(10码)直到竞赛进行;当球被踢出并移动时竞赛即为进行;在犯规发生地点踢任意球。

14. 罚球点球

竞赛进行中,一个队在本方罚球区内由于出现了可判为直接任意球的十种犯规行为之一而被判罚的任意球,应执行罚球点球。罚球点球可以直接进球得分。在每半场竞赛或决胜期上下半场结束时,应允许延长时间执行完罚球点球。

15. 掷界外球

掷界外球是重新开始竞赛的一种方法。掷界外球不能直接进球得分。

(1)判为掷界外球。

当球的整体不论从地面或空中越过边线时;从球越过边线处掷界外球;判给最后触球队员的对方。

(2)程序。

在掷出球的一瞬间,掷球者应面向竞赛场地;任何一只脚的部分站在边线上或站在边线外的地上;使用双手将球从头后经头上掷出。掷球队员在其他队员触球前不得再次触球。球一进入竞赛场地,竞赛即为进行。

16. 球门球

球门球是重新开始竞赛的一种方法。球门球可以直接射入对方球门得分。

(1)判为球门球。

当球的整体在地面或空中越过球门线,而最后触球者为攻方队员,且根据规则第十章不是进球得分时。

(2)程序。

由防守方从球门区内的任何一点踢球;对方应在罚球区外直至竞赛进行;踢球队员在其他队员触球前不得再次触球;当球被直接踢出罚球区,竞赛即为进行。

17. 角球

角球是重新开始竞赛的一种方法。角球可以直接射入对方球门得分。

(1)判为角球。

当球的整体在地面或空中越过球门线,而最后触球者为守方队员,且根据规则第十章不是进球得分时。

(2)程序。

将球放在离球出界处最近的角旗杆的角球弧内;不得移动角旗杆;对方应在距球至少9.15米(10码)以外,直至竞赛进行。

第9章 篮　球

【学习目标】

掌握篮球的基本动作和技术要领，同时全面发展学生的身体素质。

【内容提要】

本章主要内容为：篮球运动概述；篮球基本技术及基本战术；篮球竞赛基本规则。

9.1　篮球运动概述

篮球是一个由两队参与的球类运动，每队出场5名队员。其目的是将球投进对方球篮得分，并阻止对方得分。可将球向任何方向传、投、拍、滚或运，但要受规则的限制。当今世界篮球水平最高的联赛是美国的国家篮球协会(NBA)。篮球在1936年柏林奥运会成为正式竞赛项目。女子篮球到1976年蒙特利尔奥运会才成为正式竞赛项目。

1891年，奈史密斯在马萨诸塞州斯普林菲尔德基督教青年会国际训练学校任教。该校体育系主任卢瑟·古利克为贯彻冬季体育课教学大纲委托他设计一项室内集体游戏。他从当地儿童喜欢用球投向桃子筐的游戏中得到启发，创编了篮球游戏。

篮球运动是1896年前后由天津中华基督教青年会传入中国的，随后在北京、上海基督教青年会里也有了此项活动。在1910年的全运会上举行了男子篮球表演赛之后，在全国各大城市的大、中学校的篮球活动逐渐开展起来，其中以天津、北京、上海开展得较好，水平也较高，当时的竞赛规则很简单，在球场中间画一个约有1米直径的中圈，中锋队员跳球时一只手必须置于背后腰部，任何一足不得踏出圈外。技术也比较简单，中圈跳球后，谁接到球就自己运球，超过防守人就投篮。当时只会直线运球前进，传球方法是单、双手胸前传球，跑动投篮是用单手低手上篮，立定投篮无论远近都是用双手腹前低手投篮。1925年前后，进攻和防守的5名运动员，有了较明确的分工，中锋对中锋，后卫对前锋，各自盯住自己的对手。但前锋的职责是只管进攻投篮，不管退守；后卫的职责是只管防守抢截球，不管投篮。前锋和后卫很少全场跑动，只有中锋要攻守兼顾。以后又逐渐改为两后卫1人助攻(活动后卫)，1人留守后场(固定后卫)，两前锋也变为1人留在前场专管偷袭、快攻，1人退守后场助防。技术动作也有所发展，跑动投篮出现了单手、高手投篮,立定投篮出现了双手胸前投篮,传球出现了单、双手击地传球,运球出现了两手交替运球躲闪防守和超越防守向前推进的技术。规则中增加了罚球区和罚球线,队员犯规4次即被取消竞赛资格,犯规罚球可由队长指定任何1个队员主罚。竞赛时间分为上、下半场各20分钟,中间休息10分钟。每次投中或罚中后,都在中圈跳球,重新开始竞赛。中国篮球运动水平在1926年以后有了较大提高。

9.2 篮球基本技术

9.2.1 攻守技术

(1)基本站立姿势。

站立时,两脚自然开立,脚跟稍虚,屈膝降低重心,上体稍前倾,手臂自然放于体侧,肘微弯,两眼平视,随时准备向各个方向启动,如图9.1所示。

原地持球基本站立姿势是:保持上述姿势,持球于胸腹之间,并做好传、运、投的准备,如图9.2所示。

图9.1 基本站立姿势示意图

图9.2 原地持球基本站立姿势示意图

防守时可用前后步或平行步站立。前后步防守时,前脚同侧的手臂伸向前方,另一手臂向另一侧伸出。平步防守时,身体正对对手,两臂左右张开或随球挥动以干扰对方投篮和传球。跨步急停接球时,第一步脚落地的同时接球,然后保持基本持球姿势,如图9.3所示。

图9.3 防守时基本站立姿势示意图

(2)转身。

通过转身可以摆脱防守队员,获得传、运、投球的机会,也能在掩护和抢篮板时抢占有利位置。一脚向中枢脚脚尖方向跨出的步法叫"前转身"。背向防守队员持球时,可用前转身衔接下一个进攻动作。一脚向中枢脚脚跟方向跨出的步法叫"后转身",利用后转身摆脱防守队员时必须紧贴防守队员,以便转身后获得有利位置。转身时,要用中枢脚的前脚掌转动,如图9.4所示。

图9.4 转身示意图

(3)跨步。

跨步是一种起始步法,也是原地做假动作引诱防守队员失去防守位置和重心的一种步法。向移动脚异侧前方跨出的步法为交叉跨步;向移动脚同侧前方跨出的步法为同侧跨步,如图9.5所示。

图9.5 跨步示意图

(4)摆脱、切入、抢位。

队员要获得良好的进攻战机,必须在移动前做迷惑对手的动作,使对手在短时间内不能识破自己的进攻意图而失去防守能力。进攻队员运用脚步移动或上体虚晃离开防守队员称“摆脱”,也叫假动作;进攻队员利用脚步移动超越防守队员并插入到篮下称切入;进攻队员用身体把防守队员贴在身后称抢位,如图9.6所示。

图9.6 摆脱、切入、抢位示意图

(5)滑步。

滑步是防守队员的主要移动步法,有侧滑步、侧前滑步和侧后滑步之分。以侧滑步为例,其动作要领为:向左侧滑步时,左脚向左侧跨出一步,同时右脚前掌内侧用力蹬地贴着地面滑动,跟随左脚移动。侧前滑步、侧后滑步与侧滑步动作相仿,只是方向不同。一对一防守时,防守队员常用滑步,如图9.7所示。

图9.7　滑步示意图

(6)后撤步。

后撤步是前脚变后脚的步法。当进攻队员准备从防守队员前脚一侧突破时,防守队员可以用此步法迅速撤回前脚进行堵截,如图9.8所示。

(7)交叉步。

由攻转守寻找对手或防守队员失去防守位置时,可以用交叉步迅速追随对方再过渡到滑步继续防住对手。其动作要领是:向左侧交叉步时,右脚用力蹬地,迅速从左脚侧前方迈出,上体稍左转,右脚落地的同时左脚向左跨步,依次两脚交叉快跑,如图9.9所示。

图9.8　后撤步示意图

图9.9　交叉步示意图

9.2.2　传、接球

1.传球

传球由持球和传球两个动作组成,双手持球是最基本的持球方法。持球时,双手自然分开,拇指相对成"八"字形,用拇指根部以上部位握住球的两侧后方。传球时全身协调用力,最后通过伸臂、抖腕和手指用力拨球将球传出,使球后旋。常用传球方法有双手胸前传球、双手(或单手)低手传球、双手头上传球、单手肩上传球、单手胸前传球和单手体侧传球。

(1)双手胸前传球。

双手胸前传球可以用于各种距离、各个方向的传球。传球时,下肢发力,身体前移,前臂迅速向传球方向伸直,手腕翻转抖腕,同时拇指用力下压,食指、中指用力弹拨将球传出。出球后手心、拇指向下,其余四指向前,有时也可以用双手反弹传球,动作方法和双手胸前传球相似,但要掌握好传球的击地点,击地点一般应在两队员之间距离接球人三分之一处,若防守队员离传球队员稍远,可在防守队员脚侧击地反弹,如图9.10所示。

(2)双手(或单手)低手传球。

双手(或单手)低手传球是近距离的隐蔽传球,用于两进攻队员擦身而过时。传球时,持球于腹前或腰侧,出球时手腕翻转,手指轻轻一挑而出,如图9.11所示。

图 9.10 双手胸前传球示意图

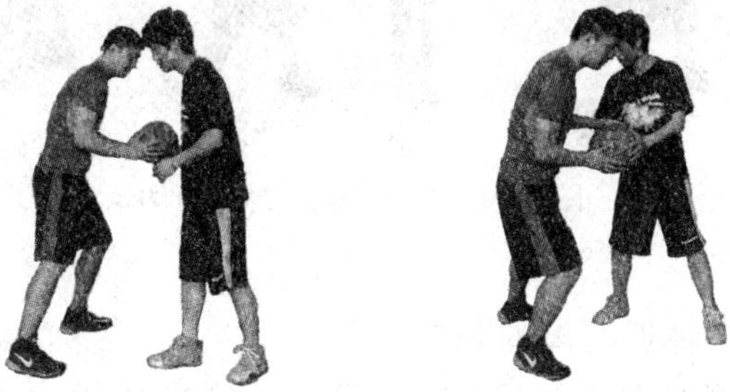

图 9.11 双手(或单手)低手传球示意图

(3)双手头上传球。

双手头上传球出手点高,传球时,双手举球于头上,两肘和手心向前,出球时前臂前摆,在手腕前扣外翻的同时,拇指、食指、中指用力拨球,将球传出。此动作常用于抢获篮板后的快攻一传或者外线队员传给中锋的球,如图 9.12 所示。

图 9.12 双手头上传球示意图

(4)单手肩上传球。

单手肩上传球常用于抢得篮板后长传快攻。右手传球时,持球手五指自然张开,左脚向传球方向迈出,同时引球于右肩上方。出球时,下肢发力转腰、转肩,前臂前摆,并迅速向前扣腕带动食指、中指和无名指用力将球传出,如图 9.13 所示。

图 9.13 单手肩上传球示意图

(5)单手胸前传球。

单手胸前传球多用于传球队员与防守队员距离很近的情况。传球时突然用单手胸前传球,从防守队员的头顶、耳旁传出,如图9.14所示。

图9.14　单手胸前传球示意图

(6)单手体侧传球。

单手体侧传球是一种近距离的隐蔽性的传球方法,多用于向内线队员传球或防守队员手臂侧上举时。传球时,右手引球到身体右侧并向前做弧线摆动,拇指向上,手心向前,手腕前屈,食指、中指用力拨球将球传出。为了使球顺利地越过防守队员,传球前应使用摆动球、瞄篮、跨步等假动作,诱使防守队员位置移动,达到巧妙传球的目的,如图9.15所示。

图9.15　单手体侧传球示意图

2. **接球**

接球是传球的保证。接球时眼睛要注视来球,手臂迎球伸出,手指自然分开,当手指触球后,手臂屈肘后引,缓冲来球的力量,两手握球,保持身体平衡。常用的接球方法有双手接胸部高度的球、双手接头部高度的球、双手接反弹球、单手接球等。

(1)双手接胸部高度的球。

双手接胸部高度的球是最基本的接球方法,它握球牢固、稳定,易于转换成其他技术动作。接球时,伸手迎球,指端触球,双手迅速后引,握球于胸腹之间,如图9.16所示。

(2)双手接头部高度的球。

双手接头部高度的球动作方法与双手接胸部高度的球相同,只是伸臂接球时,双手伸向前上方。

图9.16　双手接胸部高度的球示意图

(3)双手接反弹球。

双手接反弹球要迎球跨步,两臂向前下方伸出接球,如图9.17所示。

图9.17 双手接反弹球示意图

(4)单手接球。

单手接球控制的范围广,能接不同方向的球,有利于队员快速、灵活地发挥技术。接球时,眼睛注视来球,单手迎球伸出,手掌成勺形,当指端触球时,手臂顺势将球向后下方引,另一手立即协助握球,保持身体平衡。

9.2.3 投篮

要想练好投篮必须有正确的投篮方法、恰当的瞄准点、合适的飞行路线和球的旋转,并且全身要协调用力。随着篮球技术的发展,投篮技术越来越多。下面根据投篮距离的远近介绍一些常用的投篮方法。

1. 中远距离投篮方法

(1)原地单手肩上投篮。

原地单手肩上投篮是竞赛中应用最广泛的投篮方法,是行进间单手肩上投篮、跳起单手肩上投篮的基础。右手投篮时,右手五指自然分开,手心空出,屈肘持球于右肩上,左手扶住球的左侧,两脚开立,右脚稍前,重心落在两脚上。投篮出手时,下肢蹬地发力,右臂抬肘伸臂,手腕前屈,食指、中指用力拨球,使球后旋转,身体随投篮动作向前上方伸展,脚跟微提,如图9.18所示。

图9.18 原地单手肩上投篮示意图

(2)原地双手胸前投篮。

原地双手胸前投篮多用于远距离投篮,女子运动员运用较普遍。投篮时,双手持球于胸前

(可高一些),肘关节自然下垂,两膝微屈,上体稍前倾。投篮出手时,下肢发力,腰腹伸展,两臂上伸,拇指向前压送,两手腕同时外翻,用拇指、食指、中指拨球将球投出,如图9.19所示。

图9.19　原地双手胸前投篮示意图

(3)原地跳起单手肩上投篮。

原地跳起单手肩上投篮出手点高,稳定性好,突然性强,较难以防守,是当今篮球竞赛中主要得分手段,男女运动员普遍运用。右手投篮时,双手持球呈基本站立姿势,起跳时,下肢用力蹬地垂直向上跳起,同时举球于右肩上方(尽可能高一些,可避免封盖),当身体达到最高点时,左手离球,右臂抬肘伸臂,手腕前屈,食指、中指用力拨球通过指端投出,落地时两脚前脚掌着地,屈膝缓冲,如图9.20所示。

图9.20　原地跳起单手肩上投篮示意图

(4)急停跳起投篮。

急停跳起投篮是进攻队员在行进间运用突然急停摆脱防守队员后投篮的方法,它分接球急停跳起投篮和运球急停跳起投篮两种。接球急停跳起投篮是在快速移动中,用跨步或跳步急停接球,并及时起跳投篮。运球急停跳起投篮是突破结合跳起投篮的重要方式,当进攻队员背向或侧向篮筐持球站立时,可以一脚做中枢脚转身跳起投篮,如图9.21所示。

图9.21　急停跳起投篮示意图

2. 近距离投篮方法

(1)行进间单手高手投篮。

行进间单手高手投篮可在篮下和中距离(跑投)运用。右手投篮时,右脚跨出一大步接球,左脚跨出一小步并用力蹬地起跳,举球于头上,左手离开球,右手腕后翻托球,当身体接近最高点时,右臂向前上方伸直,手腕前屈,食指、中指用力拨球投篮,如图9.22所示。

图9.22 行进间单手高手投篮示意图

(2)行进间低手投篮。

行进间低手投篮是切入篮下时运用较广泛的投篮方法,它具有速度快、伸展距离长的优势。右手投篮时,步法同上,起跳后右手托球下部,手心向上,指尖向前,手臂充分向球篮方向伸直,接着屈腕,食指、中指、无名指向上拨球,碰板或空心投篮,如图9.23所示。

图9.23 行进间低手投篮示意图

(3)行进间反手投篮。

当进攻队员沿底线突破到篮下,已经处于篮圈下面,可以运用反手投篮。在最后一步起跳时,上体向后仰,抬头看篮,手掌向上,持球前部下方,当球到达最高点时,手腕沿着小指方向转动拨球,使球旋转碰板入篮。

(4)行进间勾手投篮。

当进攻队员空切或运球突破到篮下,并与防守队员处于平行位置时,可用勾手投篮。这种投篮方法可以用身体保护球,使球远离对手,不易被盖帽。右手勾手投篮时,左臂屈肘保护球,左肩侧对球篮,投篮手持球由胸前经体侧向右肩上方划弧举球,当球举至最高点时屈腕,手指拨球,使球旋转碰板入篮,亦可以空心入篮。出球时,右腿上抬,膝部弯曲以保持身体平衡。篮下投篮都是在强对抗中进行的,因此,投篮时除了尽量伸直投篮手臂,提高出球点高度以外,还要学会做假动作,利用时间差和抢占空间投篮位置,如利用后撤步跳起投篮、急停后仰跳起投篮、转身跨步抢位跳起投篮等。

抢得前场篮板球后，如防守站位很好，持球队员可以用投篮的假动作引诱防守队员跳起，利用时间差跳起投篮，也可以用右脚后撤躲开防守队员后跳起投篮。为了避开防守队员的封盖，可用运球急停后仰跳起投篮，动作方法和急停跳起投篮相似，只是起跳后身体稍向后仰，用腰腹肌肉控制身体平衡并及时投篮出手。在篮下为了占据有利位置，一般采用转身跨步抢占位置跳起投篮，进攻队员在篮的左侧背对篮持球时，右脚向篮下运球跨大步并迅速转身跳起投篮。

9.2.4　运球和突破

1. 运球

(1)体前变向换手运球。

运球队员与对手接近时，为了摆脱和超越对手，可以用体前变向换手运球。队员先用左手向对手右侧运球，当对手重心向右侧偏移时，突然改变运球方向，使球从自己身体左侧变向右侧，左脚迅速向右前方跨出，上体右转，以臂、腿保护球，右手迅速控制住球，如图9.24所示。

图9.24　体前变向换手运球示意图

(2)运球急起急停。

当运球队员被对手盯得很紧，又不能快速超越时，可以用突然减速或急停运球，等防守队员也减速或犹豫时，再突然加速运球超越对手，如图9.25所示。

图9.25　运球急起急停示意图

(3)运球转身。

当队员向对手某一侧运球被封堵,且双方距离很近时,无法用体前变向运球,可以用后转身运球,如图9.26所示。

图9.26 运球转身示意图

(4)背后运球。

当防守队员重心转向运球队员有球侧阻截时,可以用背后运球变向,防止对手抢截,如图9.27所示。

图9.27 背后运球示意图

(5)胯下运球。

防守队员迎面贴着运球队员并试图抢球时,可以用胯下运球保护球,如图9.28所示。

图9.28 胯下运球示意图

2. 突破

(1)同侧步持球突破。

以左脚为中枢脚为例。左脚内侧蹬地,右腿迅速向右前方跨出,同时上体右转探肩用右手推放球,左脚迅速前迈,超越对手,如图9.29所示。

(2)交叉步持球突破。

以左脚为中枢脚为例。先用假动作使防守队员重心左移,然后右脚内侧蹬地并向左侧前方迈出,上体左转探肩,左手推放球于右腿前侧,快速超越对手;也可以做投篮假动作后持球突破,如图 9.30 所示。

图 9.29　同侧步持球突破示意图

图 9.30　交叉步持球突破示意图

(3)转身突破。

对手紧逼或背对篮接球时可以用转身突破对手,可分前转身持球突破和后转身持球突破两种,如图 9.31 所示。

图 9.31　转身突破示意图

9.2.5　对有球人的防守

对有球人常用的防守方法有:平步防守和前后步防守。

(1)平步防守。

防守队员正对进攻队员,双脚平行开立,步幅比肩宽,重心降低。防守者的头要低于进攻队员的肩,防守距离为一臂,能摸到持球队员的胸,两臂屈肘,掌心向上放在进攻队员的胸前,并用前臂的伸缩和指、手腕的挑拨动作干扰和袭击进攻队员手中的球,使对手举球于头上或肩上。两脚随手的动作自然地碎步滑移，作随时启动的准备。当持球队员突破时，防守队员应迅速以对方运球方向的同侧脚向进攻队员的跨出脚前方做有力的滑动，张开双臂并随时准备抢堵进攻队员的球，置对手前脚于自己两脚之间，用胸对着进攻队员的肩，并继续横滑以抢占进攻队员的突破路线，如图9.32所示。

图9.32 平步防守示意图

(2)前后步防守。

防守队员正对进攻队员，两脚前后分站，后脚尖稍后于前脚跟，前脚对准进攻队员的中枢脚，宽步幅，降低重心，防守距离为一臂，前脚一侧的手臂能触及持球队员的胸，两臂屈肘，掌心向上放在进攻者的胸前以干扰和袭击进攻队员手中的球，两脚随手的动作滑动，随时准备启动。当持球队员向防守队员的前脚方向突破时，防守队员的前脚应迅速后撤接侧滑步，同时张开双臂并随时准备抢堵进攻队员的球。当对手的前脚落入自己的两脚之间时，转为横向滑动，并用胸对着进攻队员的肩，以抢占突破路线。如持球队员向防守队员的后脚方向突破时，防守动作方法同平步防守。当对手运球突破时，防守队员应面对对手，防守距离一臂，运用滑步与后撤步，始终堵球于自己两脚之间，头低于对手的肩，并抖动手腕去破坏球(不能探身去够球，以免失去重心和犯规)。如防守被突破，防守队员应迅速追防并超越对手，用追堵步继续防住进攻队员。如对手被迫停止运球，防守队员应立即上前贴身防守，高举双臂，封住对手的传球路线，如图9.33所示。

图9.33 前后步防守示意图

9.3 篮球基本战术

9.3.1 掩护配合

掩护配合是指进攻者以合理的行动,用身体挡住同伴防守者的通路,为同伴摆脱防守,创造接球和投篮机会的一种配合方法。掩护配合要求同伴之间要相互默契协同一致,掌握好配合行动的时间。掩护者要站立在同伴防守必经的路线上,距离对手约半步距离(太近容易发生身体接触而导致犯规,太远不易成功),两脚自然开立,两膝微屈,上体稍前倾,以扩大掩护面。

1. 掩护

(1)前掩护。

掩护者站立在同伴的防守者身前所进行的掩护,叫前掩护。

★示例1(图9.34a):④传球给⑤后先向下压,然后突然绕到⑤的身前,⑤转身传球给④并给④做掩护,④可根据防守者的情况及时投篮或突破。

★示例2(图9.34b):④和⑤重叠左侧,④利用⑤做前掩护接⑥的传球中投,如⑤绕前防守④时,⑤可及时转身切入篮下,④及时传球给⑤投篮。

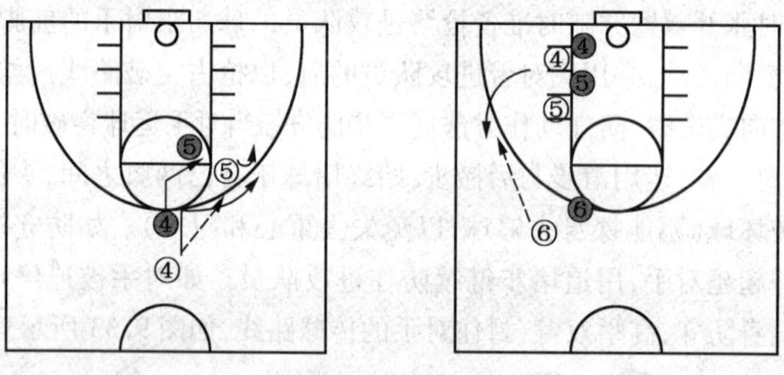

a　　　　b

图9.34　前掩护

(2)侧掩护。

掩护者站在同伴的防守者侧面(稍偏后一些)进行掩护,叫侧掩护。

★示例1(图9.35a):⑤传球给④后跑到④的侧后方做掩护,④接球后先向左做突破假动作,然后突然从右侧贴着⑤的身体运球突破上篮。⑤掩护后转身切入篮下。

★示例2(图9.35b):当④借助⑤的掩护运球切入时,如遇到对方交换防守,⑤就转身拉开,④则及时传球给⑤投篮。

★示例3(图9.35c):这是给无球者去做侧掩护的配合。④传球给⑤后,跑向传球反方向防守者⑥侧后方给同伴⑥做侧掩护,这种掩护也称反掩护。当④跑来时⑥先向下压,靠近⑥的位置,突然摆脱⑥向右切入,接⑤的传球上篮。⑥掩护后转身切入篮下,并准备接应⑤或⑥的传球上篮或抢篮板球。

★示例4(图9.35d):当对方进行交换防守时④应及时转身面向球把⑥挡在身后,并快速切向篮下准备接⑤传来的球投篮。

★示例5(图9.35e):如果④传球给⑤后,去给⑥做掩护时,发现④不跟随防守,④可突然向篮下切入,接⑤的球投篮。

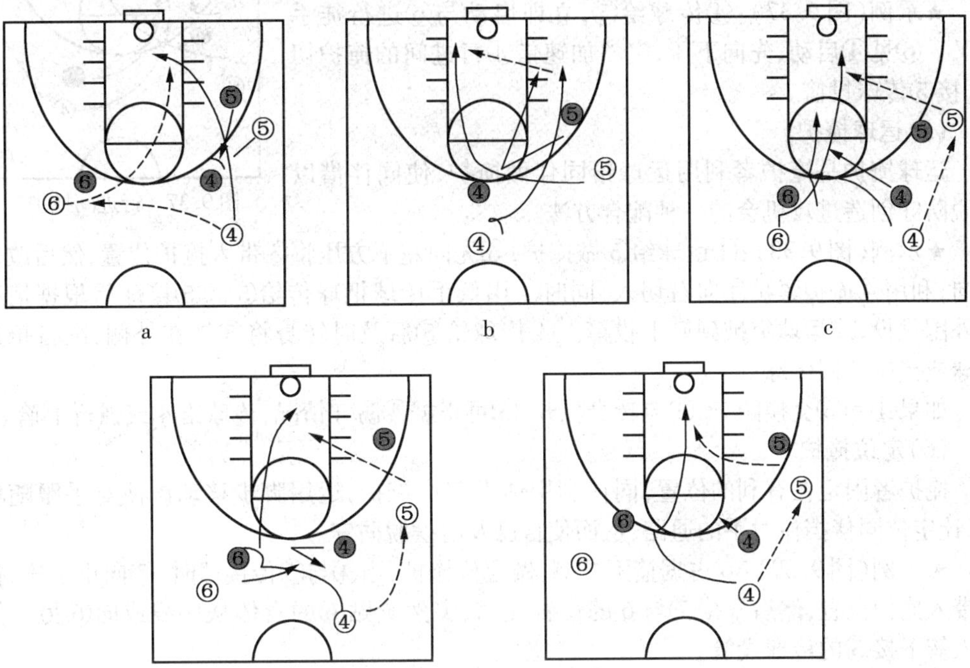

a　b　c　d　e

图9.35　侧掩护

(3)后掩护。

后掩护是掩护者跑到同伴防守的身后做掩护的一种配合。

★示例1(图9.36a):④传球给⑥时,⑤④跑到罚球线右侧示意接球,实际是给④去做后掩护,④传球给⑥后,先向左跨步移动,然后突然向右变向,利用⑤的掩护切入篮下,接⑥的球投篮。

★示例2(图9.36b):如果对方交换防守,或⑤去补防④,掩护队员⑤应及时将④挡在外边,同时转身面向球准备接应⑥或④的球投篮。

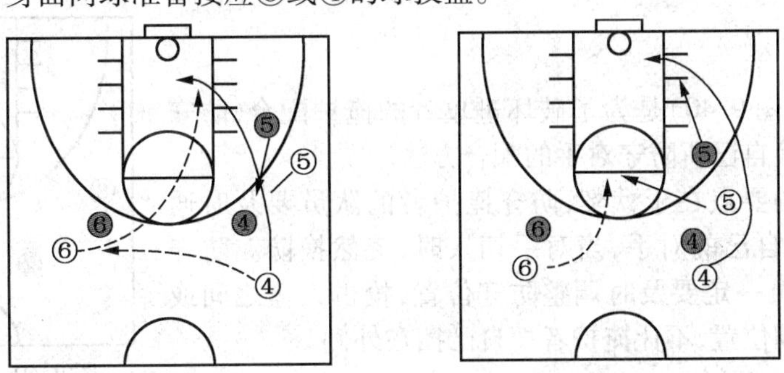

a　b

图9.36　后掩护

(4)行进间掩护。

行进间掩护是两个进攻者在跑动过程中向一点集中形成相互掩护,使防守者受阻,借以摆脱防守,创造进攻的机会。行进间掩护,对时间的要求很强,队员间要更加默契。

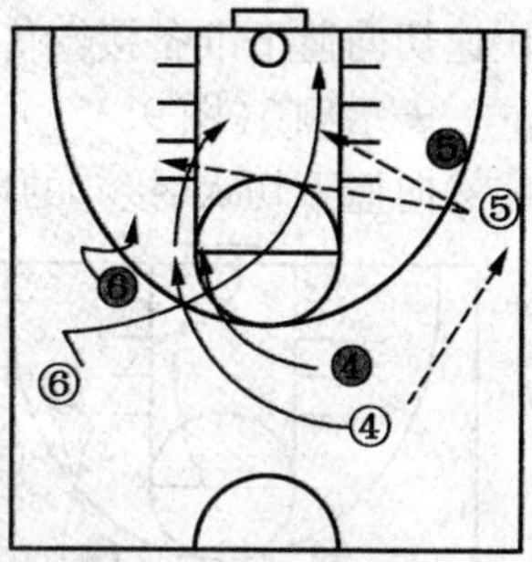

图9.37　行进间掩护

★示例(图9.37):④传球给⑤,立即启动与⑥进行徒手交叉。⑥见④启动,先向下压,突然加速借④行进间的掩护切入,接⑤传球投篮。

(5)运球掩护。

运球掩护是掩护者利用运球给同伴做掩护,使同伴借以摆脱防守创造进攻机会的一种配合方法。

★示例(图9.38):④运球给⑤做掩护,⑤先向左下方压将⑤带入掩护位置,然后改变方向,利用④掩护紧贴④向右切入,同时④用低手传球把球传给⑤。⑤接球后根据情况做外围跳投,或运球突破到篮下投篮。④传球给⑤后及时转身将⑤挡在外侧,准备抢篮板球或接应⑤回传球。

如果④和⑤交换防守,④应转身拉开,⑤可根据④防守情况,传球给④或强行上篮。

(6)定位掩护。

掩护者固定在有利的位置,同伴利用他做定位掩护,运用脚步移动诱使对手跟随移动,让定位同伴挡住对手的通路,从而使自己及时摆脱防守。

★示例(图9.39):⑥占据篮下左侧,做定位掩护,当④与⑤传接球时,⑦向里下压,把⑦带入掩护位置,然后根据⑦与⑥的位置交错,突然紧贴⑥的身体从底线或向⑥另一侧切入篮下接⑤的传球投篮。

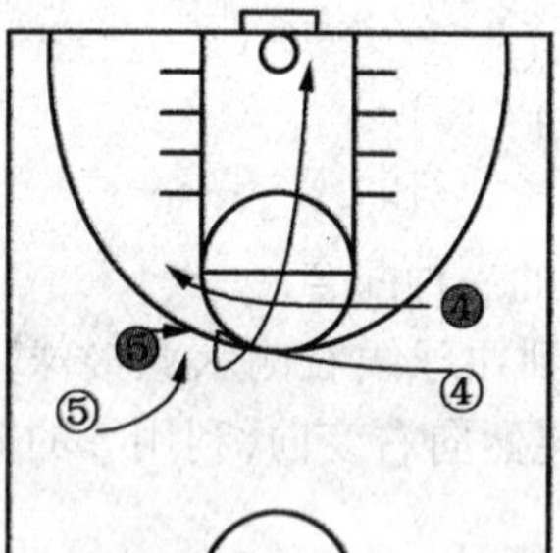

图9.38　运球掩护

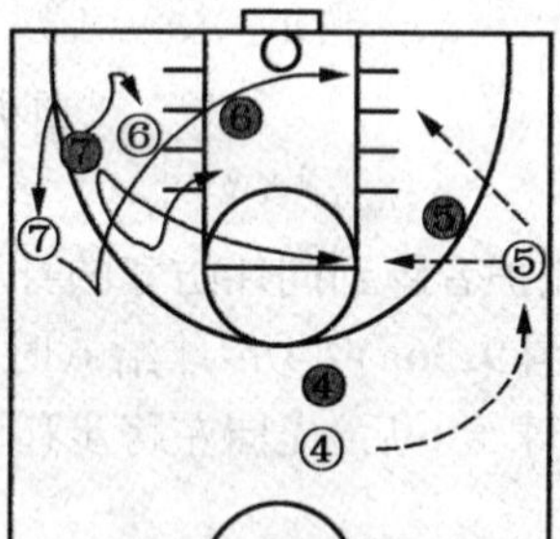

图9.39　定位掩护

2. 配合

(1)交换配合。

交换配合(图9.40)是为了破坏进攻者的掩护配合,防守者之间及时交换自己所防守对手的配合方法。

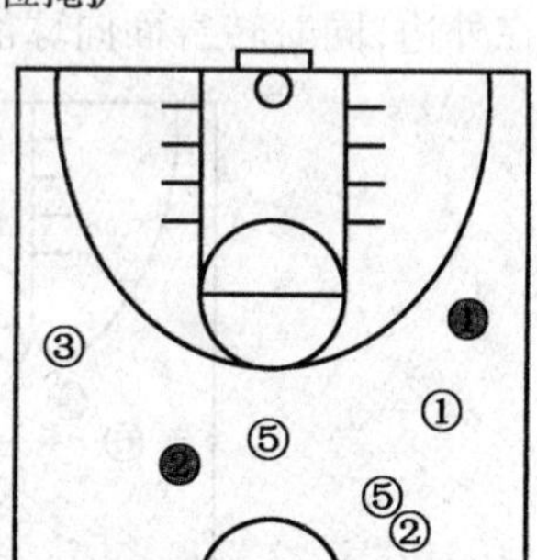

图9.40　交换配合

交换配合的要点在于默契,防守掩护者的队员要及时通知同伴,并跟紧自己的对手,当对手切入时,突然换防。防守被掩护者的队员一定要及时调整防守位置,抢占人篮之间或人球之间的有利位置,不让掩护者把自己挡在外侧。

(2)一传一切配合。

一传一切配合是持球队员传球后向篮下切入接回传球投篮。

★示例1(图9.41a):⑤接球前做摆脱防守动作,④传球给⑤后先向下压贴近对手,同时注意观察④的情况,然后突然向右切入,切入时利用左肩贴住防守队员,身体向球的方向侧转并准备接⑤回传球上篮。

★示例2(图9.41b):当④传球给⑤后,如④抢先向传球方向移动,采取错位防守,堵截有球一侧的切入路线时,④可立即从④的背后直线切入篮下接⑤传球上篮。

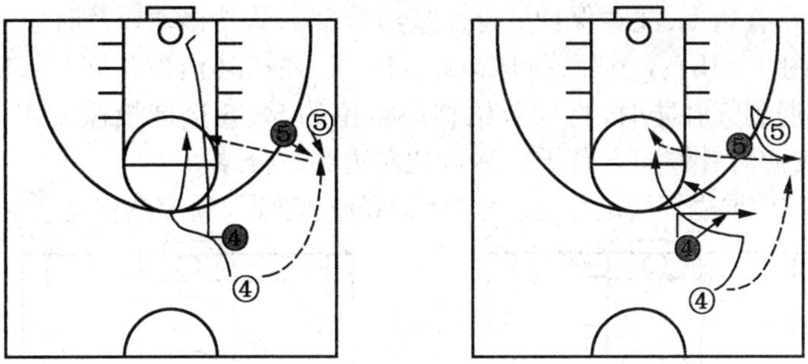

a　　　　b

图9.41　一传一切配合

(3)空切配合。

空切配合就是无球的队员掌握时机,摆脱对手,切向防守空隙区域接球投篮或做其他进攻动作。

(4)传切配合。

★示例1(图9.42a):参加者分成两组。④传球给⑤后做向左切入的假动作,然后变向从右侧切入,⑤接球后回传给⑥,并做向底下线切的假动作,然后变向从内侧横切。④切入后至⑤排尾,⑤至④排尾。依次进行练习。

要求:变向切入动作要快,切入过程中要侧身看球。

★示例2(图9.42b):参加者分④、⑤两组,④组每人持一球。④传球给⑤后,快速切入接⑤的回传球投篮。⑤传球后跟进到篮下抢篮板球或补篮。④与⑤交换位置,依次进行练习。

要求:动作突然、快速,传球及时、隐蔽、到位。

★示例3(图9.42c):参加者分三组,④与⑤各持一球,④传球给⑥后从右侧切入接⑤传球投篮。⑤传球给④后,横切接⑥传球投篮。

④、⑤投篮后自抢篮板球传给本组的另一人。按逆时针方向换位,连续进行练习。

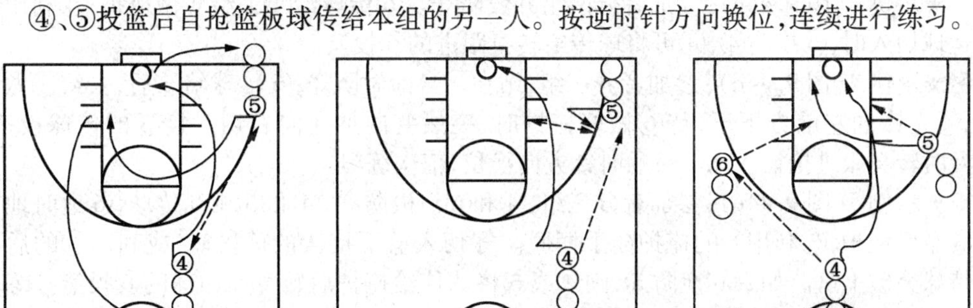

a　　　　b　　　　c

图9.42　传切配合

(5)突分配合。

★示例1(图9.43a):学生分两组。开始时④持球突破,在突破中跳起分球给向两侧移动的⑦,⑦在接球后示意投篮动作,然后传球给⑤,⑤接球后入底线或内侧突破,跳起传球给接应的⑧。位置交换④到⑦排尾,⑦到④排尾。练习一定次数后,改换从左边突破分球练习。

要求:突破要有速度,注意保护好球。接应分球的队员移动要及时。

★示例2(图9.43b):(教师)持球运球,④、⑤为防守(消极防守)。④接传球后向篮下运球突破,当遇到⑤补防时,将球分给移向空位的⑤,⑤接球投篮。④、⑤抢篮板球回传给⑥。位置按逆时针方向。若干次后可从左边突破分球。

要求:④接球前要做摆脱动作,突破时保护好球,⑤要及时突然移动至空隙地区接应。

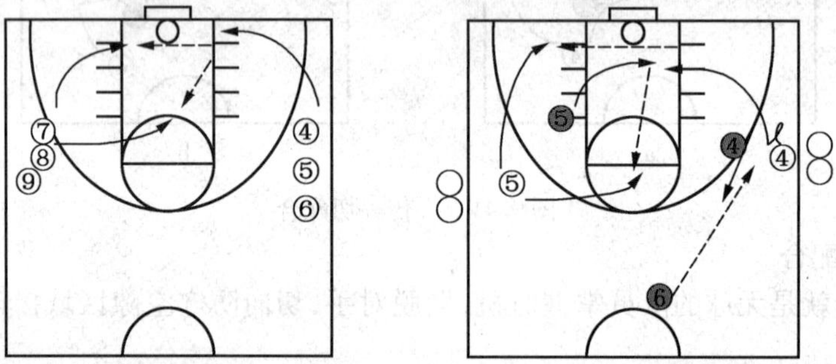

a　　b

图9.43　突分配合

9.3.2　掩护配合的方法

★示例1(图9.44a):学生分两组,教师站在④身前作防守,⑥跑侧后方给④做掩护,④先做向左跨步切入假动作,待⑥做好掩护后,及时向另一侧切入,⑥适时地后转身跟进。然后两人互换位置,轮流进行练习。

★示例2(图9.44b):连续进行给持球者做掩护练习。两人一组一球,相距6米。④传球给⑤后去给⑤做掩护,⑤接球后先向右跨步做切入假动作,当④掩护到位时应及时向另一侧斜前方运球切入,然后传球队给做掩护后转身跟进的④,⑤去给④做掩护。如此交替进行练习至对面篮下投篮后,再返回。一组接着一组进行练习。

★示例3(图9.44c):参加者分两组并设防守。⑥传球给④去给④做掩护,④利用掩护运球切入时,⑥换防④,④可将球传给转身跟进的⑥投篮。

★示例4(图9.44d):参加者分三组,站在④身前做防守,⑥传球给⑤后,去给④做掩护,④先锋同左前方下压,待⑥做好掩护时,突然变向加速向右切入接⑤的传球投篮。⑥及时转身跟进抢篮板球。按顺时针方向换位,依次练习。

★示例5(图9.44e):参加者分三组,④和⑥消极防守,④和⑤相互传球,⑥适时地去给⑤做后掩护,⑤利用⑥的掩护徒手摆脱防守切入篮下接④的球投篮,或利用⑥的后掩护持球突破上篮。如果⑥换防⑤,则④或⑤将球传给掩护后转身面向球的⑥投篮。练习数次交换位置和攻守任务。

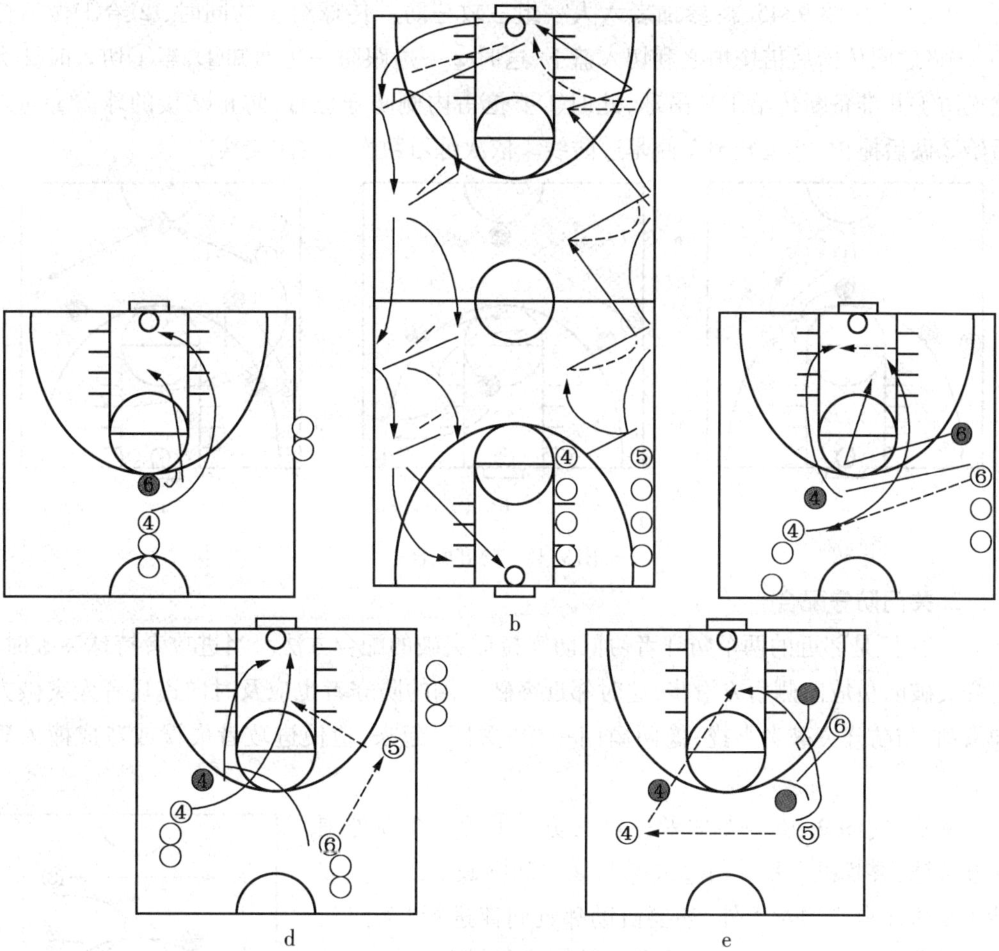

图9.44　掩护配合的方法

9.3.3　防守配合的方法

1. 挤过、穿过、交换等防守配合

★示例1(图9.45a):三对三徒手练习。根据教师要求练习挤过、穿过和交换防守配合。①去给②做掩护,当①接近②时,同时②准备移动,②要及时向前跨一步靠近②,并在②与①之间侧身挤过继续防守②。②去给③做掩护,③按②同样动作挤过。依次进行循环练习,然后攻、守互换。

要求:防守过程中要扩大视野,当对方进行掩护时,要相互提醒,挤过要及时,快速。

★示例2(图9.45b):(教师)在弧顶外持球,①、②、③在底下线轮流做定位掩护,①、②、③防守者练习挤、穿、换防守。当传球给③时,①立即启动借②定位掩护摆脱防守切入,④用挤过、穿过或交换防守练习。②做完掩护后拉出,①切入后到限制区左侧做定位掩护,③将球传给后利用①掩护切入,③挤过或与①穿过,或交换防守练习。如此反复进行练习,到一定次数后攻守交换。

★示例3(图9.45c):参加者六人一组三攻三防。传球给①的同时,②给①做后掩护,①将球回传给后借掩护之利切入篮下,这时②一边跟防一边通知①,当①切入时②突然换防①并准备断传给①高吊球,此时①要抢占内侧防守位置,防止②接的球。①切入后给③做后掩护,②拉开到左侧是边防线。依次练习数次后攻防交换。

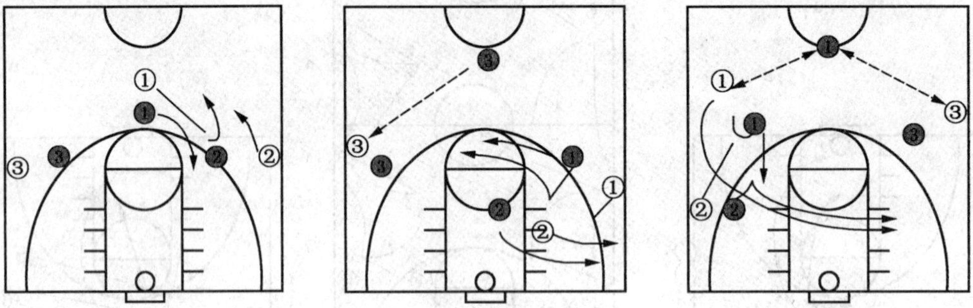

a　　　b　　　c

图9.45　防守配合

2. 关门防守配合

"关门"是邻近的两个防守者协同防守持球突破的配合方法。当进攻者持球突破时,防守突破队员应向侧后方滑步,这时邻近突破一侧的防守者也应及时向进攻者人突破方向滑动,与防守突破者靠拢,像两扇门一样"关闭"起来,迫使进攻者失误或造成撞人犯规。

★示例(图9.46):参加者三攻三防。①、②、③在外围相互传球,寻找机会从①与②或②与③之间突破。①、②、③除了要防住自己的对手外,还要协助邻近同伴进行"关门",不让对方突破到篮下。当进攻者突破不成把球传出时,"关门"的队员还应快速分开去防自己的对手。

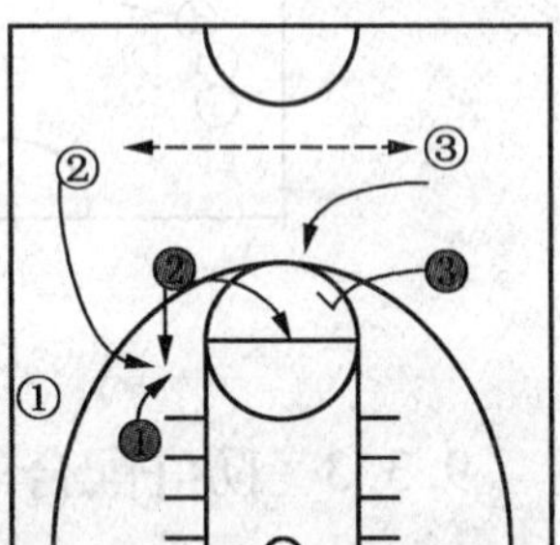

图9.46　关门防守配合

要求:防守者要根据对手有球或无球及时选择有利的防守位置。开始练习可规定进攻者用原地传接球,以帮助防守者练习。当基本掌握"关门"要点之后,可适当增加进攻灵活性,提高"关门"的质量。

3. 穿过配合

当进攻队员进行掩护时,防守掩护者要及时提醒同伴,当两个掩护配合的进攻者交错时,防守掩护者的队员要主动后撤一步,让同伴能及时从中间穿过去,以便继续防守自己的对手,这种配合一般在对方无投篮威胁时采用(图9.47)。⑤传球给⑥,④上来给⑤做掩护,⑤发现不便于挤过防守时,应后撤一步并用滑步从④和❹中间穿过继续防守❺,与此同时④要主动后撤半步,以便⑤能顺利地穿过。

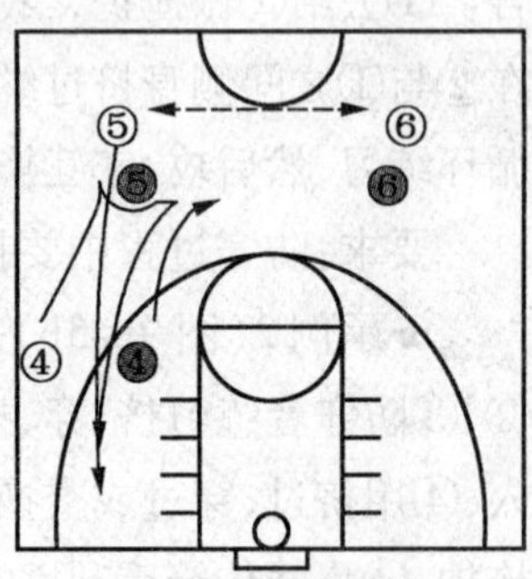

图9.47　穿过配合

4. 挤过配合

对方采用掩护进攻时，防守者为了破坏对方的掩护配合，当掩护者临近的一刹那，被掩护者的防守者主动靠近自己的对手，并从两个进攻者之间侧身挤过去，继续防住自己的对手。

当掩护者临近自己时，为了避免掩护成功，防守者应当时及时侧身，运用碎步挤过继续防住自己对手；④运球去给⑤做掩护，当④临近⑤时，防守的❺快速贴近⑤并从⑤与④之间侧身挤过，继续防守自己所防守的⑤(图9.48)。

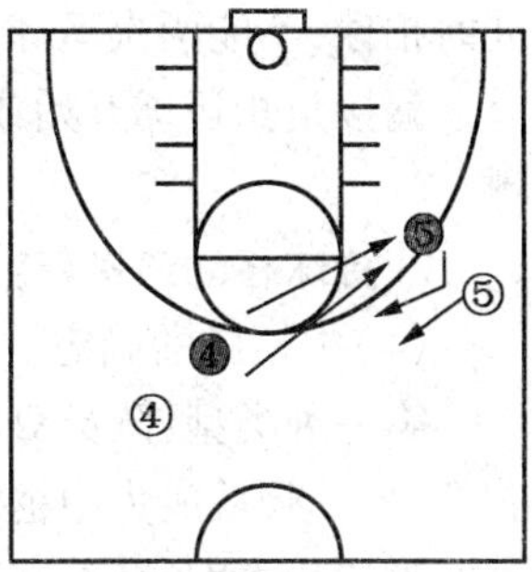

图9.48　挤过配合

6. 突分配合

进攻者持球突破或运球突破对手后，遇到对方补防或“关门”时，及时将球传给空隙地带的同伴。这种在突破中区别情况及时传球给无人防守同伴的配合叫突分配合。

突分配合的要点主要是同伴之间要有良好的配合默契，突破者在突破过程中要注意观察攻守队员的位置变化，即要做好投篮准备，又能在遇到对方补防时巧妙地分球给同伴投篮。

★示例1(图9.49a)：⑤接④传球后沿底线运球突破，当遇到⑥补防时，⑥ 及时向两侧空档移动接应⑤，⑤可传球给⑥投篮，或传给乘机移动摆脱防守的④进攻。

★示例2(图9.49b)：④持球突破，遇到④和⑤“关门”防守时，⑤及时向两侧移动接④的传球进攻。

★示例3(图9.49c)：⑦向罚球区突破，当⑥或④补防时，⑥或④乘机向空隙地区移动接应，⑦可将球传给⑥或④。

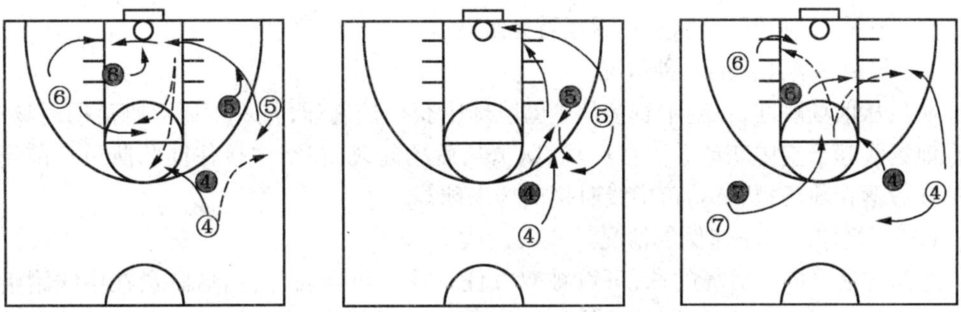

a　　b　　c

图9.49　突分配合

9.4　篮球竞赛基本规则

9.4.1　违例及其罚则

1. 运球违例(两次运球或非法运球)

运球是指持球队员在原地或移动中，用单手连续按拍借助地面反弹起来的球的技术。球在一手或双手之中停留的一刹那运球即停止。不能翻腕运球(携带球)，不能双手同时拍球,不能两次运球。

漏接是指运球开始或结束时,队员偶然地失去球,接着又恢复控制球。漏接不是运球。

2. 持球移动违例(走步)

(1)中枢脚的确定。

第一种类型:队员双脚着地接到球(原地接球),可用任一脚作中枢脚,一脚抬起的一刹那,另一脚就成为中枢脚。

第二种类型:队员在移动或运球中接到球。第一种情况:队员接到球时一脚正触及地面,另一脚一触及地面,原先那只脚就成为中枢脚;如队员跳起原先触及地面的那只脚并双脚同时落地,则哪只脚都不能成为中枢脚。第二种情况:队员接到球时双脚离开地面:①双脚同时落地,任一脚都可作为中枢脚;②两脚分先后落地,先触及地面的脚是中枢脚;③一脚落地又跳起这只脚并双脚同时落地,哪只脚都不能成为中枢脚。

(2)判定持球移动。

确定中枢脚后,队员在传球或投篮中,可抬起中枢脚,但在球离手前不准落回地面;队员开始运球时,在球离手前不准提起中枢脚。哪只脚都不能作为中枢脚时,如队员传球或投篮,可抬起一脚或双脚,但在球离手前不准落回地面;如运球,在球离手前哪只脚都不可以抬起。

3. 球回后场违例

(1)必备条件。

①控制球队才能出现球回后场。

②必须是控制球队使球从前场进入后场。

③必须是控制球队的队员在后场首先触球。

(2)球回后场违例的几种情况。

队员从前场跳起,在空中直接从中圈跳球中获得控制球,并一脚或双脚落回后场;队员在前场跳起于空中获球后落在后场;队员从后场起跳,在空中接住同队队员从前场传来的球后落在前场;队员骑跨中线时接前场来球等。

(3)不算球回后场违例的情况。

被防守队员断回后场的球,可以被双方任一球队重新获得;运球队员在中线附近由后场向前场做后转身运球,即使身体接触了前场地面但球运到后场地面上,继续向前运球;在前场投篮出手后球弹回后场。

4. 球出界

当球触及界外队员或任何其他人员、界线上或界线外的地面或任何物体、篮板的支柱或背面时即为球出界。

5. 时间类的违例

(1)3 秒违例。

在竞赛计时钟已经启动、某队在场上控制活球时,该队队员在对方限制区内不得停留超过连续 3 秒钟。队员在限制区内停留接近 3 秒时,可允许他向篮下运球投篮。连续投抢不受 3 秒规则限制。队员准备离开限制区时或当处于限制区内的队员正在做投篮动作且球正在离手或已离手时不算3秒违例。

(2)5秒违例。

罚球队员在裁判员递交球后5秒没有投篮出手;掷界外球的队员在裁判员递交球后或已将球放在他可处理球的地点后5秒没有将球掷入场内;持球队员被严密防守,在5秒内没有传、投、滚或运球时。

(3)8秒违例。

进攻队员在后场控制活球时,该队没有在8秒内使球进入前场。

(4)24秒违例。

当一名队员在场上控制一个活球时,该队必须在24秒内完成投篮。必须满足下列条件才构成一次投篮。

①24秒装置鸣响之前球必须离手。

②球离手后在24秒钟装置鸣响前必须触及篮圈。

当在24秒接近结束时投篮,球已离手在空中飞行时24秒钟装置鸣响,如球进入球篮,此球为投中。如果球触及篮圈但未进入球篮,球仍是活球,没有违例发生并且竞赛不中断,应继续进行。

下列情况24秒从中断处连续计算:球出界仍由原控制球队掷界外球;裁判员中止竞赛以保护受伤队员。

6. 干扰球违例

①在投篮的时候,当球在飞行中下落并完全在篮圈水平面上时,进攻或防守队员均不能触球。

②当球在球篮中时,防守队员不得触球或球篮。

③当球触及篮圈时,攻守队员都不得触及球篮或篮板,但可以触球。

进攻队员违例,投中无效;防守队员违例,球即使没中也要判攻方得分。

7. 脚踢球与拳击球

故意踢球、用拳击球或用腿的任何部分拦阻球为违例,脚或腿偶然碰球不算违例。

第10章 排 球

【学习目标】

1. 学习排球竞赛的基本方法。

2. 掌握排球竞赛的基本技术和战术。

3. 了解排球竞赛的基本规则。

【内容提要】

本章主要内容为:排球运动概述;排球基本技术及基本战术;排球竞赛基本规则。

10.1 排球运动概述

10.1.1 排球运动的起源及简史

詹姆斯－耐史密斯和威廉－摩根是一对好朋友,1892年,在美国马萨诸塞州,耐史密斯博士挂起了两个篮筐从而发明了篮球,而摩根在观察了他的朋友的新发明之后想,对于那些已过中年的商人来讲,篮球运动也许过于激烈了一些。因此,4年之后,摩根发明了自己的运动项目。1895年排球运动始于美国,1947年在巴黎召开了有17个国家排协代表参加的大会,正式成立国际排球联合会(FIVB)。从排球运动的初创到1949年第一届世界男子排球锦标赛,期间走过了半个世纪的历程。在这半个世纪中,排球规则逐步形成,基本技术和战术日趋丰富,国际交往越来越多。排球运动的特点是具有广泛的群众性、技术的全面性、高度的竞技性、激烈的对抗性和严密的集体性。排球运动的作用——提高大脑皮层特别是中枢神经系统的反应速度和协调性,发展弹跳素质,提高内脏器官功能,使身体各部分肌肉得到协调发展。又过了一个世纪,排球同篮球一道成为奥运会上速度最快、对抗性最强的竞赛项目之一。

摩根最初给他的发明起的名字是"mintonette",当地的一位教授很快将其定义为一种把球击过球网的游戏,于是,它最初的名字也就发生了改变。

10.1.2 排球运动的竞赛方法

排球运动是由两支人数相等的球队,在被球网隔开的两个均等的场区内,根据规则,以身体任何部位将球从网上击入对方场区,而不使其在本方场区内落地的、集体的、攻防对抗的体育项目。

排球竞赛的形式是多种多样的,其基本方法是一名队员在发球区内用一只手将球直接击过球网开始的。每方最多击球3次使球过网,不得持球。一名队员不能连续击球两次。竞赛不间断地进行,直至球落地、出界、某队犯规。

发球队胜一球后,该队同一名队员继续发球。接发球队胜一球后得一分,按预先登记的发球顺序,换由下一名队员发球。

竞赛有五局三胜制、三局两胜制和一局胜负制。每局的胜负为限分制,即首先达到规定分数的队为胜队。

10.1.3 排球竞赛的场地设施及用球

1. 排球场地

排球竞赛场地长18米,宽9米(图10.1)。球场四周至少在3米内不得有障碍物。把18米场地平均分为两个区,中间画一条线称中线,离中线3米的两个区各有一条平行线称进攻线。

球网长9.50米,宽1米。在球网9米处有两条标志带和两根标志杆,杆长1.8米。正式竞赛网高成年男子为2.43米,女子为2.24米,少年男子为2.24~2.35米,少年女子为2.00~2.15米,基层竞赛网高可以自定。

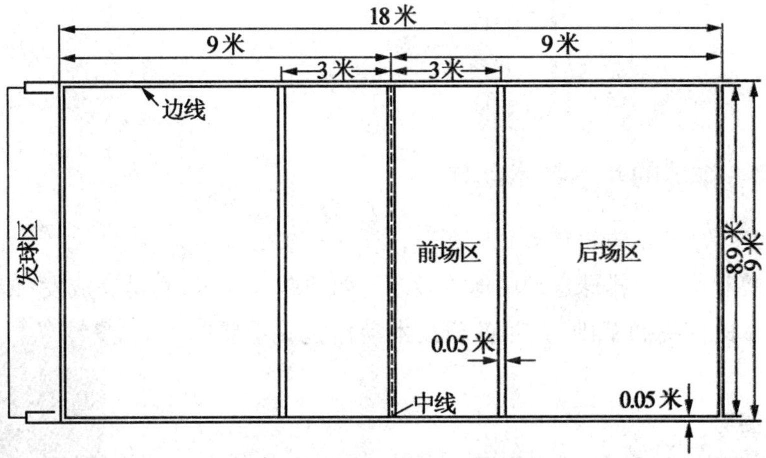

图10.1 排球竞赛场地示意图

2. 竞赛用球

正式排球竞赛用排球的圆周为65~67厘米、重量为260~280克、气压为(3.92~4.41)$\times 10^2$帕、颜色为黄、白、蓝三色相间或同一的颜色。

10.2 排球基本技术

10.2.1 排球技术的分类

排球技术的分类见表10.1。

表10.1 排球技术的分类

- 排球技术
  - 无球技术
    - 准备姿势
      - 技术准备姿势
      - 竞赛准备姿势
    - 启动与移动
      - 启动
      - 移动
      - 制动
  - 有球技术
    - 传球
      - 正面传球
      - 背传
      - 侧传
      - 跳传
    - 垫球
      - 正面双手垫球 体侧双手垫球 背向双手垫球 跨步垫球
      - 低姿垫球 单手垫球 侧倒垫球 滚翻垫球 前仆垫球
      - 鱼跃垫球 单臂滑行鱼跃垫球 挡球 其他部位垫球
    - 发球
      - 正面上手发球 正面上手发飘球 侧面下手发球 勾手发飘球
      - 跳发球 勾手大力发球 正面下手发球 发侧旋球
    - 扣球
      - 正面扣球 单脚起跳扣球
      - 小轮臂扣球 勾手扣球
    - 拦网
      - 单人拦网
      - 双人拦网
      - 三人拦网

10.2.2 排球的基本技术动作

10.2.2.1 准备姿势和移动

准备姿势和移动是排球运动中运用最多的两项基本技术，它是完成发、传、扣、垫、拦各项击球技术的前提和基础，并对各项技术动作起着重要的串联作用。

1. 准备姿势

准备姿势（图10.2）的目的是迅速启动，快速接近来球，与球保持合理位置，以便完成各种击球动作。准备姿势按身体重心的高低可分为稍蹲、半蹲和低蹲三种。半蹲运用较多。

图10.2 准备姿势

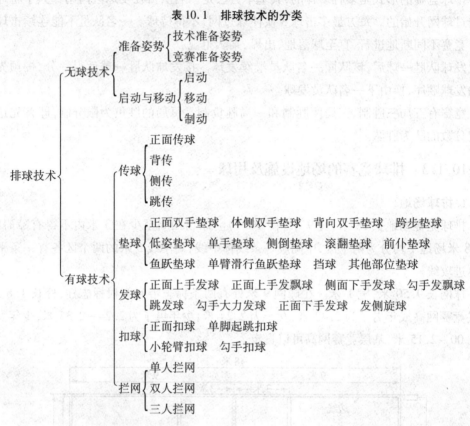

准备姿势动作要领：两脚左右开立略比肩宽，一脚稍前，两

脚尖适当内收,脚跟稍提起,膝关节保持一定的弯曲程度,上体前倾,两肩的垂直面过膝,两臂自然弯曲,双手置于腹前。

2. 移动

移动的目的是及时接近球,保持好人与球的位置关系以便击球,同时也是为了迅速占据场上的合理位置。可以说,排球运动中的移动是排球竞赛的灵魂和关键。

根据来球的方向、速度、性能和落点不同,应采用不同的移动方法,采用较多的移动方法有:并步法、滑步法、交叉步法等。

(1)并步法。

当来球距身体约一步左右时适合采用这种方法。移动时,前脚先向前或向两侧迈出一步(步幅大小根据情况而定),同时后脚向前用力蹬地;或向两侧用力蹬地,当前脚落地后,后脚迅速并上成接球前的准备姿势。

(2)滑步法。

当球距身体较远时,可用滑步法移动。移动时,两膝弯曲,两前脚掌用力蹬地,重心向侧移动,移动方向一侧的脚先向侧方迈出一步,另一脚迅速滑动跟上成准备姿势。如果距离较远,可用连续滑步。

(3)交叉步法。

当来球在体侧或体前侧距离较远时,可采用交叉步。若向右移动,身体稍向右转,左脚从右脚前面向右交叉迈出一大步,然后右脚再向右边跨出一步,落在左脚的侧面,同时身体转动对准来球方向,保持传球前的准备姿势。向左移动,动作方向相反。

10.2.2.2 垫球

垫球主要用于接发球、接扣球、接拦回球,有时也用来组织进攻。接发球和接扣球是组织进攻的基础,是竞赛中争取少失分,多得分,变被动为主动的重要技术。

垫球技术可分为正面双手垫球、跨步垫球、体侧垫球、低姿垫球、背垫球、单手垫球、侧卧垫球、滚翻垫球、鱼跃垫球等多种方法。

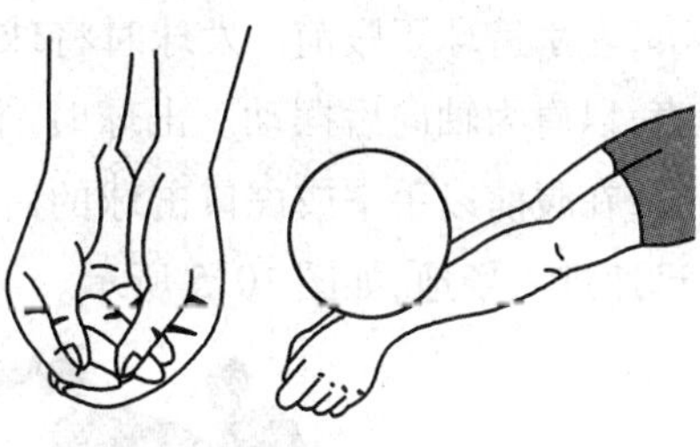

图 10.3 垫球手型及击球点示意图

垫球动作要领:以双手垫球为例。移动对准来球,成半蹲姿势站立。当球接近腹前时,两手掌根紧靠,两手手指重叠,双掌互握,两拇指平行,手腕下压,两臂外翻成一平面(图 10.3)。当球飞至腹前一臂距离时,两臂夹紧伸直插到球下,配合向前上方蹬地、跟腰抬臂动作,随之身体重心向前上方移动,迎击来球。击球点保持在腹前。以前臂腕关节以上 10 厘米左右处击球后下部,将球垫出,如图 10.4 所示。

图 10.4　垫球示意图

易犯错误：

(1)垫球时手臂动作和下肢动作脱节,全身用力不协调。

纠正方法：

①距墙 4 ~5 米处对墙自垫。

②两手并拢用手绢绑住,臂与胸之间夹一个球,然后垫击固定球、垫抛球或垫扣球。

(2)垫球不抬臂,身体向上拱。

纠正方法：

①原地向上自垫球。

②垫扣球后立即向前跟进保护接吊球。

10.2.2.3　发球

发球是竞赛的开始,也是进攻的开始,高质量的发球可以破坏对方的战术组成,也可以直接得分,起到先发制人的作用。发球的方法可分为:正面下手发球、侧面下手发球、正面上手发球、上手飘球、勾手大力发球、勾手飘球和高吊球等。

1. 正面下手发球

动作要领:面对球网两脚前后开立,左脚在前,两膝微屈,上体稍前倾,重心偏于右脚,左手持球于腹前。发球时将球抛起在体前右侧,离手约 20 厘米高。抛球前,右臂伸直,以肩为轴向后摆动。击球时,右脚蹬地,身体重心随着右手向前摆动击球移至前脚上,在腹前以手掌或虎口击球的后下方。手触球时,手指手腕紧张,手成勺形。击球后,迅速进入场地,如图 10.5 所示。

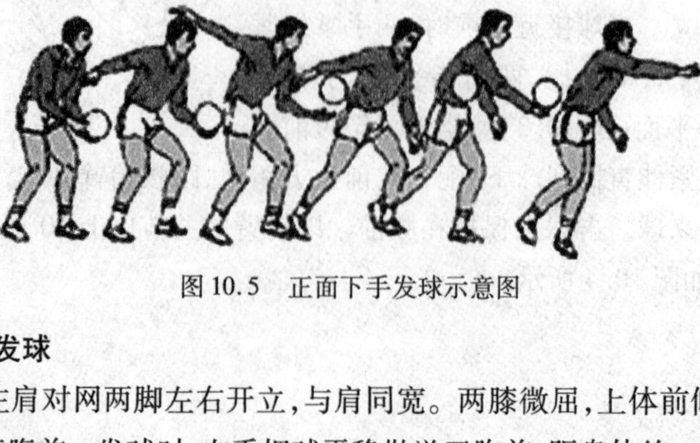

图 10.5　正面下手发球示意图

2. 侧面下手发球

动作要领:左肩对网两脚左右开立,与肩同宽。两膝微屈,上体前倾,重心落在两脚之间,左手持球于腹前。发球时,左手把球平稳抛送于胸前,距身体约一臂远。离手约 30

厘米高。抛球同时，右臂摆至右侧后下方，接着利用右脚蹬地向左转体力量，带动右臂向前上方摆动，在腹前用全掌或虎口击球的右下方。

3. **正面上手发球**

动作要领：面对球网两脚自然开立，左脚在前，左手托球于身前，用抬臂和手掌平托上送，将球平稳地垂直抛于右肩的前上方，高度适中。在抛球的同时，右臂抬起，屈肘后引，肘与肩平，抬头、挺胸、收腹，上体稍向右侧转动，身体重心移至右脚上。击球时，利用蹬地上体向左转动，同时收腹带动手臂挥动，在右肩上方伸直手臂的最高点，用全掌或掌跟击球中下部。击球时，手腕主动做推压动作，使击出的球呈上旋或不旋转飞行，如图 10.6 所示。

图 10.6　正面上手发球示意图

易犯错误：

①球抛得不稳定、不垂直，影响击球的准确性。

②击球点不正确，使击出的球易下网或出界。

③击球手臂过于弯曲，影响击球速度和击球力量。

④击球后身体重心不前移。

纠正方法：

①反复进行发球的徒手练习，建立正确的动作概念。

②多练习抛球，直至将球抛得又稳又垂直。

③多进行近距离发球，体会动作要点，固定击球点。

④互相观察发球动作，利于改进动作。

10.2.2.4　传球

传球是组织战术的基础，主要用于衔接防守和进攻。传球的方法有正传、背传、侧传和跳传四种。

动作要领：以正面双手传球为例。迅速移动对正来球，采用稍蹲姿势，双手自然抬起置于脸前。当球接近额前时，开始蹬地、伸膝、伸臂，两手微张从脸前向前上方迎球，在额前上方约一球处击球。主要靠伸臂并配合蹬地的力量，手指手腕的弹力将球传出(图 10.7a)。当手触球，两手自然张开成半球状，手腕后仰，以承担球的压力。两拇指相对，接近"一"字形，两手之间有一定距离。用拇指内侧、食指全部、中指的二、三指节触球，无名指和小指辅助控制球的方向(图 10.7b)，两肘适当分开(图 10.7c)。

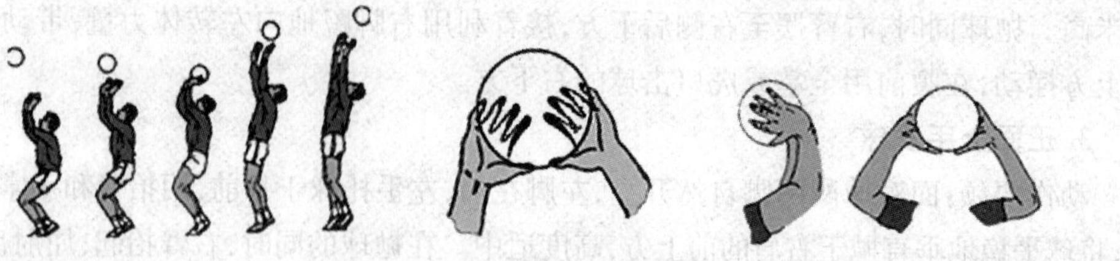

a　　b　　c

图 10.7　上手传球示意图

易犯错误：

①传球手形不好，影响传球效果。

②击球点过高或过低。击球点过高是因为传球时两臂近似伸直；击球点过低主要是肘关节过于外展所致。

③上下肢传球时用力不协调。

纠正方法：

①反复做徒手练习，建立正确动作概念，体会正确动作。

②反复做原地抛接球练习，逐渐体会正确手型和正确击球点，练习熟练以后，将球抛离身体，通过快速移动，人至球下将球接住。

③多做简单抛传动作，体会传球正确动作和全身协调用力。

④传球时固定击球点后，肘关节应自然下垂。

⑤多观察别人的动作，改进自己的动作。

10.2.2.5　扣球

扣球是完成接发球进攻和防守反击的最后一击，是最有效、最积极的进攻方法，是得分、得发球权的主要手段。强有力的、富有战术意识的扣球，往往使对方难以防守和组织反击，迫使对方处于被动挨打的境地。优秀运动员的扣球水平体现在高度高、力量大、速度快、变化多、技巧性强、效果好等几个方面。

扣球技术分为正面扣球、调整扣球、勾手扣球、扣快球、自我掩护扣球和单脚跳起扣球等。

动作要领：以正面扣球、两步助跑扣球为例。扣球助跑前采用稍蹲姿势，两臂自然下垂。助跑时，左脚先向前迈出一步，接着右脚再迅速跨出一大步，左脚及时并上，踏在右脚之前，两脚尖稍向右转。在助跑跨出最后一步的同时，两臂绕体侧向后引，左脚再并上。踏地制动过程中，两臂自后积极向上摆动，随着双脚蹬地向上起跳。起跳后，挺胸展腹，上体稍向右转，右臂屈肘向后上方抬起，身体成反弓形。挥臂时，以转体、收腹动作发力，依次带动肩、肘、腕各关节成鞭甩动作向前上方挥动。击球时，五指微张呈勺形，以全手掌包满球，在最高点击球的后中部，同时主动用力屈腕屈指向前推压，使扣出的球加速上旋（图 10.8）。当扣球动作完成后，以前脚掌先着地再过渡到全脚掌着地。同时顺势屈膝、收腹，以缓冲下落力量（图 10.9）。

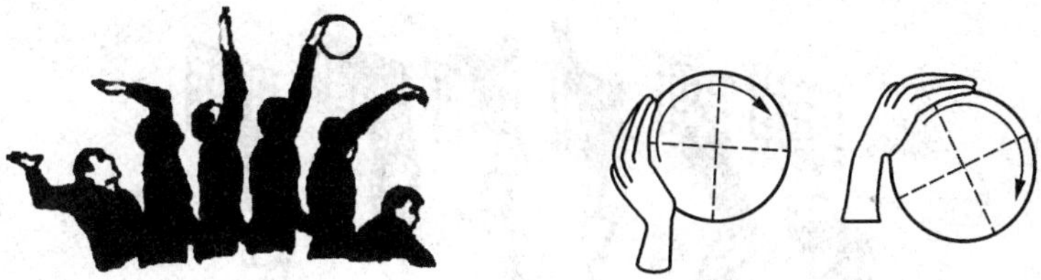

图10.8 扣球手型示意图

图10.9 扣球示意图

易犯错误：

①扣球手臂没有弧线挥摆运动，而是直接压向球。

纠正方法：

利用固定吊球重复进行手臂挥摆的示范。示范速度要慢，要使学生弄清手臂挥摆的轨迹。

②起跳不充分，步伐混乱。

纠正方法：反复练习起跳挥臂击打固定物的动作。

③手不能完全包住球体。

纠正方法：原地扣固定球，体会全手掌包球的感觉。

10.2.2.6 拦网技术

拦网是在网前跳起用双手阻拦对方的扣球，它既是防守技术，也是进攻手段。拦网是防守的第一道防线，是反攻的重要环节。拦网可以将对方有力的扣球拦起，减轻后排防守的压力。拦网水平的高低，直接影响着竞赛的胜负。在当前排球技术迅速发展的情况下，拦网技术水平的提高使网上争夺更加激烈。拦网既可以原地起跳，也可发移动助跑起跳；既可以单人拦网，也可以双人拦网或多人拦网（图10.10）。

图 10.10　拦网示意图

单人拦网动作技术方法：

准备姿势：面对球网，两脚平行开立约与肩宽，两手自然置于胸前。

移动：可采用并步、跨步、滑步、交叉步、跑步等，将身体重心移动到拦网位置，准备起跳。

起跳：移动后立即制动，使身体正对球网后起跳，或在起跳过程中在空中使身体转向球网。起跳时，膝关节弯曲，两脚用力蹬地，两臂在体侧划小弧用力上摆，带动身体向上垂直起跳。

空中击球：起跳后稍收腹，控制平衡。两手从额前贴近并平行网向网上沿前上方伸出，两臂伸直，两肩尽量上提。拦击时，两手尽量伸向对方上空，接近球，两手自然张开，屈指屈腕呈勺形。当手触球时，两手要突然拦捂，用力捂盖排球前上方。

落地：拦网后自然落回地面，落地时屈膝缓冲。

易犯错误及纠正方法：

(1)拦网起跳过早。

纠正方法：

①分析各种扣球的起跳时机，在练习中反复体会拦网的正确起跳时间。

②运用信号刺激，提高起跳时判断的准确性。

(2)拦网时双手扑球，造成触网犯规。

纠正方法：

①徒手模仿拦网练习。

②拦固定球。

③反复练习提肩压腕的拦球动作。

④在矮网原地拦扣球，体会手臂动作。

(3)拦网起跳时，脚过中线或身体触网。

纠正方法：

①看信号做原地或快速移动起跳拦网练习，学会最后一步制动和垂直起跳。

②起跳后在空中做含胸收腹动作。

(4)拦网时手离网较远，球从手与网之间漏下。

纠正方法：

①徒手练习近网起跳，双手尽量伸到对方上空。

②结合扣球，练习网前起跳、手臂伸过网的动作。

(5)对扣球路线判断错误。

纠正方法：

①看清扣球人的助跑路线，选择正确的起跳点。

②看准扣球人的挥臂动作，随时准备变换拦击路线。

10.3 排球基本战术

排球运动是集体竞赛项目，因而不仅要求每个队员有比较熟练的基本技术和灵活的个人战术，而且全队必须运用一定的集体战术，依靠密切的战术配合，才能在竞赛中取胜。战术的运用，要从本队实际情况出发，即根据每个队员的身体条件、技术水平、战术意识及本队的配合熟练程度等，制定出最实用的集体战术配合。

10.3.1 进攻形式和进攻打法

当前排球运动已进入了一个新的发展时期，随着队员技术水平的提高，排球进攻战术日趋丰富多彩。进攻战术可分为进攻形式和进攻打法两个方面。

10.3.1.1 进攻形式

进攻形式，即进攻时所采用的组织形式。进攻形式可分为两类：一类是由前排队员作二传组织进攻的“中一二”进攻形式和“边一二”进攻形式；另一类是难度较大的由后排队员作二传组织进攻的“插上”进攻形式。

1.“中一二”进攻形式

由前排中间的3号位队员担任二传，其他5名队员将来球垫传给二传队员，再由二传队员将球传给4号位或2号位队员扣球的进攻形式，称为“中一二”进攻形式(图10.11)。

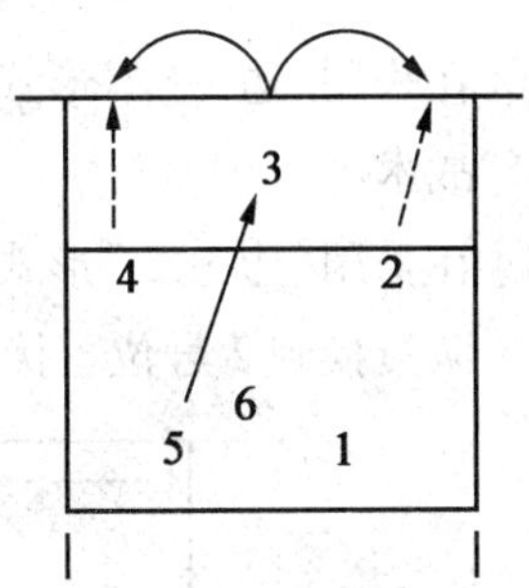

图10.11 “中一二”进攻示意图

这种形式是排球进攻最基本、最简单的形式。其优点是一传的目标明确，二传队员易于接应，加之战术配合简单，便于组织进攻。其缺点是战术配合方法较少，进攻点不多，突然性不大，战术意图易被对方识破。这种形式适合于技术水平较低的队采用。但有时技术水平较高的队在来不及组织复杂战术进攻的情况下，也采用这种进攻形式。

2.“边一二”进攻形式

由前排的2号位队员担任二传，将球传给3号位或4号位队员扣球的进攻形式，称为“边一二”进攻形式(图10.12)。

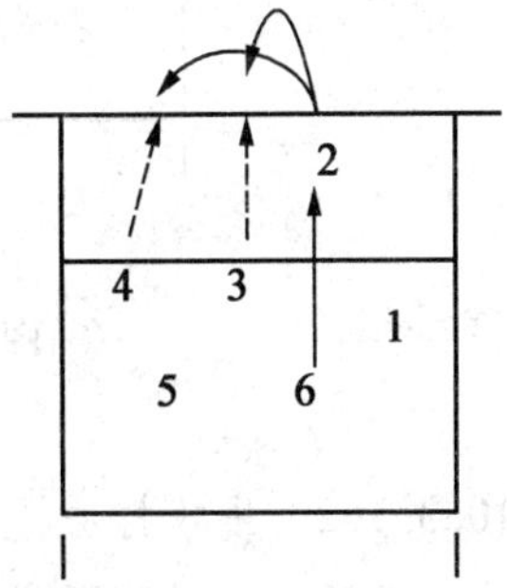

图10.12 “边一二”进攻示意图

这种形式也比较简单,容易掌握。但由于对一传、二传的要求都较高,组织“边一二”进攻形式要比组织“中一二”进攻形式的难度大,其战术配合也较为复杂。“边一二”进攻形式,由于两名进攻队员的位置相邻,便于进行互相掩护的进攻配合,可以组织较多的快变战术。因此,“边一二”突然性和攻击性要比“中一二”进攻形式大。

采用“中一二”和“边一二”进攻形式时应注意以下几点:

①在采用“中一二”形式时,当二传队员轮转到 4 号位或 2 号位时,应采用换位的方法,把二传队员换到 3 号位,便于组织进攻。

②在采用“中一二”形式时,3 号位二传队员如果向两边都采用正面传球时,可以居中站位。如果二传队员利用正面长传或背后短传时,站位可靠近 2 号位区。接发球时的站位,如图 10.13 所示。

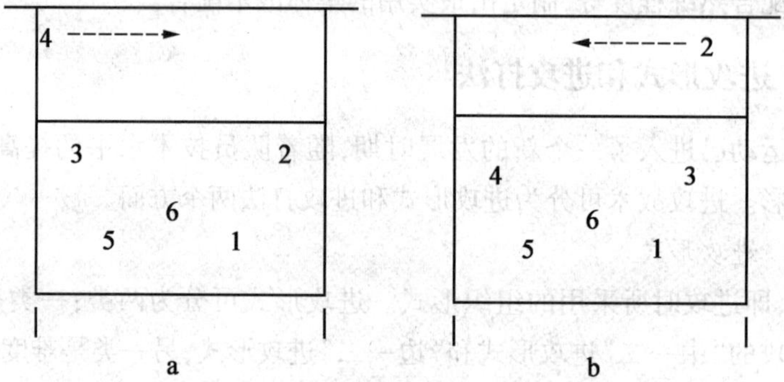

图 10.13 “中一二”进攻二传跑位示意图

③在采用“边一二”形式时,二传队员应在 2、3 号位之间,不要紧靠边线站立,以便运用快球战术。

④在采用“边一二”形式时,当二传队员轮转到 4 号位或 3 号位时,可采用换位方法,把二传队员换到 2 号位。接发球时的站位,如图 10.14 所示。

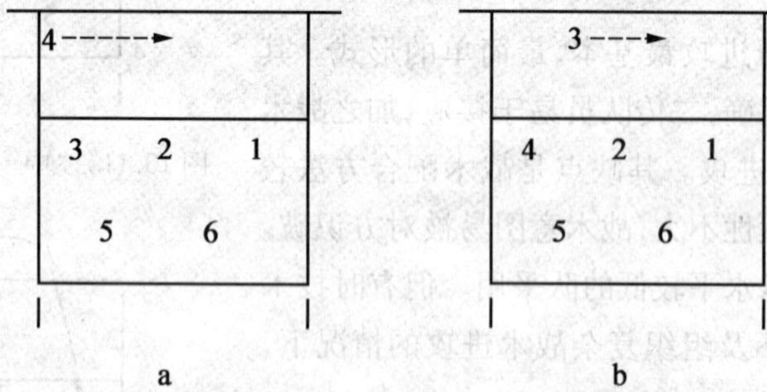

图 10.14 “边一二”进攻二传跑位示意图

10.3.1.2 进攻打法

进攻打法是指排球竞赛中,一传队员、二传队员和扣球队员之间所进行的各种进攻战术配合的方法,其目的是避开对方的拦网、突破对方的防线、争取主动、扩大战果。

1. 强攻

强攻是凭借队员个人的身高和弹跳力，利用扣球的力量和个人扣球战术，强行突破对方的防御。强攻打法可分为以下四种。

（1）集中进攻。

二传队员向4号位或2号位传出弧度较高、落点较集中在3、4或3、2号位之间的球所组织的扣球进攻。这种打法由于弧度小，便于扣球队员助跑和挥臂扣球，一般适合初学者和较低水平的队运用。

（2）拉开进攻。

二传队员将球传到网边标志杆附近所进行的进攻打法称为拉开进攻。这种打法能扣直线和小斜线球（图10.15），既利于避开拦网，也便于打手出界。

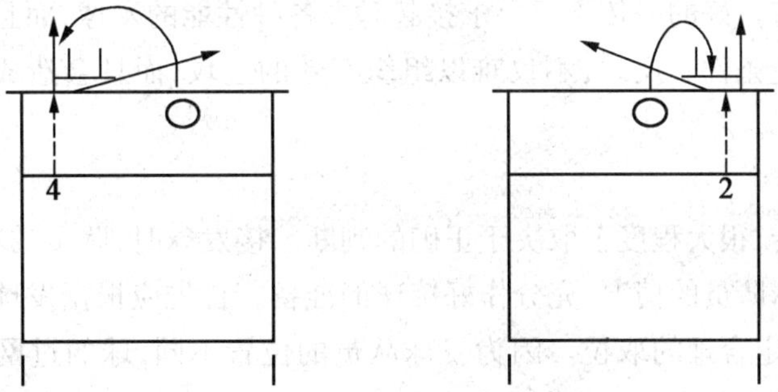

图10.15　拉开进攻示意图

（3）围绕进攻。

进攻队员从二传队员后面绕到前面扣球称为前围绕进攻（图10.16）；进攻队员从二传队员前面绕到后面扣球称为后围绕进攻（图10.17）。围绕跑动换位的目的是为了充分发挥进攻队员扣球特长和避开对方的拦网。

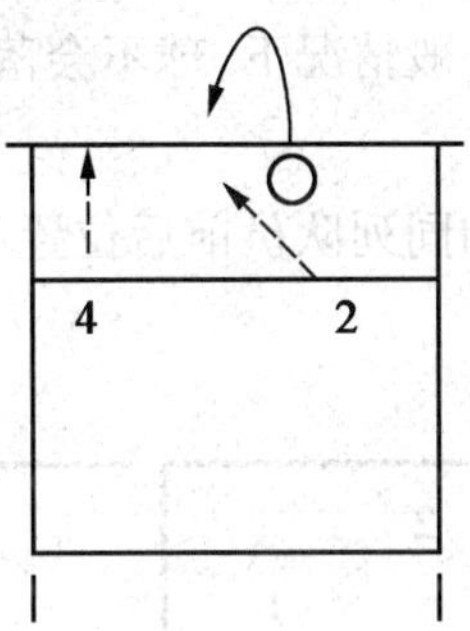

图10.16　前围绕进攻示意图

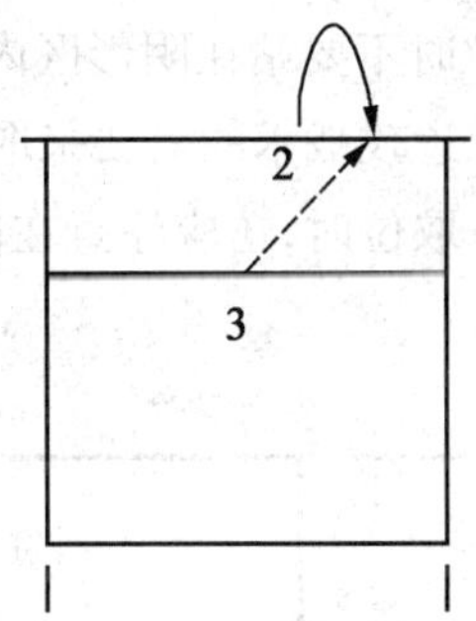

图10.17　后围绕进攻示意图

（4）调整进攻。

当一传不到位，球的落点离网较远时，由二传队员或其他队员将球调整到网前所进行的扣球进攻打法称为调整进攻。这种打法在接扣球攻击中运用较多。

2. 快攻

快攻是指二传将球传至稍高于球网上沿，以提高扣球速度，缩短过网时间的击球手段。它是在一传到位的基础上,通过扣球人的快速跑动,互相配合组成各种进攻战术。

最简单并常用的快攻有:集中的近体快、背快、拉开的短平快扣球等,其特点是突然性大、效果好、牵制性强,有利于争取时间、空间和组织各种变化的进攻战术。

组织快球战术,主要靠二传和扣球队员的密切配合。二传要根据扣球人特点,一传落点和扣球助跑路线,起跳位置和时间,主动配合传球。扣球人应根据一传的落点和二传的位置来确定助跑路线,起跳位置和时间,主动与二传配合。

10.3.2　接发球

10.3.2.1　接发球的基本要求

接发球既是防守,又是进攻的开始,是组织进攻的基础,又是由防守转入进攻,变被动为主动的转折点。好的一传不仅要求接起对方各种性能的发球,而且能为二传队员顺利地组织进攻创造条件。反之,不仅难以组织有效的进攻,而且会造成直接失分。接发球的基本要求如下。

1. 正确判断

高质量的一传,很大程度上取决于正确的判断。接发球时,队员的精力要高度集中,密切注意对方发球队员的情况,充分作好接球的准备。首先应根据发球队员的位置进行第一次判断,以确定合理的取位。因为发球队员的位置不同,球的过网区和球的落点也有所变化。当发球队员击球后,再根据其发球手法、球的飞行路线和性能进行第二次判断,及时移动进行位置上的调整。

2. 合理取位

因为球的飞行弧度不同,过网后与球网的距离不同,球的落点也不同,故要进行合理的取位。如对方发球弧度高,落点分散,接发球的站位就应前后分散均衡(图10.18)。如对方发球速度快、弧度平、落点比较集中,接发球的位置要压后,前后排队员要靠近(图10.19)。取位时不要站在阴影区内(图10.20),因为一般情况下,球不会落在阴影区内。还要根据本队进攻战术的需要采取不同的取位。

在接发球取位时,还应注意在同排队员左右位置和同列队员前后位置不能颠倒而犯规。

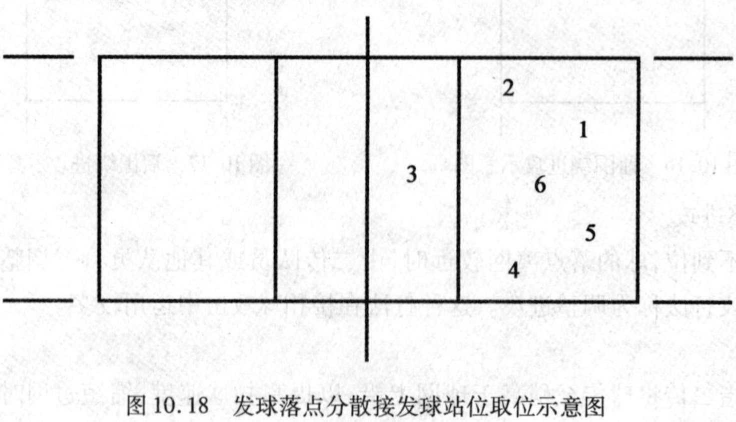

图10.18　发球落点分散接发球站位取位示意图

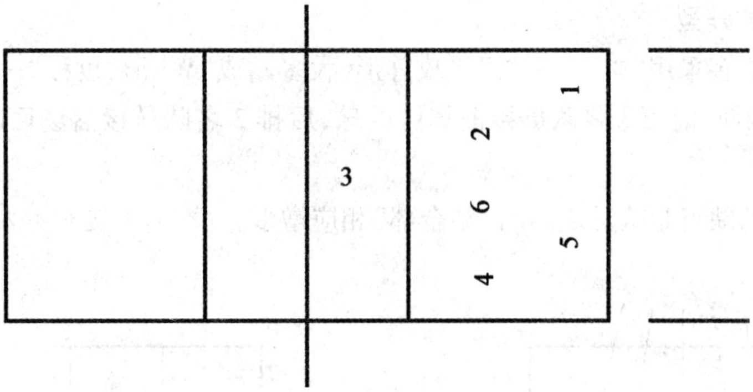

图10.19 发球落点集中接发球站位取位示意图

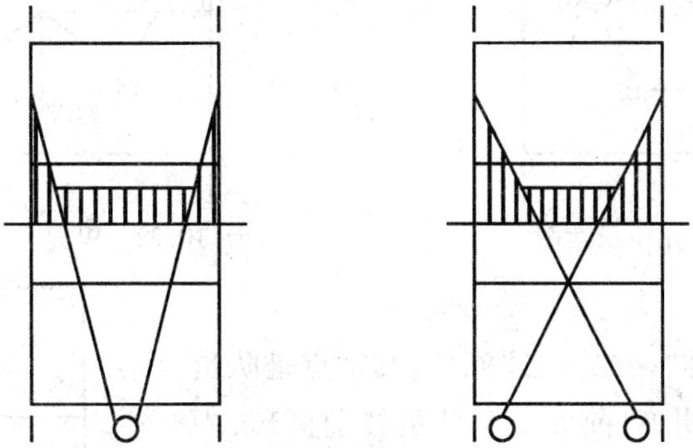

图10.20 接发球取位放弃区域示意图

3. **分工与配合**

接发球时,每一个接发球队员都应该明确接发球防守的范围。划分范围不仅是平面的,还应根据来球的弧度高低进行立体的空间划分。明确了各自接发球的范围,就可避免接发球时互抢、互让和相互干扰的现象发生。

(1)接发球的分工。

发球技术本身的特点,决定了发球的落点较多地集中在中、后场,加之前排队员还担负进攻任务,故后排队员接发球的范围可相对扩大些。另外,还可根据队员接发球的具体情况,发挥队员个人的专长,接发球技术好的分工范围可大些,反之可小些。

(2)接发球的配合。

应互相保护,互相弥补。当一人接发球时,其他队员特别是相邻队员应注意保护,随时准备接应。一旦球蹭手飞出界外、平冲入网时,其他队员都应全力抢救,这样既可减少失误,又可鼓舞士气。

10.3.2.2 接发球阵型

在选择接发球阵型时,不仅要有利于接球,还要考虑本方所采用的进攻战术及对方发球的特点。

5人接发球阵型及变化如下。

1.“W”站位阵型

初学者竞赛多采用“中、边一二”进攻阵形,大多站成“W”形,也称“一三二”型站位。5名队员分布均衡,前面3名队员接前场区的球,后排2名队员接后场区的球,职责分明(图10.21)。

这种站位的缺点是队员之间的“结合部”相应增多,也不利于接对方发到边角上的球(图10.22)。

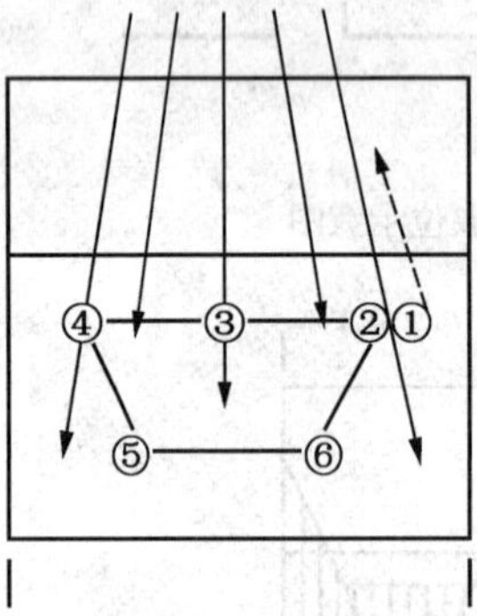

图10.21　W站位示意图

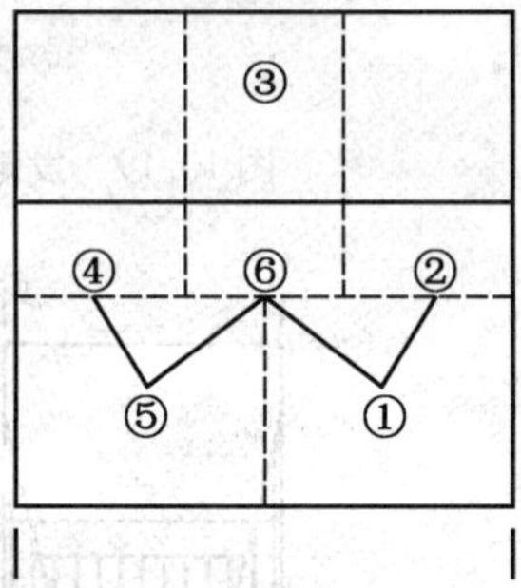

图10.22　W站位缺点示意图

2.“M”站位阵形

“M”形站位,也称“一二一二”站位,其优点是队员分布更加均匀,分工明确,前面2名队员接前区球,中间队员负责中区的球,后面2名队员接后区球。这种站位对接落点分散、弧度高、速度慢的下沉飘球、高吊球及发到边线、角上的球时较为有利。其缺点是不利于接对方发到场地两腰及后区的大力球、平飘球等(图10.23)。

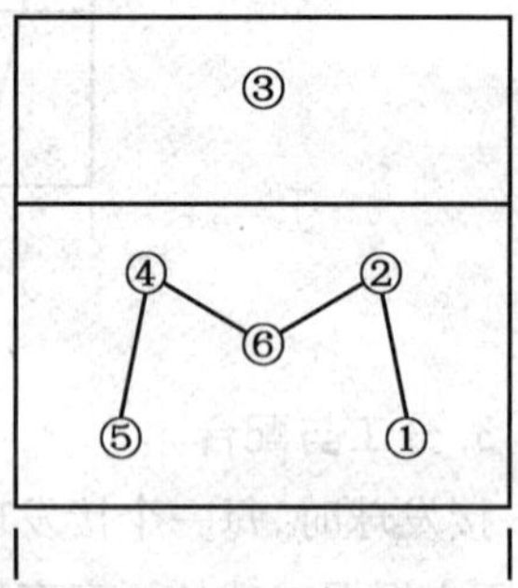

图10.23　M站位示意图

5人接发球阵形的优点是每人接一传的范围相对较小,并在接发球时已经站成了基本的进攻阵型,组成战术比较方便。但队员之间“结合部”增多,队员与队员的配合要求较高。

10.4　排球竞赛基本规则

10.4.1　排球竞赛的场地与设备

1.竞赛场地

排球竞赛场地包括竞赛场区和无障碍区。竞赛场区为长18米、宽9米的长方形,其四周至少有3米宽呈长方形对称的无障碍区,从地面量起至少有7米的无障碍空间。国际竞赛的场区边线外的障碍区至少5米,端线后至少9米,上空的无障碍空间至少12.5米。

(1)竞赛场区。

由中线的中心线分为长9米、宽9米的两个相等的场区。

(2)前场区。

每个场区各画一条距离中线的中心线3米的进攻线(其宽度包括在内)。中线与进攻线之间为前场区。

(3)换人区。

两条进攻线的延长线之间,记录台一侧边线外的范围为换人区。

(4)发球区。

在两边的端线外,两条边线的延长线上,各画两条长15厘米、垂直并距离端线20厘米的短线,两条短线之间为发球区。发球区的深度延至无障碍区的终端。

(5)准备活动区。

在两个无障碍区外的替补席远端,画3米×3米见方的区域为准备活动区。

2.竞赛场地的要求

(1)地面。

排球竞赛场地的地面必须是平坦、水平、划一的,不得有任何可能伤害队员的隐患,不得用任何坚硬的物体作为场地的界线,不得在粗糙、湿滑的场地上进行竞赛。世界性竞赛的场地地面只能是木质或合成物的。

(2)界线。

场地所有的界线宽均为5厘米,其宽度包括在各个场区内。

(3)颜色。

室内竞赛场地的地面必须是浅色的。界线的颜色应是与地面颜色不同的浅色。世界性竞赛场地界线为白色,竞赛场区和无障碍区分别为另外不同的颜色。

(4)温湿度和照明。

室内最低温度不得低于10摄氏度(50华氏度)。照明度为1 000~1 500勒克斯。世界性竞赛的室内温度,最高不得高于25摄氏度(77华氏度),最低不得低于16摄氏度(61华氏度);湿度不得高于60%。

10.4.2 技术性规定

1.发球

发球队员必须在第一裁判员鸣哨8秒钟内,将球抛起或持球手撤离,在球落地前,用一只手或手臂的任何部分将球击出。如球未触及发球队员而落地,则被认为是一次发球试图。在发球试图后,第一裁判员应及时鸣哨允许再次发球,发球队员必须在再次鸣哨后的3秒钟内将球发出。发球队员在击球时或击球起跳时,不得踏及场区(包括端线)或发球区以外的地面。击球后,可以踏及或落在场区内或发球区以外。在每一次发球时都允许有一次发球试图。

2. 队员的场上位置

在发球队员击球时，双方队员必须在本场区内各站两排，每排三名队员。发球队员不受场上位置的限制。队员的位置是根据其脚的着地部位来判定的，每一名前排队员至少有一只脚的一部分，比同列后排队员的双脚距中线更近；每一名右边（左边）队员至少有一只脚的一部分，比同排中间队员的双脚距场地的右（左）边线更近。在发球队员击球的一刹那，场上队员脚的着地部位必须符合其位置要求。在发球后，队员可以在本场区和无障碍区的任何位置上。

3. 网下穿越

在不妨碍对方竞赛的情况下，允许队员在网下穿越进入对方空间。允许队员的一只脚或双脚越过中线触及对方场区的同时，脚的一部分还接触中线或置于中线上空。除脚以外，不允许队员身体的任何其他部分接触对方的场区。在竞赛中断后，队员可以进入对方场地。

4. 触网

新规则规定触网为犯规，但队员在无试图击球的情况下偶尔触网不算犯规。所谓无试图击球，意指已经完成了击球动作和击球试图。如完成扣球动作或掩护扣球动作之后，偶尔触网则不算犯规。

5. 进攻性击球

进攻性击球指除发球和拦网外的其他所有直接向对方的击球。当球的整体通过球网的垂直面或触及对方队员，则完成了进攻性击球。前排队员可以对任何高度的球完成进攻性击球，但触球时必须在本场地空间。后排队员则允许在后场区对任何高度的球完成进攻性击球，但起跳时脚不得踏及或越过进攻线，击球后可以落在前场区。如果后排队员在前场区完成进攻性击球，在触球时，球的一部分必须低于球网上沿。

6. 拦网

拦网是指队员靠近球网，将手伸向高于球网处阻挡对方来球的行动。

触及球的拦网行动则完成了拦网。只有前排队员允许完成拦网，后排队员不得完成拦网。如后排队员将球拦回，则为犯规。如拦球到本方场区，则为本队的第一次击球。前排队员的拦网触球不算作本队的一次击球，因此本队拦网后还可以再击球三次。拦网时，队员可以将手或手臂伸过球网，但不得影响对方击球，过网拦网触球应在对方队员完成进攻性击球之后。在一个拦网动作中，允许球迅速而连续地触及一名或更多的拦网队员。

7. 竞赛中的击球

队员的身体任何部位都允许触球。但球必须被击出，不得接住或抛出，球可以向任何方向反弹，如果队员违反了上述规定，则判为持球。

球必须同时触及身体的不同部位，如果球先后触及队员身体的不同部位，则为连击犯规。但是在拦网动作中，允许同一队员或同一拦网中的不同队员，在一个单一的动作中连续触球。在球队的第一次击球时,允许队员身体的不同部位在同一击球动作中连续触球。第一次击球指接发球、接进攻性击球、接本方拦起的球和接对方拦回的球。而在本队第二次和第三次击球时,则不允许球连续触及身体的不同部位。

规则虽然由以上几个部分组合而成,但它们是一个整体。我们在掌握每部分内容的同时,更要将几个部分的内容有机地结合起来。这样才能更好地了解规则,理解规则,更好地去执行规则。

第11章 乒乓球

【学习目标】

1. 了解乒乓球的起源和发展。
2. 掌握乒乓球的各种基本技术动作。
3. 了解乒乓球运动的竞赛规则。
4. 掌握乒乓球的基本动作和技术要领。

【内容提要】

本章主要内容为:乒乓球运动概述;乒乓球基本技术及基本战术;乒乓球竞赛基本规则。

11.1 乒乓球运动概述

关于乒乓球运动的起源有很多种说法,最为流行的说法是:乒乓球运动起源于19世纪后半叶的英国,它是由网球运动派生而来的,乒乓球又被称为“桌上网球”。1890年英国工程师詹姆斯·吉布从美国带回作为玩具的空心赛璐珞球,由于这种球有较大的弹性,球触及球拍、球台发出“乒乒乓乓”的声音,故称为“乒乓球”。

1926年12月国际乒乓球联合会在英国伦敦成立,决定自1926年起,每年举行一届世界乒乓球锦标赛。1939~1946年因第二次世界大战而中断,1957年以后改为每两年举行一次。乒乓球运动自第一届世锦赛以来,经过80多年的不断发展和演变,特别是1988年乒乓球被列入奥运会正式的竞赛项目后,乒乓球运动已引起世界各国体育组织和体育爱好者的极大关注和重视。如今,乒乓球运动已遍及五大洲,成为世界广大体育爱好者所喜爱的运动项目之一。

11.2 乒乓球基本技术

11.2.1 握拍法

握拍方法正确与否与掌握技术及击球动作有极其密切的关系。每个击球动作都是手臂、手腕和手指相互协调配合用力来完成的。因此,较好的握拍方法既要适合自己打法的特点，又要不影响手臂、手腕、手指的灵活运用。目前世界上流行的握拍法可分为直握和横握两大类。两类握拍法各有所长，也各有所短。因此，在学打乒乓球时，要注意选择适合自己身体条件、打法特点、兴趣爱好的握拍法，从而有利于自娱及运动技术的提高。

1. 直拍握法

(1)直拍快攻型握法(图11.1)。

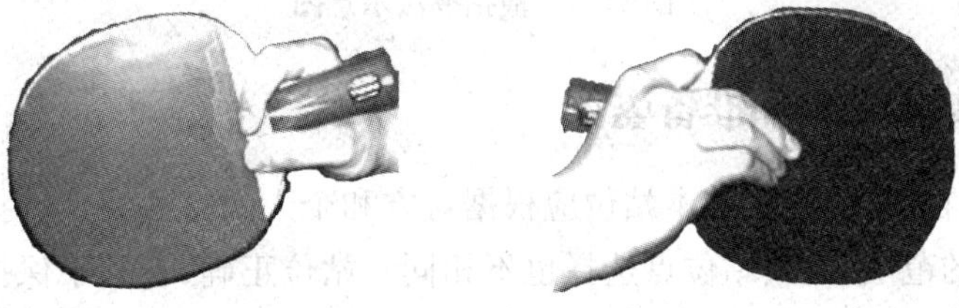

图11.1　直拍快攻型握法示意图

拍前：以食指第二指节和拇指第一指节扣拍。拇指与食指之间的距离要适中。

拍后：其他三指自然弯曲，中指第一指节贴于拍的背面。

(2)日本式直拍握法(图11.2)。

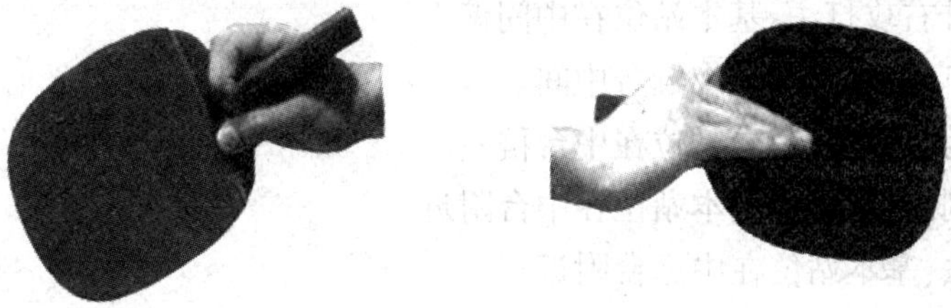

图11.2　日本式直拍握法示意图

拍前：拇指紧贴拍柄左侧，食指扣住拍柄，形成一个小环状，紧握拍柄。

拍后：中指和无名指基本伸直，小指自然地贴在无名指之下顶在球拍背面的1/3处。

(3)直拍“横打”型握法(图11.3)。

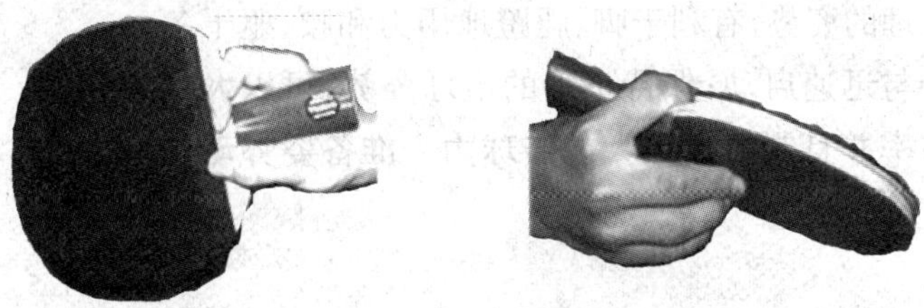

图11.3　直拍“横打”型握法示意图

这种握拍法基本同于直拍快攻型握拍法，只是为了便于解决反手位的进攻，在直拍的背面像横拍一样贴上海绵、胶皮。当用前面的拍面打正、反手球时，握法同直拍快攻型握拍法；当用背面进行攻球时，拇指用力压球拍的左肩，食指相对放松，其他三指弯曲较大，形状类似半握拳动作，目的是在击球时避免球打在手指上。

2. 横拍握法(图11.4)

中指、无名指和小指自然地握住拍柄。拇指在球拍的正面轻贴在中指旁边，食指自然伸直，斜放于球拍的背面。浅握时，虎口轻微贴拍；深握时，虎口紧贴球拍。

图 11.4　横拍握法示意图

11.2.2　基本站位和准备姿势

乒乓球运动在接发球时,基本站位应根据对方和个人的打法特点选择相应的站位方式,其基本站位的范围大小、站位点选择也不相同。站位正确,有利于保持稳定的击球姿势和向任何一个方向迅速移动。

1. 基本站位

站位的范围指运动员离球台端线的前后距离和左右距离。根据不同的打法选择不同的基本站位,下面以右手选手为例。

①直板左推右攻打法:基本站位在中间偏左。

②两面攻打法:基本站位在近台中间。

③弧圈球为主打法:基本站位在中台偏左。

④横拍攻削结合打法:基本站位在中台附近。

⑤削球打法:基本站位在中远台附近。

根据对方的发球习惯在站位时也要注意选择不同的基本站位,最重要的是观察对方发球前的引拍方向及挥臂的动作幅度和手腕用力大小以判断球的长短与旋转。

2. 准备姿势

准备姿势(图 11.5)是指在接球时、准备回球时的身体各部位的姿势。合理的姿势,有利于脚、腿蹬地用力和腰、躯干各部位的协调配合与迅速启动;保持正确的击球姿势,可以大幅提高击球的命中率并且制造出最大的击球力。准备姿势动作要点如下。

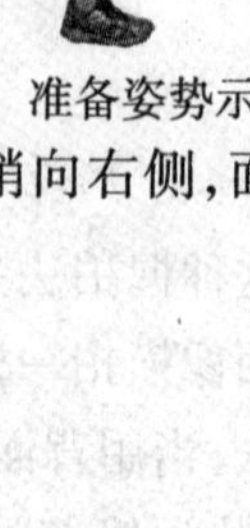

图 11.5　准备姿势示意图

(1)下肢。

两脚左右开立,约与肩同宽。左脚稍前于右脚 10 厘米左右,身体稍向右侧,面向球台。两膝自然弯曲,脚前掌受力,重心置于两脚之间。

(2)躯干。

收腹,上体略前倾,下颌微抬,两眼注视来球。

(3)上肢。

持拍手和非持拍手均应自然弯曲置身体前侧方,球拍垂直球台且拍头朝向前方。

11.2.3　基本步法

1. 单步

以一脚前脚掌内侧蹬地用力,并以此前脚掌为轴稍转动。另一脚向来球方向做前后左右移动一步(图11.6)。

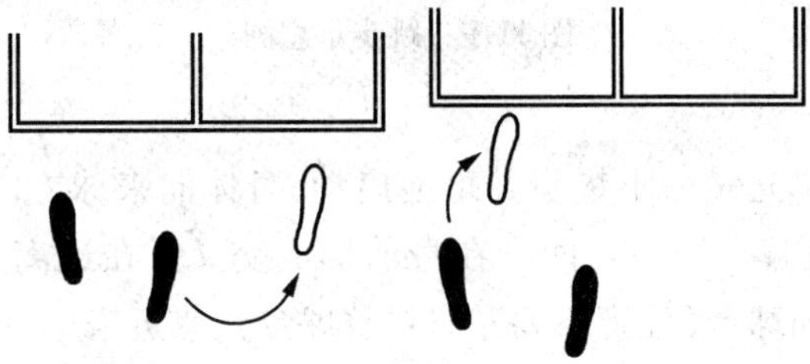

图11.6　单步示意图

2. 跨步

以远离来球的脚蹬地,靠近来球的脚向移动方向跨出一大步,身体重心随即落到该脚上,同时蹬地脚迅速上半步或一小步(图11.7)。

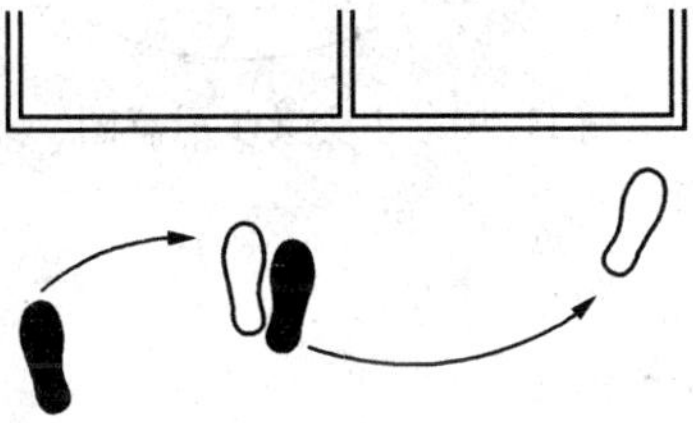

图11.7　跨步示意图

3. 并步

先以来球异方向的脚用力蹬地启动,先并一小步,同时另一脚向来球方向跨出一步。先启动的远侧脚,其移动幅度小于第二步(图11.8)。

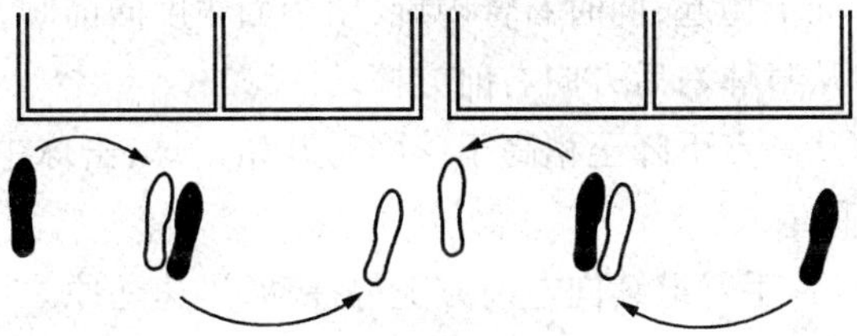

图11.8　并步示意图

4. 跳步

以远离来球的一脚用力蹬地为主,使两脚同时或几乎同时离地向来球方向跳动,蹬地用力大的脚先落地,另一脚跟着落地站稳(图11.9)。

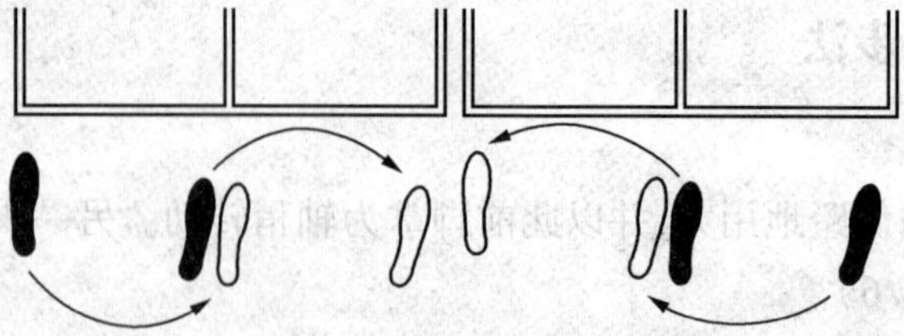

图 11.9　跳步示意图

5. 正交叉步

靠近来球方向的脚先做一小垫步并蹬地启动，身体向来球方向转动，远离来球的脚越过靠近来球方向的脚跨一大步，两脚在身前形成交叉。在远离来球的脚将落地时击球。同时上体顺势面向球台（注意不要左肩对着球台），靠近来球方向的脚随之落在另一只脚的侧后方（图 11.10）。

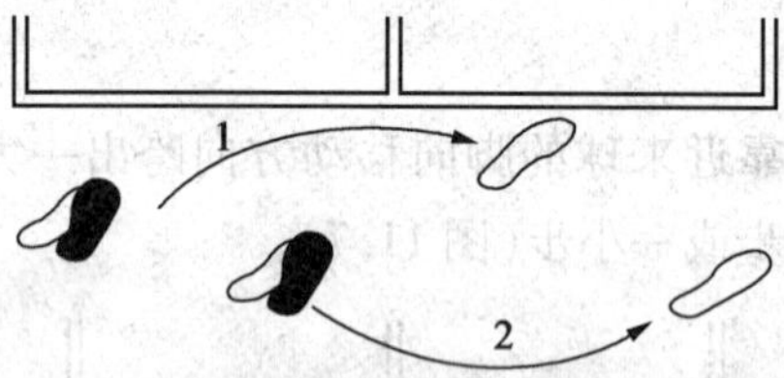

图 11.10　正交叉步示意图

11.2.4　发球技术

1. 平击发球

平击发球是一种几乎不带旋转、速度一般的发球，是初学者最基本的入门发球，也是掌握其他复杂发球的基础。

(1) 正手平击发球。

①选位：左脚稍前，身体略向右转，左手掌心托球置于身体右侧前方。

②引拍：左手将球向上抛起，同时右臂内旋，使拍面角度向前倾，向身体右后方引拍。

③迎球挥拍：右臂从身体右后方向右前方挥动。

④球拍触球：当球从高点下降至稍高于球网时开始击球，击球中上部向左前方发力。拍形角度几乎与球台垂直。

⑤随势挥拍：击球后，手臂继续向左前方随势挥动，迅速还原。

⑥发力部位：以前臂为主。

(2) 反手平击发球。

①选位：右脚稍前或平站，身体略向左转，左手掌心托球置于身体左侧前方。

②引拍：左手将球向上抛起，同时右臂外旋，使拍面角度稍前倾，向身体左后方引拍。

③迎球挥拍：右臂从身体后方向右前方挥动。

④球拍触球：当球从高点下降至稍高于球网时，击球中上部向右前方发力。拍形角度几乎与球台垂直。

⑤随势挥拍:击球后,手臂和手腕继续向右前方随势挥动,快速还原成准备姿势。

⑥发力部位:主要以前臂为主。

(3)易犯错误。

拍形过于前倾或后仰。

①原因:自身感觉不好,没有控制到几乎垂直的拍形。

②后果:球跳得很高或切击球,甚至造成发球失误。

(4)纠正方法。

加强拍形练习,增强自身感觉,控制拍形角度。

2. 正手发右侧上旋急球(奔球)(图11.11)

特点:球速快、落点长、冲力大,球的飞行弧线低并向左偏斜,具有较强的右侧上旋。

图11.11　正手发右侧上旋急球(奔球)示意图

(1)动作要点。

①选位:左脚稍前,身体略向右偏斜,左手掌托球置于身体前偏右侧。

②引拍:左手将球向上抛起,同时右臂内旋,使拍面角度稍前倾,前臂手腕自然下垂,肘关节高于前臂,向身体右后方引拍。

③迎球挥拍:上臂带动前臂由身体右方向左前方挥动。

④球拍触球:当球从高点下降至近于网高时,击球右侧向右上方摩擦,拍形角度前倾。

⑤随势挥拍:击球后,手臂继续向左前方挥动,迅速还原。

⑥发力部位:以前臂和手腕为主。

(2)易犯错误。

手腕抖动不够。

①原因:手部肌肉紧张。

②后果:发不出奔球的效果或者质量不高,还有可能造成发球失误。

(3)纠正方法。

加强徒手抖腕练习,也可以持拍但不击球,进行手腕抖动练习,注意放松手部肌肉。然后再过渡到上台发球。

3. 反手发急球(图11.12)

特点:球速快、落点长、冲力大、具有较强的上旋。

(1)动作要点。

①选位:右脚稍前或平站,身体略向左偏斜,左手掌心托球置于身前偏左侧。

②引拍:左手将球向上抛起,同时右臂外旋,使拍面角度稍前倾,上臂自然靠近身体

左侧,向身体左后方引拍。

图 11.12　反手发急球示意图

③迎球挥拍:右臂以肘关节为轴心,前臂向左前方摆动,腰部也配合从左向右转动。

④球拍触球:球从高点下降至低于网高时,击球中上部(略偏左),拍形角度前倾。触球一瞬间前臂加速向右前方摆动,摩擦球,腰部配合向右转动。球击出的第一落点靠近本方端线。

⑤随势挥拍:击球后,手臂继续向右前上方挥动,然后迅速还原。

⑥发力部位:以前臂为主。

(2)易犯错误。

摩擦球不够。发力不是主要以前臂为主,拍头没有领先,而是手腕领先迎球。

①原因:拍形角度、用力方向控制不对,手腕、前臂过于紧张。

②后果:发不出所要求的效果、质量,易造成发球失误。

(3)纠正方法。

加强徒手的手腕、前臂抖动、鞭打练习,注意该部位肌肉的放松。上台后多作拍摩擦球的练习,体会拍形角度。

4. 正手发下旋球与不转球(图 11.13)

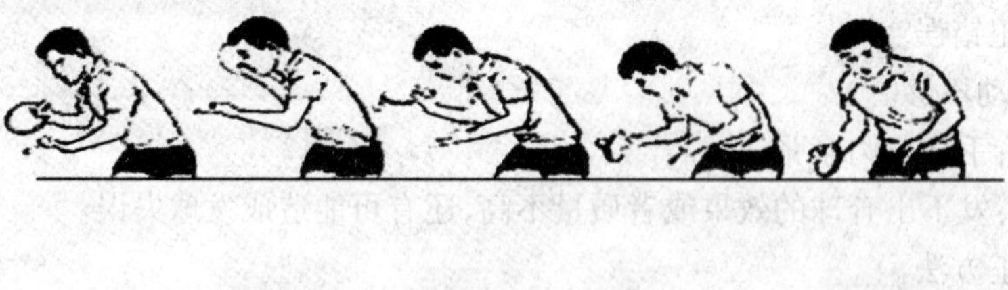

图 11.13　正手发下旋球与不转球示意图

特点:旋转上转与不转变化大,但球速较慢。发转与不转球手法近似,可迷惑对方,使其回接困难,给本方创造得分机会。

(1)动作要点。

①选位:左脚稍前,身体略向右倾斜,左手掌心托球置于身体右前方。

②引拍:左手将球向上抛起,同时右直握拍手腕作伸,横握手腕作略外展和伸,前臂向右后上方引拍。

③迎球挥拍:右臂从身体右后上方向左前下方挥动。

④球拍触球:当球从高点下降至稍高于或平与网高时,前臂加速向左前下方发力,同时直拍握法手腕作屈收动作,击球中下部向底部摩擦,拍形角度后仰。球击出后第一落点接近于球网。

⑤随势挥拍:击球后,手臂继续向左前下方随势挥动,然后迅速还原。

⑥发力部位:以前臂和手腕为主。

(2)易犯错误。

转与不转区别不大。

①原因:拍形角度、摩擦的部位、作用力线接近球心还是远离球心控制得不好。

②后果:转与不转旋转变化小,没能给对方造成威胁。

(3)纠正方法。

发不转球时应注意减少向下摩擦球的力量,稍加向前推球的力量,使作用力线接近球心。

发转球下旋时应注意,方法与发不转下旋球相反。加大向下摩擦球力量,手臂外旋幅度要大一些,使作用力线远离球心。

5. 反手发下旋加转球与不转球

同正手发下旋加转球与不转球。多用于横拍。

(1)动作要点。

①选位:右脚稍前或平站,身体略向左倾斜,左手掌托球置于身体左前方。

②引拍:左手将球向上抛起,同时右臂内旋,直握手腕作屈,横拍握法手腕作外展,使拍面角度后仰,向身体左后上方引拍。

③迎球挥拍:右臂从身体左后上方向右前下方挥动。

④球拍触球:当球从高点下降至稍高于或平于网高时,前臂加速向右前下方发力,同时直握球拍手腕作伸,横握拍手腕作内收。击球中下部向底部摩擦,拍形角度后仰,球击出后第一落点接近球网。

⑤随势挥拍:击球后,手臂继续向右前下方随势挥动,迅速还原。

⑥发力部位:以前臂和手腕为主。

加转与不转球的动作要点都如上所述,两者的微小区别是:不转发球,手臂内旋幅度小,减少拍面后仰角度,击球中部,减少向下摩擦的力量,稍加向前推球的力量,使作用力线接近球心,从而形成不转球,加转发球则与之相反。

(2)易犯错误。

与正手发下旋加转与不转球相同。

(3)纠正方法。

与正手发下旋加转与不转球相同。

6. 正手发左侧上(下)旋球

特点:以左侧上、下旋转变化为主,飞行弧线向右偏拐,对方回球向其左侧上(下)反弹。与左侧上(下)旋发球手法近似,能起到迷惑对手的作用。

(1)动作要点。

①选位:站位左半台,左脚稍前,身体略向右偏斜,左手掌心托球置于身体右前方。

②引拍:左手将球向上抛起,同时右臂外旋,直握拍手腕作伸,横握拍手腕作外展,使拍面方向略偏向左侧,向右上方引拍,腰部略向右转动。

③迎球挥拍:右臂从右上方向左下方挥动。

④球拍触球:当球从高点下降至接近网高时,前臂加速向左方挥摆,直握拍手腕作屈,横握拍手腕作内收,腰部配合向左转。击球中部向左侧上方摩擦。根据发球长短调整球的第一落点远近。拍形角度几乎垂直,拍面朝右。

⑤随势挥拍:击球后,手臂继续向左方随势挥动,然后迅速还原。

⑥发力部位:以前臂、手腕为主,腰部为辅。

正手左侧下旋发球的动作大致与左侧上旋球发球动作相同,区别是:击球中下部向左侧下方摩擦,拍形几乎垂直,略向后仰,横拍发左侧上(下)旋球时,最好将握拍柄的三个手指松开,以增加手腕的灵活性。

(2)易犯错误。

左侧上旋发球质量较高,而左侧下旋发球质量较差,也可能正相反,造成旋转差异不大。

①原因:挑手腕动作过大而发不出下旋较强的左侧下旋球;反之手腕僵硬,发不出上旋较强的左侧上旋球。

②后果:不能达到预期的发球效果,不能给对手造成威胁。

(3)纠正方法。

平时多作调节手腕的徒手动作练习,手腕作各种屈、伸、收、展等动作,并通过本体感觉加以区分,可借助同伴喊口令(屈、伸、收、展)做相应的动作。

有条件时可以通过多球练习来强化两种发球动作。

11.2.5　推、挡球技术

挡球、推挡球是乒乓球入门首先应该学习的技术,因此,若想在乒乓球上有所建树,必须打好该项技术的基础。

1. 挡球

特点:球速慢、力量轻,几乎没有旋转变化,动作小,简单、易掌握,是初学者入门的技术,是其他技术的基础。

(1)直拍反手挡球(图 11.14)动作要点。

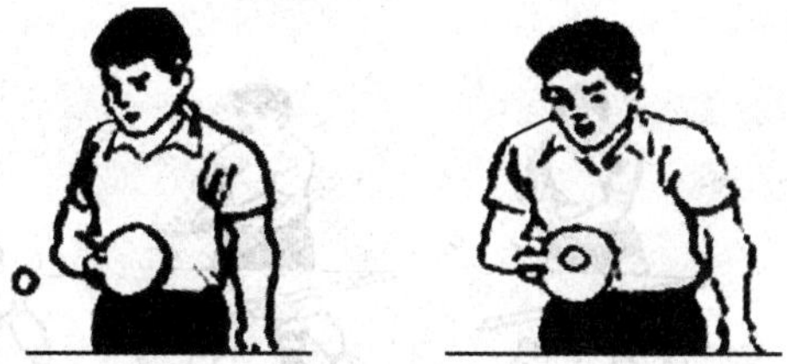

图 11.14 直拍反手挡球示意图

①选位:两脚开立,身体与球台平行,距离球台 30 ~ 50 厘米。

②引拍:前臂与上臂自然弯曲作外旋,拍形角度接近垂直,前臂与台面几乎平行,将球拍隐于腹前。

③迎球挥拍:前臂由腹前伸向来球。

④球拍触球:当来球在球台上跳至上升期时,前臂和手腕稍向前迎击球中部,拍形角度接近于垂直。

⑤随势挥拍:击球后,手臂、手腕略微向前挥动,并迅速还原。

⑥发力部位:以前臂为主,身体重心在两脚之间。

(2)直拍正手挡球(图 11.15)动作要点。

图 11.15 直拍正手挡球示意图

①选位:左脚稍前站,身体距离球台 30 ~ 50 厘米。

②引拍:上臂、前臂自然弯曲并作外旋,拍面角度接近垂直。前臂与台面几乎平行,将球拍引致身体右侧前方。

③迎球挥拍:前臂向前伸向来球。

④球拍触球:当来球在台上跳至上升期,前臂和手腕稍向前迎击并作内旋动作,击球中部,拍形角度接近垂直。

⑤随势挥拍:击球后,手臂略微向前挥动,并迅速还原。

⑥发力部位:以前臂为主,身体重心放在两脚之间。

(3)易犯错误。

挡球时,手腕上翘或下吊。

①原因:握拍法概念不清;手部肌肉过于紧张或放松。

②后果:击球时,手腕无法配合前臂向前发力;妨碍拍形调节。

(4)纠正方法。

徒手练习挥拍,自己观察、调节手腕的动作。

在台上进行自抛自打练习，纠正握拍错误，巩固正确动作。

2. 快推球（图 11.16）

图 11.16　直拍反手快推球示意图

特点：球速快、力量中等、略带上旋，动作较易掌握，是初学者的入门技术，也是其他技术的基础。

(1) 动作要点。

①选位：两脚平行或左脚稍前站位，身体距离球台 30 ~ 50 厘米。

②引拍：前臂、上臂自然弯曲并作外旋，拍形稍前倾，上臂和肘关节自然靠近身体右侧，将球拍引至腹前。

③迎球挥拍：前臂、手腕向来球挥动。

④球拍触球：当来球跳至上升前期时，前臂和手腕借力迅速略向前推出，击球中上部，拍形稍向前。

⑤随势挥拍：击球后，手臂、手腕继续向前上方随势挥动，并迅速还原成击球前的准备姿势。

⑥发力部位：以前臂和手腕为主。

(2) 易犯错误。

快推球时，手腕上翘或下吊。

①原因：同挡球。

②后果：影响发力，甚至造成击球失误，降低命中率。

(3) 纠正方法。

同挡球的纠正方法。有条件的情况，可用多球练习来纠正错误动作。

3. 加力推（图 11.17）

图 11.17　直拍反手加力推示意图

特点：回球力量大、球速快，常可在相持中争取主动。

(1)动作要点。

①选位:平行站立或左脚稍前,身体距离球台约 50 厘米。

②引拍:前臂、上臂自然弯曲并作外旋,拍面角度稍前倾,上臂后引,前臂提起,肘关节贴紧身体,球拍离台较高,将球拍引至胸腹之间部位。

③迎球挥拍:上臂、前臂、手腕向来球迎击,腰髋开始向左转动。

④球拍触球:当来球跳至高点期时,上臂、前臂、手腕、加速向前下方推压,腰髋向左转动配合发力。击球中上部,拍形前倾。

⑤随势挥拍:击球后,手臂、手腕继续向前下方随势挥动,并迅速还原成击球前的准备姿势。

⑥发力部位:以前臂为主,上臂、前臂、手腕同时发力,腰髋配合。

(2)易犯错误。

加力推时,拍面前倾角度过大,或拍形后仰;肘部抬起,远离身体。

①原因:加力推概念不清,推挡球动作不巩固。

②后果:球出界或下网,发不出力或形成弹击球动作,使命中率降低。

(3)纠正方法。

徒手挥拍练习,自己或同伴观察动作正确与否。上台练习,注意击球时间、拍形角度(可让同伴在旁提示),体会肘下沉靠近身体的动作。

4. **推下旋球**(图 11.18)

图 11.18　直拍反手推下旋球示意图

特点:弧线较低、回球下旋、落点长。在推挡中突然改推下旋球,可使对方猝不及防,回球失误或出线。

(1)动作要点。

①选位:两脚平行开立或左脚稍前,身体距离球台 30 ~ 50 厘米。

②引拍:前臂作内旋,拍面稍后仰,上臂后引,前臂上提,将球拍引致胸腹之间。

③迎球挥拍:手臂、手腕向前下方挥动。

④球拍触球:当来球跳至高点期时,击球中下部,向下摩擦,拍面稍后仰。

⑤随势挥拍:击球后,手臂、手腕继续向前下方随势挥动,并迅速还原。

⑥发力部位:以前臂和手腕为主。

(2)易犯错误。

拍形没有后仰,并且摩擦不够。

①原因:在对推中,手腕、拍形调节不好;推下旋球动作概念不清。

②后果:推不出下旋球效果。

(3)纠正方法。

①多练习徒手的推球和推下旋球的手腕调节、拍形变换的练习。

②上台练习注意推切与出手速度的结合。速度过慢就不是推下旋球,而是搓球了。

11.2.6　攻球技术

1. 正手快攻(图 11.19)

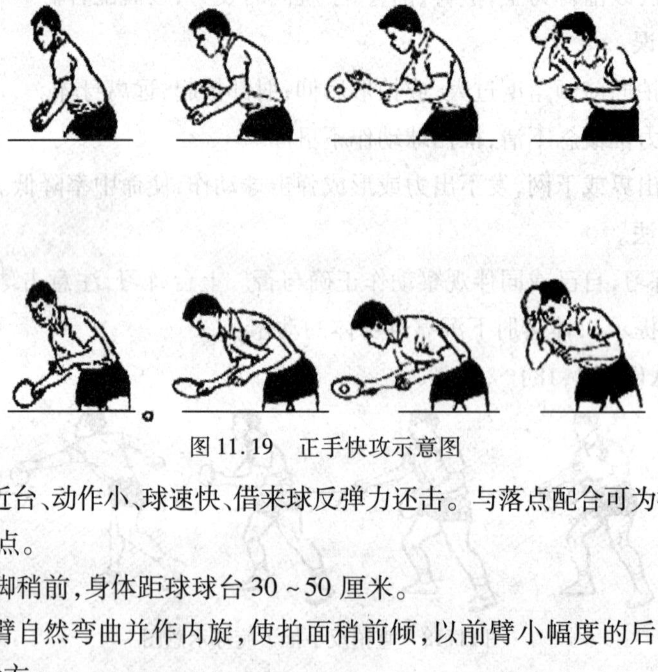

图 11.19　正手快攻示意图

特点:站位近台、动作小、球速快、借来球反弹力还击。与落点配合可为得分创造机会。

(1)动作要点。

①选位:左脚稍前,身体距球球台 30~50 厘米。

②引拍:手臂自然弯曲并作内旋,使拍面稍前倾,以前臂小幅度的后引为主,将球拍引至身体右侧后方。

③迎球挥拍:手臂向前方略左迎球。

④球拍触球:来球跳至上升期时,击球中上部,拍面稍前倾。

⑤随时挥拍:击球后,手臂继续向左前上方随势挥动,并迅速还原。

⑥发力部位:以前臂为主、手腕为辅,重心由右脚移至左脚。

(2)易犯错误。

击球时,上臂和肘关节抬得高;手臂呈直线挥动撞击球;拍面后仰。

①原因:正手快攻球动作概念不清。

②后果:发不出力,击斜线球困难;击球没有弧线,影响命中率;球出界。

(3)纠正方法。

①认真领会正手快攻球的动作要点。

②徒手挥拍练习(照镜子、看动作练),体会正确动作。

③单球上台练习,不要求质量,只注意动作规范。

④多球强化动作练习。

2. 反手快攻(图 11.20)

图 11.20　反手快攻示意图

特点:基本同正手快攻。

(1)动作要点。

①选位:两脚平行开立或右脚稍前,身体距离球台 30 ~ 50 厘米。

②引拍:手臂自然弯曲并外旋使拍面稍前倾,上臂、肘关节自然靠近身体,手腕作屈和内收,将球拍引至腹前偏左的位置。

③迎球挥拍:前臂向右前方来球方向迎球。

④球拍触球:来球跳至上升期,击球中上部,拍面稍前倾。肘关节内收,前臂加速向由前上方发力并外旋,手腕同时配合作伸和外旋。

⑤随势挥拍:击球后,前臂继续向右前方随势挥动,并迅速还原。

⑥发力部位:以前臂为主、手腕为辅,重心由左脚移至右脚。

(2)易犯错误。

反手攻球时上臂和肘关节挥出过多。

①原因:反手不是攻而是形成推球。

②后果:发不出力,击出的球弧线不理想,易造成回球失误。

(3)纠正方法。

①明确反手快攻的正确动作。

②注意肘关节为轴,配合肩轴,而不是以肩轴为主。

③徒手对着镜子练习动作。

④上台练习时,降低击球质量,重点提高动作规范。

⑤采用多球强化练习。

3. 正手中远台攻(图 11.21)

图 11.21　正手中远台攻示意图

特点:站位稍远,可缓冲来球的速度,主动发力击球,力量大,动作大。进攻时用得好能取得主动或直接得分,被动时亦可用此方法进行反击。但要求步法快,消耗体力大。

(1)动作要点 。

①选位:左脚稍前,身体距离球台 70 ~ 100 厘米。

②引拍:手臂自然弯曲并作内旋,使拍面接近垂直,随着腰、髋向右转动,手臂大幅度向后移动将球拍引至身体右后方。

③迎球挥拍:手臂向前上方迎球。

④球拍触球:来球跳至下降前期,击球中部向上摩擦,拍面几乎垂直。上臂带动前臂加速向左前上方挥动,腰、髋向左转动配合发力。

⑤随势挥拍:击球后,手臂继续向左前上方随势挥动,并迅速还原。

⑥发力部位:以上臂、前臂为主,腰、髋的发力也非常重要,配合右脚移至左脚的登地力量。

(2)易犯错误。

只注意上肢发力击球,缺乏腰、髋、腿转动力量;击球动作完成后,手臂从身体前绕圈还原。

①原因:中远台攻球的动作要点不够明确。

②后果:击出的球力量较小,动作还原慢。

(3)纠正方法。

①懂得中远台击球需要力量,且需主动发力。

②多做徒手挥拍、蹬地、转体练习。

③做动作时,注意挥拍击球的路线和还原动作路线一致,避免动作绕圈。

④有条件可以用多球强化练习。

4. 正手拉攻(图11.22)

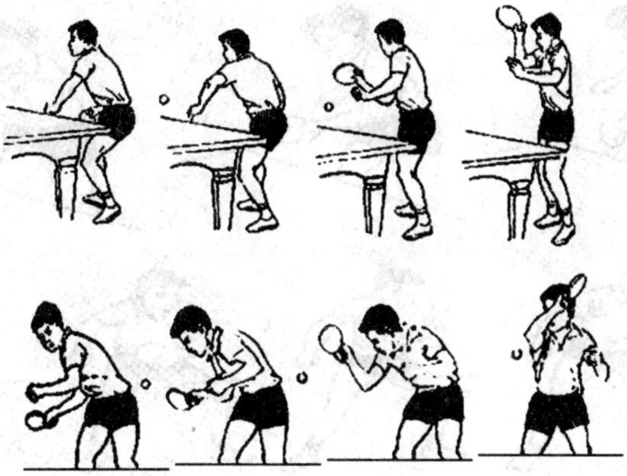

图11.22　正手拉攻示意图

特点：站位略远，动作较小，力量较轻，依靠主动发力摩擦回击来球，且线路较活，是还击下旋球、起到过渡作用、为扣杀创造机会的有效方法。

(1)动作要点。

①选位：左脚稍前站立，身体距离球台略远于50厘米。

②引拍：根据对方来球下旋的强弱，手臂作内旋，使拍面接近垂直，或作外旋，使拍面稍后倾，前臂下沉，将球拍引至身体右后下方。

③迎球挥拍：前臂向左前上方挥动。

④球拍触球：当来球跳至高点期开始下降时，上臂带动前臂加速向左前上方挥动，手臂同时外展。根基来球旋转的情况，击球的中部或中上部，拍形垂直或稍前倾。

⑤随势挥拍：击球后，手臂继续向左前上方随势挥动，并迅速还原。

⑥发力部位：以前臂为主，身体重心从右脚移至左脚。

(2)易犯错误。

击球后，球拍立即停止；拍形过于前倾。

①原因：击球动作不熟练，手腕对拍形的调节能力差。

②后果：影响拉攻质量，易失误；球下网。

(3)纠正方法。

①多做多球练习，尤其注意击球后的随挥动作。

②注意对来球旋转的判断；进行徒手手腕活动及调节拍形的练习。

5. 反手拉攻(图 11.23)

图 11.23　反手拉攻示意图

特点:站位较快攻远、动作较小、力量较轻、线路活、靠自己主动发力还击。它是还击下旋球、过渡球的一种有效方法,并为扣杀创造机会。使用反手拉攻,可避免由于经常侧身而使正手出现空位。

(1)动作要点。

①选位:两脚平行站立或右脚稍前,身体距离球台略远于 50 厘米。

②引拍:手臂自然弯曲并内旋使拍面稍后仰,腰部向左转动,上臂和肘关节靠近身体,前臂下沉,手腕作屈和内收,将球拍引至身体左侧下方。

③迎球挥拍:腰、髋向来球方向转动,同时手臂迎球,前臂加速向右上方提拉。

④球拍触球:当来球跳至下降前期时,腰、髋向右转动,肘关节内收,手腕作伸和外旋。击球中部或上部,拍面垂直或稍前倾。

⑤随势挥拍:击球后,手臂继续向右上方随势挥动,并迅速还原。

⑥发力部位:以前臂为主,肘关节内收,腰、髋配合。重心从左脚移至右脚。(2)易犯错误。

同正手拉攻。

(3)纠正方法。

同正手拉攻。

6. 正手突击下旋球

特点:动作小而突然,爆发用力,球速快,是对付下旋球行之有效的方法,也是我国快攻的独有技术。

(1)动作要点。

①选位:左脚稍前,站位距球台约 50 厘米。

②引拍:同正手拉攻。

③迎球挥拍:蹬地,转动腰、髋,同时上臂带动前臂向左前上方加速挥动,爆发用力,手臂同时作外展。

④球拍触球:来球跳至高点期;中部或中上部,垂直或稍前倾。

⑤随势挥拍:击球后,手臂的随挥很小,且有一定的制动动作,更增加了球的动量和动作的突然性。

⑥发力部位:以前臂爆发力为主,配合上臂、腰、髋动作。

(2)易犯错误。

动作过僵。

①原因:试图击球突然,而反使动作僵硬。

②后果:命中率低,发不出力。

(3)纠正方法。

①多作徒手挥拍突然击球的动作练习,体会"制动"与"僵硬"动作的区别。

②多球练习。

7. 正手杀高球(图 11.24)

图 11.24　正手杀高球示意图

特点:动作幅度大、力量重,是还击对方打来高球的有效方法。

(1)动作要点。

①选位:左脚在前,身体距离球台 70 ~100 厘米。

②引拍:手臂内旋使拍面前倾,整个手臂随着腰、髋向左转动,尽量向身体右方引拍,以增大球拍与来球的距离,以便充分发挥击球的力量。

③迎球挥拍:随着右脚蹬地转换重心,腰、髋向左转动,整个手臂向前挥动(来球方向)。

④球拍触球:当来球跳至下降前期至比头略高的高度时,整个手臂加速向左前下方挥动,腰、髋同时发力。击球中上部,拍面前倾。

⑤随势挥拍:击球后,手臂继续向左前下方随势挥动,并迅速还原。

⑥发力部位:腰、髋、整个手臂综合用力。

(2)易犯错误。

击球时间不对;击球点掌握不准。

①原因:缺乏杀高球技术练习。

②后果:杀不准球,甚至杀不着球。

(3)纠正方法。

①适当安排杀高球技术的练习时间。

②注意不要再上升期或高点期击球。

11.2.7 搓球技术

1. 正手快搓(图 11.25)

图 11.25 正手快搓示意图

特点:动作小、速度较快,回球有一定的旋转,主要借助对方来球的力量进行回击。快搓与其他搓球技术配合,能改变击球节奏,缩短对方击球时间,为本方创造强攻机会。

(1)动作要点。

①选位:左脚稍前站立,身体距离球台 30 ~ 50 厘米。

②引拍:手臂外旋使拍面角度略后仰,后引动作较小,前臂向右上方提起,将球拍引至身体右前上方。

③迎球挥拍:腰、髋左转,手臂向左前下方迎球。

④球拍触球:当来球跳至上升期,借助对方来球前进力,前臂向左前下方用力。击球中下部,拍面稍后仰。

⑤随势挥拍:击球后,手臂继续向左前下方随势挥动,并迅速还原。

⑥发力部位:以前臂、手腕为主,借力还击。

(2)易犯错误。

容易“挤”球。

①原因:击球时间过早。

②后果:造成回球失误或控制不住来球。

(3)纠正方法。

注意击球时间不要太早,上台练习快搓时一定要等球稍跳起时再还击。

2. **反手快搓(图 11.26)**

图 11.26　反手快搓示意图

特点:同正手快搓。

(1)动作要点。

①选位:两脚几乎平向站立或左脚稍前,身体距离球台 30 ~ 50 厘米。

②引拍:手臂内旋使拍面角度后仰,后引动作较小,前臂在上臂带动下向后上方提起,将球拍引至胸腹之间偏左位置。

③迎球挥拍:手臂向右前下方挥击迎球。

④球拍触球:当来球跳至上升期,借助对方来球前进力,前臂、手腕向右前下方用力。击球中下部,拍面稍后仰。

⑤随势挥拍:击球后,手臂继续向右前下方随势挥动,并迅速还原。

⑥发力部位:以前臂、手腕为主,借助来球力量还击。

(2)易犯错误。

同正手快搓。

(3)纠正方法。

同正手快搓。

3. **正手慢搓**

特点:动作较大、速度较慢,靠自身发力回击,有一定的旋转强度。与其他搓球技术结合起来能改变击球节奏,争取主动。

(1)动作要点。

①选位:左脚稍前站立,身体距离球台 30 ~ 50 厘米。

②引拍:手臂外旋使拍面角度后仰,前臂提起移向右上方,同时直握拍手腕作伸,横握拍手腕作外展,将球拍引至身体右上方。

③迎球挥拍:腰、髋左转,手臂向左前下方迎球。

④球拍触球:当来球跳至下降前期,前臂加速向左前下方用力,同时直握拍手腕作屈,横握拍手腕作内收。击球中下部,拍面后仰。

⑤随势挥拍:击球后,手臂继续向左前下方随势挥动,并迅速还原。

⑥发力部位:以前臂手腕为主,身体重心由右脚移至左脚。

(2)易犯错误。

不向上引拍;拍面后仰不够或后仰过大。

①原因:慢搓球动作概念不清;拍形调节不好。

②后果:球速较快而旋转不强;易出现回球过高或球不过网。

(3)纠正方法。

①做徒手或上台练习时,注意前臂上引的动作,同时控制好拍形角度。

②可用多球强化正确动作的训练,建立正确的动力定型。

4. 反手慢搓

特点:同正手慢搓。

(1)动作要点。

①选位:两脚几乎平行开立,身体距离球台 30~50 厘米。

②引拍:手臂内旋使拍面角度后仰,前臂上提移向左上方,同时直握拍手腕作屈,横握拍手腕作外展,将球拍引至身体左上方。

③迎球挥拍:腰、髋向右转动,手臂向右前下方迎球。

④球拍触球:当来球跳至下降前期时,前臂加速向左前下方用力,同时直握球拍手腕作伸,横握球拍手腕作内收。击球中下部,拍面后仰。

⑤随势挥拍:击球后,手臂继续向右前下方随势挥动,并迅速还原。

⑥发力部位:以前臂、手腕为主,身体重心由左脚移至右脚。

(2)易犯错误。

同正手慢搓。

(3)纠正方法。

同正手慢搓。

5. 搓转与不转球

特点:用相近手法搓出转与不转两种球来增加对方的判断难度,使其回球质量不高或回球失误,给本方造成机会或直接得分。

(1)动作要点。

搓转与不转球的动作基本同于慢搓球动作。所谓搓转球就是指搓球时的作用力远离球心(但不能过"薄"),反之,则搓的是不转球;另外,搓转球时球触拍的位置应在球拍下端左右,而搓不转球时球触拍的位置则在球拍上端左右(拍摩擦球的距离不同)。

(2)易犯错误。

不是靠作用力线离球心近还是离球心远来搓转与不转球(或用不同的触拍位置),而是靠力量的大小、挥拍幅度的大小来搓转与不转球。

①原因:对搓转与不转球的概念理解不清。

②后果:对方很容易识别转与不转的搓球。

(3)纠正方法。

①加强作用力线与球心远、近的手法调节练习(最好用多球)。

②多做拍触球、球触拍的位置感觉练习。

③要求搓转与不转球动作尽量一致(包括挥拍方向、动作大小、幅度、速度)。

11.3　乒乓球基本战术

11.3.1　单打战术

1. 发抢战术

发抢战术是一种先发制人的战术。特别是以攻为主的运动员,常以此作为一种主要手段。运用发球抢攻的效果,取决于发球的质量和进攻能力。

2. 接抢战术

(1)常用接抢战术。

①用拉球、快拨或推挡回击,争取形成对攻的相持局面。

②用快搓摆短回接,使对方难以发力抢攻(拉)。

③用削球或搓球的旋转,落点变化来控制对方,以造成对方击球失误,或形成相持局面。

(2)接抢近网短球。

①回点对手中路。

②回点正手直线。

③回点正手小角度。

④回点对手反手大角。

(3)接抢反手底线长球。

①侧身突击对手反手位大角度。

②突击正手直线。

③突击对手中路。

④突击横板对手偏正手位的追身球。

3. 相持战术

相持战术是进攻型打法互相对垒时常用的一项重要战术。快攻类打法主要是依靠正、反手攻球和反手推挡技术,充分发挥快速多变的特点调动对方,以达到攻击的目的;弧圈类打法主要是依靠正、反手拉弧圈球和扣杀战术,充分发挥旋转的威力来牵制对方,以达到攻击的目的。

4. 拉吊战术

拉吊战术是以攻为主打法对付削球打法的主要战术。要使拉攻战术运用得好,首先要拉得稳,并有落点、旋转和轻重力量的变化,才能创造较多的战机;其次要有拉中突击或拉冲结合和连续扣杀的能力，方能奏效。

5. 搓、突战术

搓、突战术是进攻型运动员的一项辅助战术。搓攻战术主要是利用搓球的旋转变化和落点变化为进攻创造机会，借以达到攻击对方的目的。

6. 削攻、攻削结合战术

削攻、攻削结合战术是削球类打法赖以得分的主要战术。以削球的旋转变化和落点变化，迫使对方回球偏高，伺机进行反攻。为此，首先要求能用削球与对方相持并控制对方，才能为反攻创造战机；其次要具备在走动中进行攻击的能力，方能使战术运用达到目的。

7. 挡、弹、攻、拉、横打、削结合战术

挡、弹、攻、拉、横打、削兼施是攻守结合型打法的一项综合性战术。尤以直拍攻守结合型的运动员运用较多。常用的结合战术主要有以下几种：

①拉、攻、横打后变削，进行反攻。

②弹、拉、削后变挡或拱球，伺机反攻。

③拉加转弧圈球后变挡或削球，伺机再攻。

11.4 乒乓球竞赛基本规则

11.4.1 乒乓球竞赛场地与器材

1. 球台

①长 2.74 米，宽 1.525 米，高 0.76 米。

②竞赛台面不包括球台台面的侧面。

③竞赛台面可用任何材料制成，应具有一致的弹性，即当标准球从离台面 30 厘米高处落至台面时，弹起高度应约为 23 厘米。

④竞赛台面应呈均匀的暗色，无光泽，沿每个 2.74 米的竞赛台面边缘各有一条 2 厘米宽的白色边线，沿每个 1.525 米的竞赛台面边缘各有一条 2 厘米宽的白色端线。

⑤竞赛台面由一个与端线平行的垂直的球网划分为两个相等的台区，各台区的整个面积应是一个整体。

⑥双打时，各台区应由一条 3 毫米宽的白色中线，划分为两个相等的“半区”。中线与边线平行，并应视为右半区的一部分。

2. 球网装置

①球网装置包括球网、悬网绳、网柱及将它们固定在球台上的夹钳部分。

②球网应悬挂在一根绳子上，绳子两端系在高 15.25 厘米的直立网柱上，网柱外缘离开边线外缘的距离为 15.25 厘米。

③整个球网的顶端距离竞赛台面15.25厘米。

④整个球网的底边应尽量贴近竞赛台面,其两端应尽量贴近网柱。

3. 球

①球应为圆球体,直径为40毫米。

②球重2.7克。

③球应用赛璐珞或类似的材料制成,呈白色、黄色或橙色,且无光泽。

4. 球拍

①球拍的大小、形状和重量不限,但底板应平整、坚硬。

②底板厚度至少应有85%的天然木料,加强底板的黏合层可用诸如碳纤维、玻璃纤维或压缩纸等纤维材料,每层黏合层不超过底板总厚度的7.5%或0.35毫米。

③用来击球的拍面应用一层颗粒向外的普通颗粒胶覆盖,连同黏合剂厚度不超过2毫米;或用颗粒向内或向外的海绵胶覆盖,连同黏合剂,厚度不超过4毫米。

a.“普通颗粒胶”是一层无泡沫的天然橡胶或合成橡胶,其颗粒必须以每平方厘米不少于10颗、不多于50颗的平均密度分布整个表面。

b.“海绵胶”即在一层泡沫橡胶上覆盖一层普通颗粒胶,普遍颗粒胶的厚度不超过2毫米。

④覆盖物应覆盖整个拍面,但不得超过其边缘。靠近拍柄部分以及手指执握部分可不予以覆盖,也可用任何材料覆盖。

⑤底板及其中的任何夹层以及用来击球一面的任何覆盖物以及黏合层均应为厚度均匀的一个整体。

⑥球拍两面不论是否有覆盖物,必须无光泽,且一面为鲜红色,另一面为黑色。

⑦由于意外的损坏、磨损或褪色,造成拍面的整体性和颜色上的一致性出现轻微的差异。只要未明显改变拍面的性能,可以允许使用。

⑧竞赛开始时及竞赛过程中运动员需要更换球拍时,必须向对方和裁判员展示他将要使用的球拍,并允许他们检查。

11.4.2　计分

1. 一局竞赛

在一局竞赛中,先得11分的一方为胜方,10平后,先多得2分的一方为胜方。

2. 一场竞赛

一场竞赛由奇数局组成。

3. 发球、接发球和方位的选择

①选择发球、接发球和这一方、那一方的权力应由抽签来决定,中签者可以选择先发球或先接发球,或选择先在某一方。

②当一方运动员选择了先发球或先接发球,或选择先在某一方后,另一方运动员应

有另一个选择的权力。

③在获得每2分之后,接发球方即成为发球方,依此类推,直至该局竞赛结束,或者直至双方比分都达到10分或实行轮换发球法,这时,发球和接发次序仍然不变,但每人只轮发1分球。

④在双打的第一局竞赛中,先发球方确定第一发球员,再由先接发球方确定第一接发球员,在以后的各局竞赛中,第一发球员确定后,第一接发球员应是前一局发球给他的运动员。

⑤在双打中,每次换发球时,前面的接发球员应成为发球员,前面的发球员的同伴应成为接发球员。

⑥一局中首先发球的一方,在该场下一局应首先接发球。在双打决胜局中,当一方先得10分时,接发球方应交换接发球次序。

⑦一局中,在某一方位竞赛的一方,在该场下一局应换到另一方位。在决胜局中,一方先得5分时,双方应交换方位。

4. 发球、接发球次序和方位的错误

①裁判员一旦发现发球、接发球次序错误,应立即暂停竞赛,并按该场竞赛开始时确立的次序,按场上比分由应该发球或接发球的运动员发球或接发球;在双打中,则按发现错误时那一局中首先有发球权的一方所确立的次序进行纠正,继续竞赛。

②裁判员一旦发现运动员应交换方位而未交换时,应立即暂停竞赛,并按该场竞赛开始时确立的次序,按场上比分运动员应站的正确方位进行纠正,再继续竞赛。

③在任何情况下,发现错误之前的所有得分均有效。

5. 轮换发球法

①如果一局竞赛进行到10分钟仍未结束(双方都已获得至少9分时除外),或者在此之前任何时间应双方运动员要求,应实行轮换发球法。

a. 当时限到时,球仍处于竞赛状态,裁判员应立即暂停竞赛。由被暂停回合的发球员发球,继续竞赛。

b. 当时限到时,球未处于竞赛状态,应由前一回合的接发球员发球,继续竞赛。

②此后,每个运动员都轮发一分球,直至该局结束。如果接发球方进行了13次合法还击,则判发球方失1分。

③轮换发球法一经实行,该场竞赛的剩余部分必须继续实行,直至该场竞赛结束。

第12章 羽毛球

【学习目标】

1. 了解羽毛球运动的起源与发展。

2. 掌握羽毛球的各项基本技术动作。

3. 了解羽毛球运动的竞赛规则。

4. 掌握羽毛球的基本动作和技术要领。

【内容提要】

本章主要内容为:羽毛球运动概述;羽毛球基本技术及基本战术;羽毛球竞赛基本规则。

12.1 羽毛球运动概述

1983 年,英国公爵鲍弗特在格拉斯哥郡的伯明顿庄园里进行了一次羽毛球游戏表演。从此,羽毛球运动便逐渐发展起来,“伯明顿”(badminton)也就成为羽毛球的英文名称。1893 年世界上第一个羽毛球协会在英国成立,并进一步修订了规则和规定了统一的场地标准,确定了羽毛球的形状和重量。1899 年在伦敦举行了全英羽毛球锦标赛。

1934 年,由伦敦、英国、法国等 10 多个国家发起成立了国际联合会,总部设在伦敦。国际羽联于 1948 ~ 1949 年举办了第一届世界男子羽毛球团体赛,于 1956 年举办了第一届世界女子羽毛球团体赛。1978 年 2 月,由亚非国家组成的世界羽毛球联合会在中国香港成立,同年 11 月举办了第一届世界羽毛球锦标赛。国际羽联与世界羽联于 1981 年 5 月 26 日宣布合并,统一称为国际羽毛球联合会。其管辖的主要竞赛有汤姆斯杯赛、尤伯杯赛、世界锦标赛、全英羽毛球锦标赛和奥运会竞赛等。羽毛球运动于 1992 年巴塞罗那奥运会开始进入奥运会,其中包括男子单打、女子单打、男子双打、女子双打共 4 个项目。

羽毛球运动是在 20 世纪初传入我国的。1963 年前后,随着华侨中的羽坛名将归国,我国羽毛球运动进入了鼎盛时期。进入 20 世纪以来中国选手在世界大赛中连续取得了优异成绩。

12.2 羽毛球基本技术

12.2.1 握拍法

1. 正手握拍技术(图 12.1)

以下介绍的所有基本技术均以右手握拍者为例,左手握拍者则反之。

正手握拍技术动作要领:

①先用左手握住球拍的中杠,使拍框与地面垂直。

②张开右手,使虎口对准拍柄斜棱上的第二条棱线,此时眼睛从左至右可同时看见四条棱线,然后用近似握手的方法握住拍柄,拇指和食指贴在拍柄两侧的宽面上,其余的三指自然握住拍柄。

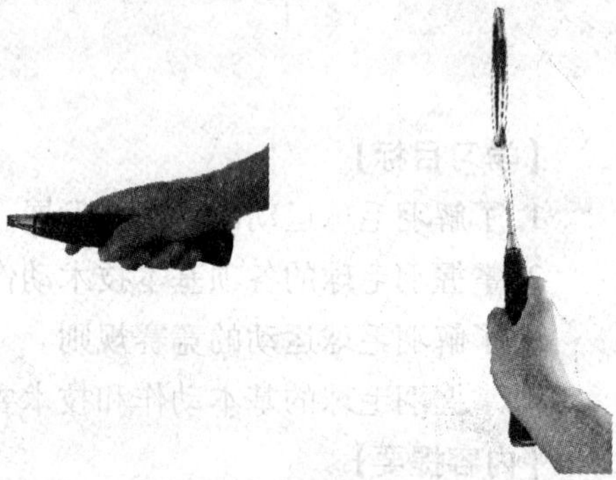

图 12.1 正手握拍示意图

③拍柄与掌心不要握紧,应留有空隙。握拍的位置可视各人的情况而定,一般情况下,以球拍柄端靠近手掌的小鱼际为益。

④握拍力度适宜,恰似握着一个鸡蛋,重则破损,轻则滑落。

2. 反手握拍技术(图 12.2)

反手握拍技术动作要领:

①在正手握拍的基础上,将球拍柄稍向外旋,拇指顶贴在拍柄第一斜棱旁的宽面上,也可将大拇指放在第一、二斜棱之间的小窄面上,食指稍向下靠。

②击球时,靠食指以后的三指紧握拍柄,同时拇指前顶发力击球。

③为了便于发力,掌心与拍柄间要留有充分的空隙。

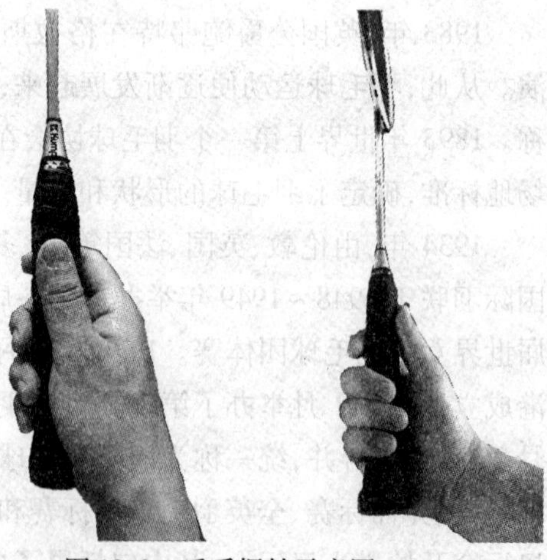

图 12.2 反手握拍示意图

3. 初学者常见的握拍错误

①虎口对在第一、第三或第四条斜棱上或者拍柄宽面上。

②如同握拳头一样地将拍柄紧紧攥住。

③食指按在拍柄宽面的上部,而仅用其余四指攥住球拍。

4. 练习步骤

①让握拍手自由转动拍柄后,按照正确的技术动作要领,用肉眼观察由握拍手独立

调整完成呈正手握拍动作或反手握拍动作。

②通过反复练习，逐渐过渡到不用肉眼观察，全凭手上的感觉便可完成正确握拍。

③在实战中，视来球的各种不同角度和方向，握拍手可自如地选择正手或反手握拍法击球，握拍力度应适宜。

12.2.2　发球技术

1. 正手发球技术

(1)正手发后场高远球(图 12.3)。

图 12.3　正手发后场高远球示意图

动作要领：

①准备姿势：发球站位视各人的习惯选择在场地中场附近。两脚自然分开，左脚在前，脚尖对网，右脚在后，脚尖稍向右侧，重心放在右脚上；用左手拇指、食指和中指夹持住羽毛球中部，自然抬举于胸前方；右手正手握拍自然屈肘举至身体的右后侧，呈发球前的准备姿势。

②击球动作：持球手松开，使球自然下落；右手持拍臂自下而上沿半弧形做回环引拍动作，同时开始转体，当拍挥至身体右侧前方击球点上的瞬间，前臂迅速内旋带动手腕闪动展腕发力，用正拍面将球击出，身体重心随转体动作逐渐由右脚移至左脚上。

③击球后的动作：身体重心完全移至左脚上，持拍手随击球动作完成后的自然惯性向左上方挥动。在发球的过程中，双脚均不能离开地面或移动。

(2)正手发后场平高球。

动作要领：

①准备姿势和击球后的动作均与正手发后场高远球相同。

②击球时以小臂带动手腕发力为主，拍面与地面的夹角小于 45 度，向前推进击球。

(3)正手发后场平射球 。

动作要领：

①准备姿势及击球后的动作均同正手发后场高远球，引拍动作较发后场高远球要小一些。

②击球时，拍面仰角较小，前臂内旋带动手腕快速闪动向前击球。击球点在规则允许的范围内可争取略高一些。

(4)正手发网前小球(图12.4)。

动作要领：

①准备姿势、引拍动作和发球后的动作与正手发后场高远球相似。

②击球时握拍保持放松，靠手指控制力量，手腕收腕发力，用斜拍面往前推送击球，使球轻轻擦网而过，落入对方前发球区。

图12.4 正手发网前小球示意图

2. 反手发球技术

(1)反手发后场平高球。

动作要领：

①准备姿势：站位靠近前发球线，右脚在前，左脚尖侧后点地，重心放在右脚上；左手拇指、中指、食指握住球的羽毛处，置于腹前；右手弯肘稍向上提起，用反手握拍，以反拍面将球拍自然置于腹前持球手的后面，两眼正视前方，呈发球前的准备姿势。

②击球动作：左手放球的同时，持拍手前臂内旋，带动手腕展腕由后向前作回环半弧形挥动，击球时屈指收腕发力，用反拍面向前上方将球击出。

③击球后的动作：以制动动作结束发力，并注意将握拍姿势迅速调整为正手握拍。

(2)反手发后场平射球。

动作要领：

与反手发后场平高球动作相同，击球时，尽可能地提高击球点，利用拇指的顶力，拍面与地面呈近似于90度角迅速向前推进击球。

(3)反手发网前小球(图12.5)。

图12.5 反手发网前小球示意图

动作要领：

①准备姿势、引拍动作和击球后的动作均与反手发后场平高球相同。

②击球时靠手腕和手指控制发球的力量，以斜拍面向前轻轻推送切击球托，使球尽

可能低地沿网上方飞过并落入对方前发球线内。

3. 发球技术动作的常见错误

①正手发后场高远球时,击球点在右肩下方,以肘为轴,前臂提拉屈腕发力击球。

②掌握不好球与拍之间的时空关系,造成击球不准。

③发球过程中,身体重心没有随身体的转动而从右脚逐步移至左脚上,或是身体在击球过程中根本就没有转动,或是击球后球拍挥至右上方,动作不协调,影响击球发力。

④发球过程中双脚出现任何形式的脚步移动。

4. 练习步骤

①先学习正手发后场高远球。依照先分解后连贯、从简单到复杂的顺序,按照技术动作的要领做挥拍练习,直至熟练。

②用绳拴住球,选择适当的高度将球固定吊好,反复做发球挥拍击球动作练习,体会球与拍之间的距离感觉及前臂内旋带动手腕由伸腕到展腕的发力过程。

③持拍面对墙壁做发球练习,在做该项练习时,既要照顾到击球的准确性,同时还要兼顾到击球动作的正确性。

④在场地上练习发球,重点注意发球的落点。

⑤按照以上练习步骤,进一步做其他各种发球的练习,注意各种发球动作的一致性和落点的多样性。

12.2.3　接发球技术

1. 接发球的站位

不论是单打还是双打,都应选择一个合理的接发球站位。一般情况下,单打的接发球站位离前发球线约 1.5 米处;在右发球区应站在靠中线的位置,在左发球区则站在中间稍偏边线的位置,主要防备对方发球攻击反手部位。双打接发球时站位可靠近前发球线,因双打的后发球线距前发球线比单打短 0.76 米,发高远球易被扣杀。所以,双打接发球主要精力应放在对付发网前球上。

2. 接发球的准备姿势

单打接发球应左脚在前,右脚在后,侧身对网,重心在前脚,后脚脚跟稍提起,收腹含胸,持拍于右身前,两眼注视对方。

双打接发球准备姿势基本同单打,但重心可随意放在任何一只脚上,球拍高举在肩上,注意力要高度集中。

3. 接发球的技巧

应根据对方发来的各种不同路线、弧度、速度的球,以及对方的技术特点等采取不同的接发球或回击办法。这就涉及各种击球技术和战术问题,这里不多叙述。

12.2.4　击球技术

羽毛球各种击球技术,按其特点进行分类,概括起来可有以下几个方面:后场高空击球技术;前场网上击球技术;下手击球技术;中场击球技术。下面分别加以介绍。

1. 后场高空击球技术

(1)正手击高远球(图12.6)。

图12.6　正手击高远球示意图

动作要领:

①准备姿势:首先判断来球的方向和落点,侧身后退使球在自己右肩稍前上方的位置,左肩对网,左脚在前,右脚在后,重心在右脚上,左臂屈肘,左手自然高举,右手持拍,大小臂自然弯曲,将球拍举在右肩上方,两眼注视来球。击球时,由准备动作开始,大臂后引,随之关节上提明显高于肩部,将球拍后引至头后,自然伸腕(拳心朝上),然后在后脚蹬地、转体和腰腹的协调用力下,以肩为轴,大臂带动小臂快速向前上方甩动手腕,在手臂伸直的最高点击球。击球后,持拍手臂顺惯性往前下方挥动并收拍至体前。与此同时,左脚后撤,右脚向前迈出,身体重心由后脚移到前脚。

②击球动作:正手击高远球可以用不起跳或起跳进行击球。后者是为了争取高点击球,以赢得时间上的主动,但对步法技术和体力要求较高。因此,初学者一般先学不起跳正手击高远球。待熟练掌握后,再根据自己的特点和场上的情况综合运用这两种击球方式。

易犯错误:

击球点选择不当,偏前或偏后,影响击球用力;击球时,不是以肩为轴挥臂,而是以肘为轴,影响大臂发力,造成用力不当;击球时不是用挥臂甩腕动作靠"爆发力"把球击出,而是将球"推"出;击球后球拍不是顺惯性朝前下方挥动并收拍至体前,而是将球拍朝下;朝右后方挥动,影响了手臂的用力;击球时全身用力不协调等。

(2)头顶击高远球(图 12.7)。

图 12.7　头顶击高远球示意图

动作要领:

击球前的准备姿势以及击球动作与正手击高远球基本一致。不同的是头顶击高远球的击球点在左肩上方(因为球是飞向左后角的)。准备击球时,侧身(左肩对网)稍左后仰。击球时,大臂带动小臂使球绕过头顶,从左上方向前加速挥动,在用力击球时,注意发挥手腕的爆发力和充分利用蹬地以及收腹的力量。击球后,左脚在身后着地并立即回蹬,同时右脚前移,重心移至右脚。

头顶击高远球虽然对步法、全身的协调能力有较高的要求,但一旦掌握其动作要领并能坚持在平时的练习和竞赛中主动运用它,那将会大大提高在左后场区击球的攻击性。

(3)反手击高远球(图 12.8)。

图 12.8　反手击高远球示意图

动作要领：

首先判断对方来球的方向和落点，迅速将身体转向左后方，步法到位后，右脚前交叉跨到左侧底线，背对网，身体重心在右脚上，使球在身体的右肩上方。击球前，由正手握拍迅速换为反手握拍，并持拍于胸前，拍面朝上。击球时，以大臂带动小臂，通过手腕的闪动、自上而下地甩臂将球击出。在最后用力时，要注意拇指的侧压力与甩腕的配合，同时还要利用两腿的蹬地、转体等协调全身用力。

初学者用反手击高远球时，往往容易出现步子不到位，击球点掌握不好。击球时，未用拇指的侧压力；击球刹那用力过早或过迟，没有用在"点"上等错误。要通过反复的练习和体会才能逐渐掌握正确的击球动作。

(4)平高球。

动作要领：

同击高远球一样，只是在击球的一刹那，用力主要是向前方，使击出的球的弧线较低。

同击高远球一样，平高球也可以用正手、反手或头顶击球技术来完成。其动作要领与正手、反手或头顶高远球一样，所不同之处是最后用力主要向前方，而不是向前上方。由于平高球弧线不高，如果使用不当，易被对方拦截。所以，在实战中不管用哪种方法击平高球都应注意：如果是打直线平高球，则弧线可低些；若打斜线，则要高些；当对方在网前被动挑高球后，由于回场步法调整一般较慢，这时，可用较低弧线的平高球去袭击其后场，往往可以获得很好的效果。

(5)吊球。

①正手吊球：

a. 劈吊(快吊)击球前期动作同正手击高远球。击球时，拍面正面向内倾斜，手腕作快速切削下压动作。若劈吊斜线球，则球拍切削球托的右侧，并向左下方发力；若劈吊直线，则拍面正对前方，向前下方切削。

b. 轻吊(拦截吊，如图 12.9 所示)击球前期动作同正手击高远球。击球时，一种方法是轻吊时的拍面变化同劈吊基本一致，但用力要更轻些；另一种是击球时，拍面正击球托或借助于来球的反弹力用球拍轻挡，使球过网后贴网而下。后者多用于拦截对方击来的平高球和半场高球。

图 12.9　正手轻吊球示意图

②头顶吊球：

头顶吊球也可作劈吊和轻吊。其击球前的动作同头顶击高远球一样。不同的是球拍触球时拍面变化和力量的运用。吊直线球的动作同正手吊直线球基本一致，只是击球点不同；吊斜线球时，球拍正面向外转，切削球托的左侧，朝右前下方发力。

③反手吊球（图 12.10）：

图 12.10　反手吊球示意图

反手吊球击球前的动作同反手击高远球，不同之处在于触球时拍面的掌握和力量运用。吊直线球时，用球拍反面切削球托的中后部，向对方右网前发力；吊斜线球时，用球拍反面切削球托的左侧，朝对方左网前发力。

（6）杀球。

①正手杀球：其准备姿势和击球动作与正手击高远球基本一样。不同的是最后用力的方向朝下，而且要充分利用蹬地、转体、收腹以及手臂和手腕的爆发力全力地将球向下击出，击球的一刹那要紧握球拍。

②反手杀球：其准备姿势和击球动作与反手击高球一样。但最后用力的方向朝下，而且要加快手臂和手腕朝下的闪动。击球点应尽可能高些、前些，这样便于力量的发挥。

反手杀球虽然力量不大，但有其突发性。一般在实战中，趁对方不备，偶尔用反手杀球（因反手杀球威胁不大，对方思想放松）也会收到出奇制胜的效果。

③头顶杀球：其准备姿势和击球动作与头顶击高球一样。不同的是击球时要充分利用腰腹力量，以大小臂带动手腕快速下扣。头顶杀球是一种重要的进攻性技术，也是我国运动员在左后场区进攻的主要手段。它弥补了反手击球力量不足的弱点。初学者如能掌握好头顶扣杀技术，便会使对方难以对付。

杀球时易出现的错误：击球点过后或过低，影响手臂发力；击球前动作过分紧张、僵硬，有劲使不出；挥臂时以肘为轴，影响大臂发力；击球时手腕下“甩”不够，往往造成杀球出界等。

不管用哪种动作杀球均可作重杀、轻杀、长杀、深杀、直线扣杀、斜线扣杀。重杀时要全力扣压；轻杀时用力介于重杀和劈吊之间；长杀是将球杀向对方场区底线附近；深杀落点在中场附近。总之，杀球时只要通过手腕和手指控制拍面、倾斜角度、用力方向和大小，就可扣杀出不同的球来。这些不同形式的杀球主要是为了战术的需要和根据对方站位的情况灵活加以运用。

2. 击球技术

(1)搓球。

准备姿势同上。击球时，拍面稍前倾，利用手腕和手指的力量向前“切削”球托底部或向后“提拉”，使球击出后旋转或滚动过网。搓球一般在对方来球较靠近网上时运用。正反手搓球除握拍不同外，其他要领相同。

(2)放网前球。

准备姿势同上。击球时，拍面稍朝前下方倾斜，前臂带动手腕和手指向前送动作击球托底部。正反手搓球除握拍不同外，其他要领相同。

(3)勾对角球。

在网前把来球回击到对角线网前叫勾对角球。准备姿势同上。击球时，拍面斜向对方右(左)网前。正手勾对角线时击球托的右侧，手腕和手指带动球拍向左内勾动；反手勾对角时，击球托的左侧，同时向右内勾动。

(4)推球。

在网上将来球用较平的弧线快速推到对方场区底线叫推球。准备姿势同上。击球时拍面前倾几乎与网平行。利用前臂带动手腕和手指的快速“闪动”将球击出。正手推球多用食指的力量，反手推球多用拇指的力量。

(5)扑球。

在网上把高于网的来球迅速扑压下去叫扑球。击球时，拍面前倾，前臂带动手腕和手指的快速闪动发力，击球后立即收拍，以免触网犯规。扑球时要求判断准、上步快、抢点高、动作小。正反手均可。

3. 下手击球技术

(1)底线抽球。

底线抽球主要是为了对付长杀球、平推球或对方突然回击的平高球使自己较被动地退到底线去接球时采用的一种击球技术。它可以分正手和反手两种抽球。

①正手底线抽球：移动时，右脚先向右后场区迈一小步，身体也随之转向右后方，左脚用并步或交叉步向右后场移动一步，右脚再向右后场跨一大步并成弓箭步，重心在右脚上。在移动的同时，持拍臂往右后方拉，拍面稍后仰，击球时，以躯干为竖轴，作半圆式挥拍击球。

②反手底线抽球：移动时，右脚先向左脚靠一小步，然后左脚向左后场跨一步，右脚向左后场跨一大步，身体重心在右脚上。击球前背朝网，大臂往左后方拉，击球时利用大臂带动小臂及手腕左后方前上方发力并利用蹬地、转腰的力量将球击出。底线反手抽球多在单打被动时或双打竞赛中运用。

(2)挑球。

把对方来的吊球或网前球还击到对方后场去叫挑球。它是在被动情况下为了争取回场时间而采取的一种过渡性质的击球。它虽然不能给对方造成威胁,但如果能将球挑得高,挑得远(靠近对方场地底线),就能为自己回到场地中心位置赢得时间。

动作要领:

不论是正手挑球还是反手挑球,最后一步应是右脚在前。正手挑球时,以肘关节为轴,伸拍向前并以前臂带动手腕由下向上挥动。反手挑球时,以反手握拍法握拍,击球时,肘关节稍抬高,并以肘关节为轴,前臂带动手腕由下向上挥动。

挑球时应注意,如来球离网较远时,拍面可稍前倾向前上方用力击球;如来球较近网,拍面应接近向上,击球时要有向上的"提拉",以免挑球不过网。

(3)接杀球。

把对方杀过来的球还击到对方场区去叫接杀球。接杀球看起来很被动,但当对方杀球质量不高时,接杀球如处理得当,就会为本方创造转守为攻的机会或直接还击得分。

①接杀近身球:所谓接杀近身球即对方杀球的落点离身体不远,不需移动脚步而在原地即可进行还击。击球时,主要依靠前臂、手腕的发力。用力大小和拍面变化要根据对方杀球的力量大小和己方回击的不同落点而变化。一般来说,回击网前球时,用力要轻,主要依靠对方来球的反弹力,拍面正对网稍后仰,球拍触球时可作"切削"或"提拉"缓冲来球力量;回击后场时,前臂和手腕用力要大些,要有抽击动作;当对方杀球质量较差时,可用推后场还击,其用力以手腕为主向前稍上方"甩"腕。

②接杀远身球:接杀远身球即对方杀球的落点离身体较远,需移动脚步进行还击。击球时,两脚急速蹬伸同时转髋,采用两侧移动步法至击球位置,上体侧向击球点,同时右手侧伸,以前臂、手腕的闪动发力击球。接杀远身球回击网前或后场球时的用力及拍面变化与接杀近身球相似。

接杀球时应注意:一是击球点在身体前方或侧方附近,不是在身体后方,否则会影响手腕和手指力量的自如发挥;二是击球前的预摆挥拍动作要小,因杀球速度较快,若接杀球动作幅度较大,会造成接球不及,导致失误。

以上两种接杀球技术均可用正手和反手去完成。

4. 中场击球技术

(1)正、反手中场平抽球。

正、反手中场平抽球主要是对付对方来球中离身体较远的平球。人站位于中心附近,两脚左右开立,面对球网,两膝微屈,右手持拍于体前。击球时,准确判断来球并向右(左)侧横跨一步,同时挥拍依靠前臂和手腕的闪动发力击球。正手平抽球时,多用食指的力量向前发力;反手平抽球时,多用拇指的反压力朝前发力。此外,不论是正手还是反手中场平抽球,其击球点都应争取在身体侧前方,这更便于手臂的发力。

(2)半蹲式中场平击球。

半蹲式中场平击球主要运用在双打竞赛中,这是进行对攻的一种击球技术。这种技术是将对方击来的位于肩部或面部附近的球,在半蹲姿势下还击回去。击球时,看准来球,迅速取半蹲姿势,同时举拍在正面或头顶等位置以前臂带动手腕快速闪动挥拍击球。

12.2.5 步法

1. 上网步法

(1)跨步上网(图 12.11)。

准确判断对方来球后,左脚掌内侧用力蹬地并侧身向来球方向迈出,接着右脚也向前迈一大步,以脚掌外侧和脚跟先落地,再过渡到前脚掌,右膝关节弯曲并成弓箭步。紧接着左脚自然地向前脚着地方向靠上小半步。击球后,右脚蹬地用小步、交叉步或并步回到中心位置。

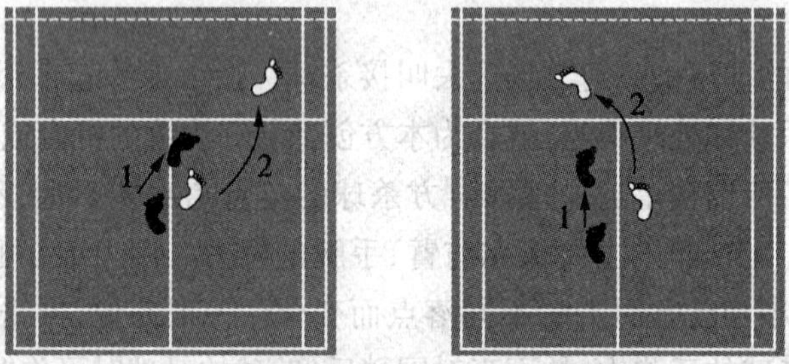

图 12.11 跨步示意图

(2)垫步或交叉步上网(图 12.12)。

判断准对方来球后,右脚先迈出一小步,左脚立即向右脚垫一小步(或从右脚后交叉迈出一小步),左脚掌着地后,脚内侧用力蹬地,右脚再向网前跨一大步成弓箭步,身体重心在前脚。击球后,前脚朝后蹬地,小步、交叉步或并步退回到中心位置。

垫步或交叉步上网的优点:步子调整能力强,在被动情况下,能利用蹬力强、速度快的特点迅速调整脚步,去迎击来球,垫步或交叉步上网的注意事项同跨步上网。

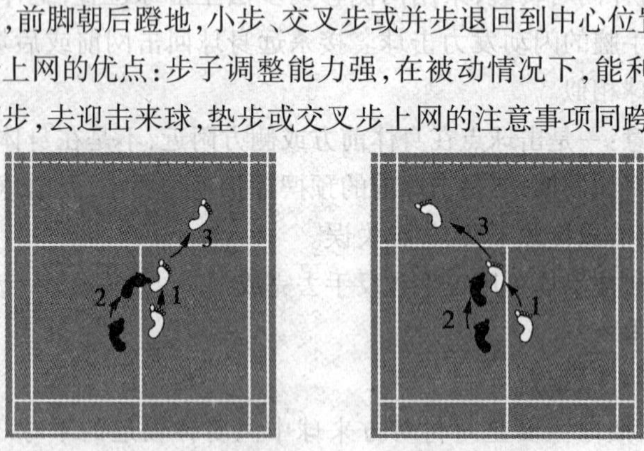

图 12.12 垫步或交叉步示意图

(3)蹬跳上网(图 12.13)。

蹬跳上网是在预先判断来球的基础上,利用脚的蹬地,迅速扑向球网,以争取在球刚越过网时立即进行还击。单打或双打中常用此步法上网扑球。其步法是站位稍靠前,对方一有打网前球的意图后,右脚稍向前刚一点地便起蹬侧身扑向网前。击球后应立即退回中心位置。

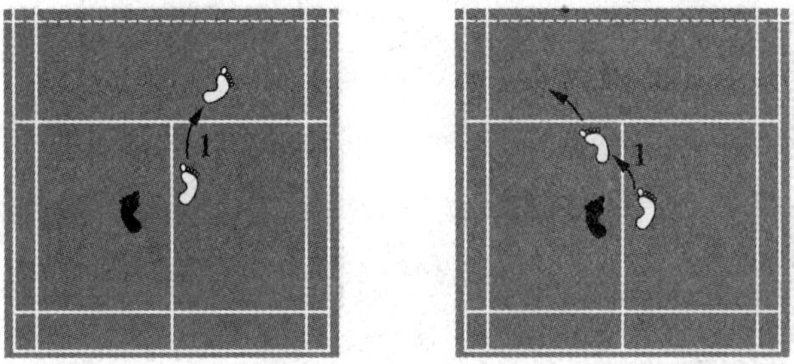

图 12.13　蹬跳步法示意图

2. 后退步法

(1)正手后退步法(图 12.14)。

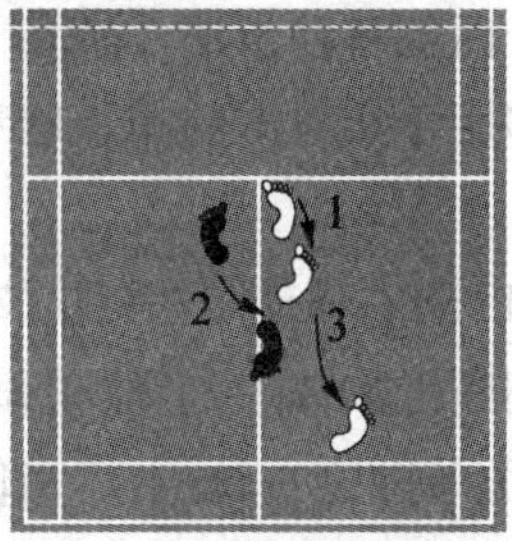

图 12.14　正手后退步法示意图

正手后退步法有并步和交叉步两种。实战中可根据场上情况和个人特点灵活使用。

准确判断来球后,先调整重心至右脚,然后右脚蹬地迅速向右后撤一小步,同时上体右转,左肩对网,接着,左脚用并步靠近右脚(或从右脚交叉后撤一步),右脚再向后移至来球位置。在移动的同时,必须完成挥拍击球前预备动作,待球在右肩上方下落时,作正手原地或起跳击球。击球后,身体重心随右脚前移迅速用小步跑或并步回到中心位置。

(2)头顶后退步法(图 12.15)。

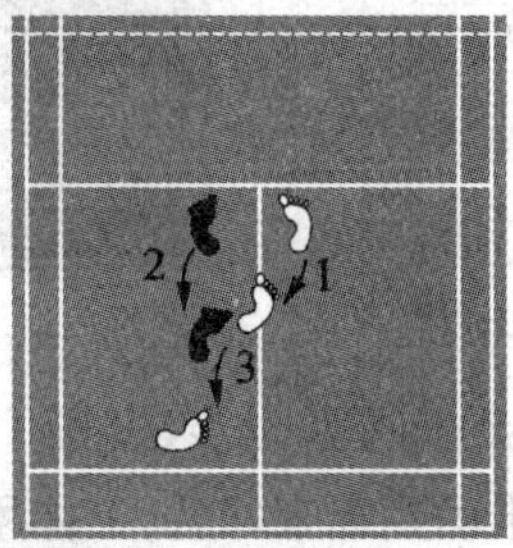

图 12.15　头顶后退步法示意图

头顶后退步法是对方来球向左后场区,用头顶击球技术还击时所采用的后退步法。头顶后退步法也可用并步或交叉步移动后退。

准确判断来球后,右脚蹬地撤向左后方,同时,髋关节及上体向右后方转动(转动的幅度比正手后退要大些),且稍有后仰。接着,左脚用并步或交叉步后撤,右脚再退至来球位置用头顶击球技术击球。击球后,迅速回到中心位置。

(3)反手后退步法(图 12.16)。

反手后退时,应根据离球距离的远近来调整移动步子。

如离球较近,可采用两步后退步法。一种是左脚先向左后方撤一步,接着,上体左转,右脚向左后方跨一步,背对网。另一种是右脚先向左脚并一步,然后,左脚向左后方跨一步,同时上体左转,右肩对网作反手击球。如离球较远,则要采取三步或五步后退步法。三步后退时,右脚先向左脚并一步,左脚再向左后方撤一步,同时上体左转,右脚再向左后方跨一步至来球位置,背对球网,作反手击球。如三步移动还未到来球位置,则左脚右脚再向后移动一步即成五步移动步法。

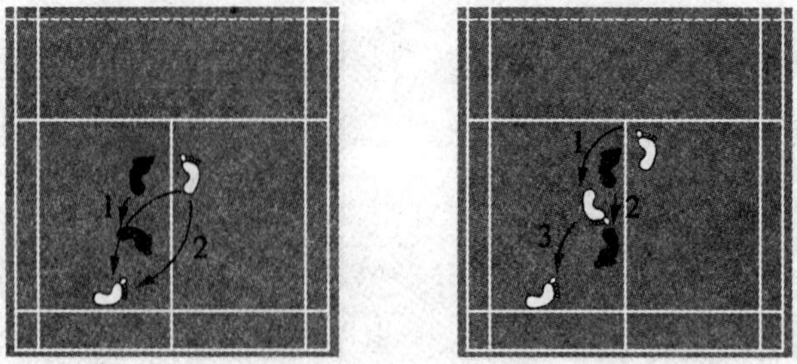

图 12.16　反手后退步法示意图

3. 两侧移动步法

多用于接对方的扣杀球和打来的半场低平球。其准备姿势及站位与上网步法基本相同。

(1)向右移动步法(图 12.17)。

判断准来球后,上体稍倾倒向左侧,用左脚掌内侧用力蹬地,右脚同时向右侧跨大步,髋关节随之右转、上体稍倾倒向右侧,重心在右脚上。若距来球较近,可采用上述动作,若距来球较远,则需左脚先向右脚垫一小步再起蹬,右脚同时向右侧跨一大步。

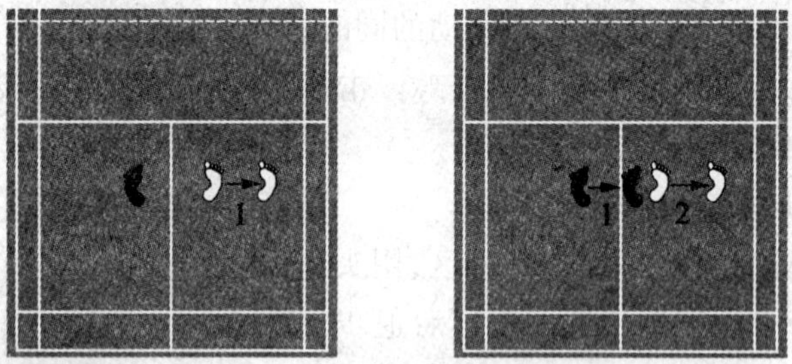

图 12.17　向右移动步法示意图

(2)向左移动步法(图 12.18)。

准确判断来球后,上体稍倾倒向右侧,用右脚掌内侧用力蹬地,左脚随髋关节的转动同时向左侧跨一大步。若来球较远,左脚先向左侧移一小步,紧接着右脚往左侧方向起蹬并转身,向左跨一大步。

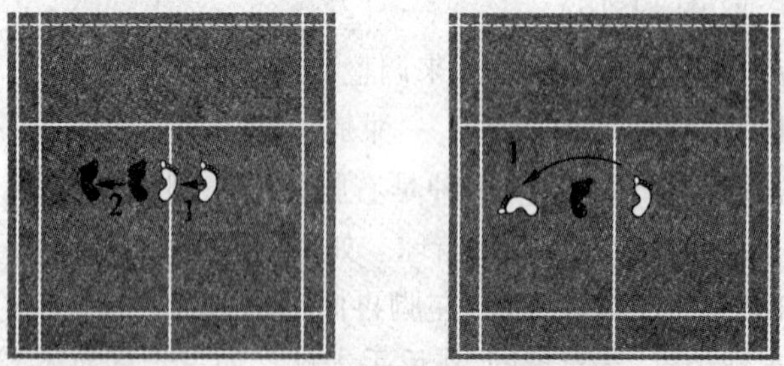

图 12.18　向左移动步法示意图

4. 起跳腾空突击步法

起跳腾空突击步法主要运用于向左、右两侧稍后的位置移动,突然起跳拦截对方击来的弧线较低的平高球。它的特点是启动快、动作突然,常在对方尚未站稳之际,给其以袭击,使对方防不胜防。

当判断准来球飞向右侧底线且弧线较低时,右脚先向右后跨一步,接着左脚向右侧后蹬地,右脚起跳,身体向右侧后方跃起,截住来球,用正手击球技术扣杀或劈吊对方空当。当来球飞向左侧底线时,用右脚掌蹬地,左脚起跳,用正手击球技术突击对方。

在运用起跳腾空突击步法时应注意击球后落地时,要控制好身体平衡,并立即回到中心位置。

对上述羽毛球步法中最基本的几种步法,初学者在平时的练习和竞赛中,应按照要求去体会和掌握,并应该在竞赛中不断地去摸索这些步子移动的规律,以适应竞赛中瞬息万变的情况。

12.3　羽毛球基本战术

12.3.1　单打打法

1. 压后场底线

压后场底线是一种以高球压对方后场底线,迫使对方后退,然后寻找机会以大力扣杀或吊网前空当争取得分的打法。这是初学者必须学会的基本打法。运用这种打法对付后退步子较慢或基本技术掌握较差的对手是十分有效的。应当注意:压后场时,不论是高远球还是平高球,都要压得狠、压得低,如果压后场软绵无力且达不到底线,则易遭受对方的攻击,致使这种打法失效。

2. 打四方球

以高球或吊球准确地将球击到对方场区的四个场角,调动对方前后左右跑动,打乱其阵脚,在对方来不及回中心位置或回球质量较差的对手较为有效。它要求运动员本身有较强的控球能力和快速、灵活的步子及较强的进攻能力。

3. 快拉快吊

以平高球快压对方后场两底角,配合快吊网前两角,吸引对方上网。以网前搓球、勾对角球结合推后场底线,迫使对方被动回球,从而为本方创造中后场大力扣杀或网上扑杀机会。这是一种积极主动、快速进攻的打法。它要求运动员有较全面的攻守技术,且手法准确熟练、步子快速灵活。

4. 后场下压

本方在后场扣杀对方击来的高远球,结合吊球,迫使对方被动挡网前球,这时可趁机主动快速上网搓、推球,创造机会,再以重杀或劈杀结束战斗。这是一种全攻型的打法,具有先发制人、快速凶狠等特点。它要求运动员体力好、连续大力扣杀的能力强、脚步移动快而积极。

5. 守中反攻

这种打法是利用拉、吊四方球及防守中的球路变化,调动对方,伺机反攻(扣杀、吊或平抽空当)。此打法较适合本身进攻能力不强,但防守技术较好、反应较快、身体灵活且身材较矮的选手。

12.3.2 双打打法

1. 快攻压网

从发球抢攻开始,以左、右分边站位,平抽平打快速杀球为主,压在前场进攻。这种打法要求运动员要有较好的半场平抽打技术和较强的封网意识,力争在前场结束战斗。

2. 前场打点

通过网前搓、勾对角及推半场球或找空隙进攻,打乱对方站位,创造后场进攻机会。它要求运动员有细巧的网前技术。

3. 后攻前封

两运动员基本保持前后站位,后场逢高球就下压,当对方还球到前半场或网前时,即予以致命地扑杀。这种打法要求站在后场的运动员具有连续扣杀的能力,站在前场的运动员具有较强的封网意识和技术。

4. 抽压底线

以快速的平高球或长抽球压住对方底线两角,即使在对方扣杀时也能以平抽反击或挑高球达到对方两底角来调动对手,伺机进攻。它要求运动员具有较强的防守能力和较好的底线平抽球技术。

12.3.3 单打战术

1. 发球抢攻战术

从发球的第一拍起,争取控制对方,以攻杀得分。这种战术,一般为发网前低球结合平快球、平高球,争取第三拍的主动进攻。用这种战术对付应变能力较差的对手,或实施于竞赛的关键时刻,效果往往很好。实施这一战术时,应有高质量的发球予以保证,否则很难成功。

2. 攻后场战术

此战术是通过击高球、重复压对方的底线两角,造成对方的被动,然后寻找机会进攻。用它来对付初学者,或后场还击能力较差,或后退步子较慢以及急于上网的对手是很有效的。

3. 攻前场战术

对网前技术较差的对手,可运用此战术先将其吸引到网前,然后再攻击其后场。采用此战术,自己首先要有较好的网前击球技术。

4. 打四方球战术

若对手步子较慢、体力较差、技术不全面,可以凭借快速准确的落点攻击对方场区的四个角落,寻找机会向空当进攻。此战术的主要目的是通过打落点,逼迫对方前后奔跑、被动应付,并在其回球质量下降或露出破绽时乘虚而入。

5. 杀、吊上网战术

对对手打来的后场高球，本方先以杀球配合吊球把球下压，落点选在场区的两条边线附近，致使对手被动回球。若对手回网前球时，本方迅速上网搓球、勾对角球或平推球，创造在中场大力扣杀的机会。这种战术必须能很好控制杀、吊球的落点，在使对方被动回球时，才能主动迅速上网。

6. 打对角线战术

对付身体灵活性差、转体较慢的对手，不论是进攻还是防守，均应以打对角线球为主。这样，对方会因移动困难而被动，为我方创造进攻机会。

7. 防守反击战术

在对方主动进攻、我方被动防守时，我方可高质量地接杀栏网；或抓住对方攻杀力量减弱，或落点不好之机会，以平抽底线球还击对方后场，扭转被动局面，并进行反击。

12.3.4　双打战术

1. 攻人战术

集中攻击对方中有明显弱点的人，并伺机攻击另一人因疏忽而露出的空当，或对此人偷袭。双打竞赛中的配对选手的技术，一般总有一人好，另一人稍差些。即便两人水平相差不多，但若能集中力量攻击其中一人，也可给其造成很大的心理压力，从而使其出现失误。

2. 攻中路战术

当对方分边站位防守时，将球攻击对方两人的中间；当对方前后站位时，可将球下压或平推两边半场。这样可使对方防守时互相争抢或互让而出现失误。

3. 攻后场战术

对方扣杀能力差，本方可采用平高球、推平球、接杀挑底线，把对方一人紧逼在底线两角移动。当对方被动还击时，则抓住机会大力扣杀。如另一对手后退支援时，即可攻网前空挡。

4. 后攻前封战术

当本方处于主动进攻前后站位时，站在后场的队员见高球就杀或吊网前球，迫使对方接球到网前，这为本方前场队员创造了封网扑杀机会。前场队员要积极封锁网前，迫使对方被动挑高球。一旦对手挑高球达不到后场，就为本方创造了再进攻的机会。

5. 防守反攻战术

在防守中寻找反攻的机会，以便摆脱困境，转被动为主动。例如，挑底线高球，即不论对方从哪里进攻，本方都应设法把球挑到进攻者的另一边底线。如对方正手后场攻直线，就挑对角线，如对方攻对角就挑直线。这是一种较容易争得主动的防守战术，在女子双打中运用更为有效。时机有利，即可运用反抽或挡网前回击对方的杀球，从守中反攻，争得主动权。运用此战术时，要注意挑高球一定要挑到底线，否则将会出现对方连续攻杀而本方无力反击的局面。

12.4 羽毛球竞赛基本规则

12.4.1 羽毛球竞赛场地、器材

羽毛球场呈长方形,各条线宽均为4厘米,场地上空12米以内和四周4米以内不应有障碍物。球场中央网高1.524米,双打边线处网高1.55米。

羽毛球场地标准:羽毛球场为一长方形场地,长度为13.40米,双打场地宽为6.10米,单打场地宽为5.18米。球场上各条线宽均为4厘米,丈量时要从线的外沿算起。球场界限最好用白色、黄色或其他易于识别的颜色画出。按国际竞赛规定,整个球场上空空间最低为9米,在这个高度以内,不得有任何横梁或其他障碍物,球场四周2米以内不得有任何障碍物。任何并列的两个球场之间,最少应有2米的距离。球场四周的墙壁最好为深色,不能有风。

器材:球重4.74~5.5克,由16根羽毛插在半球形软木托上,球高68~78毫米,直径58~68毫米,分为1~10号。球拍框总长度不超过68厘米,宽不超过23厘米,拍弦面长不超过28厘米,宽不超过22厘米。

12.4.2 羽毛球竞赛计分标准

①羽毛球竞赛采用21分制,即双方分数先达21分者胜,3局2胜。每局双方打到20平后,一方领先2分即算该局获胜;若双方打成29平后,一方领先1分,即算该局取胜。

②除特殊情况(比如地板湿了,球打坏了),球员不可提出中断竞赛的要求。但是,每局一方以11分领先时,竞赛可进行1分钟的技术暂停,让竞赛双方队员擦汗、喝水等。

③得分者方有发球权,如果本方得单数分,从左边发球;得双数分,从右边发球。在第三局或只进行一局的竞赛中,当一方分数首先到达11分时,双方交换场区。

④单打竞赛中发球员的分数为0或双数时,双方运动员均应在各自的右发球区发球或接发球;发球员的分数为单数时,双方队员均应在各自的左发球区发球或接发球。球发出后,双方运动员就不再受发球区的限制而自由击到对方场区的任何位置,运动员的站位也可以在自己这方场区的界内或界外。

⑤双打竞赛中,一局竞赛开始,应从右发球区开始发球,只有接发球员才能接发球;如果他的同伴去接球或被球触及,发球方得一分。在发球方得分为0或双数时,应该由发球方站在右侧的运动员发球,接发球方站在右侧的运动员接发球;发球方得分为单数时,则应站在左发球区的运动员发球或接发球。每局开始首先接发球的运动员,在该局本方得分为0或双数时,都必须在右发球区接发球或发球;得分为单数时,则应在左发球区接发球或发球。任意一局的本方发球员失去发球权后,同时对手获得1分,接着由他们的对手之一发球,如此传递发球权,注意,此时双方4位运动员都不需要变换站位。竞赛中不得有发球错误和接发球的错误,或在同一局竞赛中有两次发球。一局胜方的任一运动员可在下一局先发球,负方中任一运动员可先接发球。

第13章 跆拳道

【学习目标】

1. 了解跆拳道的起源及发展。

2. 理解跆拳道的概述。

3. 了解跆拳道的基本技术和竞赛规则。

【内容提要】

本章主要内容为:跆拳道的起源、基本技术及其竞赛规则。

13.1 跆拳道运动概述

跆拳道起源于朝鲜半岛,是古老的朝鲜人民为了抵御外侵,抗击外来势力,抵御野兽的攻击,从而发明的一种防身自卫的格斗方法。跆拳道中的跆,是指用脚踢;拳,是指用拳击打;道,是指方法、技术和武道精神。跆拳道以腿法为主,拳法为辅,技术动作特色鲜明,在攻击时常伴随发声扬威,气势磅礴。

跆拳道不仅是一项强身健体的格斗运动,也是提高自身文化素养、增强自信心的一种文化追求。跆拳道倡导"以礼始,以礼终"的文化理念,并且追求"礼义廉耻、忍耐克己、百折不屈"的武道精神。

13.1.1 跆拳道运动发展简史

1945 年朝鲜独立之后,由于战争,异国他乡的朝鲜人民将世界各地的搏击术带回了朝鲜,与朝鲜当时的跆拳道进行了结合,博采众家之长,逐步形成了现代化的跆拳道。

1962 年,跆拳道正式成为朝鲜业余体育协会的会员并且被列为全运会的正式竞赛项目之一。

1966 年成立了国际跆拳道联盟,由崔泓熙先生担任主席。

1986 年,跆拳道成为第 10 届亚运会竞赛项目。

1988 年,跆拳道被正式列为奥运会表演项目。

1994 年,国际奥委会将跆拳道项目列为 2000 年奥运会竞赛项目。

13.1.2 跆拳道的精神

跆拳道不仅是对身体的锻炼,更是对人的意志品质的考验和修炼。跆拳道遵循五大精神:

1. 礼仪

尊重他人的人格,谦虚诚恳待人,进出道馆要向国旗敬礼,要尊重自己的父母,自己的教练和训练的同伴。

2. 廉耻

出现错误的时候要及时改正,并且要知道自我羞愧,努力让自己成为健康正直,有道德修养的人。

3. 忍耐

遇到挫折和困难的时候要坚持,给自己自信,不断地去超越自己。

4. 克己

学会调节自己的情绪,提高自我控制的能力,能够约束自己,对自己要求严格。

5. 百折不屈

无论遇到任何困难,都不要屈服,要勇于与苦难做斗争,经得起磨炼,铸造钢铁般的意志品质。

13.1.3 跆拳道的技术特点

1. 跆拳道技术以腿法为主,拳法为辅

跆拳道腿法技术灵活多变,变幻莫测,凶猛凌厉,在跆拳道竞赛中,腿法约占总技术的 80%,而拳法则是侧重作为防守格挡技术。

2. 以刚制刚,动作凌厉简练

跆拳道运动员在竞赛中多采用直线击打,动作追求直线运动的极限,直来直去,以刚克刚,进攻方都会采用直线连续进攻,用连贯的腿法组合进攻对手。

3. 技术动作追求速度、力量和击打效果

跆拳道技术以实战为核心,要求出腿速度够快、力量大、击打效果好,在竞赛中,运动员身上带有护具,裁判或系统(电子护具)通过腿踢击护具产生的声音(震动)效果来判断是否得分。

4. 强调气势,发声扬威

在跆拳道训练和竞赛中,经常会发现运动员在出腿或者做技术动作的时候会配合发声,他们会通过声音来提高自己的自信心,也一定程度上起到了震慑对手的作用,在发声的时候,人体内部阻力会一定程度上减弱,从而提高了出腿速度,集中注意力,让技术动作产生最大化的威力。

5. 以礼始，以礼终

无论是在训练场上还是在赛场上，训练者都应该保持礼节，对自己的父母、教练、训练同伴都要以礼开始，以礼结束，不断提高自己的文化素养和道德修养。

13.1.4　跆拳道的作用

1. 增强身体素质，提高机体免疫力

跆拳道是一项有氧和无氧运动相结合的搏击类运动，通过跆拳道训练，人体的灵敏度、协调性、平衡性、速度耐力等都会有显著的提高，从而全方位地提高身体素质。

2. 提高防身意识和防身能力

跆拳道的腿法凶猛凌厉，速度快、力量大、攻击性强，经过长期跆拳道训练的人，具备一定的实战经验，实战技能全面提高，具备防身的能力。

3. 磨炼意志品质，提升自我修养

跆拳道的五大精神始终贯穿在平时的训练和训练者的生活中，通过训练学习和文化熏陶，练习者面对困难会更加顽强，坚韧不拔。

13.2　跆拳道基本技术

13.2.1　准备姿势(实战势)

准备姿势也称实战姿势(图 13.1)或者格斗姿势，是跆拳道竞赛中双方运动员准备进攻前的基本站立姿势，方便进攻和反击以及多方向移动。

1. 动作规格

①双脚开立与肩同宽，双臂自然垂放于身体两侧。

②左脚向右脚的前方迈出，两脚相距两脚半距离前后站立，身体侧向对方，同时双手握拳，肩、双臂屈肘自然垂放于身体两侧。

③重心在双腿之间，膝部微弯曲，眼睛目视对方上半身，下颚微收。

2. 动作要领

双腿之间的距离和重心的高低可根据实际情况进行调整，原则上是在实战时能迅速调整好身体重心。实战姿势时后脚脚后跟应微微抬起，方便起腿或者制动。

图 13.1　实战姿势

13.2.2 基本步法

1. 上步(图 13.2)

(1)动作规格。

左势准备姿势站立,右脚向前上一步,成为右势准备姿势,反之亦然。

(2)动作要领。

上步时要通过拧腰转髋完成,双臂在身体两侧自然移动,重心不能起伏过大。

图 13.2 上步

(3)实战应用。

上步时,用于逼迫对方后撤,或引诱对方进攻,亦可以加入假动作来欺骗对手。

2. 后撤步(图 13.3)

(1)动作规格。

左势站立,左脚向后撤一步,成为右势准备姿势,反之亦然。

图 13.3 后撤步

(2)动作要领。

后撤步时重心要保持平稳地移动,通过拧腰转髋完成,双臂在身体两侧自然移动。

(3)实战应用。

后撤步时,常用在对方使用进攻腿法时,可用前腿推踢或下劈阻击对手。

3. 前滑步(图 13.4)

(1)动作规格。

左势站立,前脚向前踏出一步,后脚迅速跟进一步,双脚保持前后左右距离不变,保持实战姿势不变,反之亦然。

图 13.4 前滑步

(2)动作要领。

做前滑步时,重心不能有过大的起伏,应使重心平稳移动。

(3)实战应用。

做前滑步时,通常在快速接近对方的同时出腿,属于进攻步法,亦可以调整与对手之间的距离,方便组织下一次的进攻。

4. 后滑步(图 13.5)

(1)动作规格。

左势站立,后脚向后踏出一步,同时前脚迅速向后退回一步,保持两脚之间前后左右的距离不变,实战姿势不变,反之亦然。

图 13.5 后滑步

(2)动作要领。

做后滑步时,重心不能起伏过大,应使重心平稳移动。

(3)实战应用。

后滑步是防守反击的步法之一,常用于躲开对手进攻,同时快速原地进行反击和反反击技术。

5. 跳换步(图 13.6)

(1)动作过程。

左势站立,两脚原地前后交换,由左势换成右势,反之亦然。

图 13.6 跳换步

(2)要领。

重心不应起伏过大,要使重心平稳地移动,用髋关节带动腰部进行转换。

(3)实战应用。

通常是为了做假动作或者根据对手的站姿而进行调整,具有突然性和隐蔽性。

13.2.3 基本腿法

1. 前踢(图 13.7)

(1)动作规格。

以左势实战姿势准备,右脚向后蹬地,身体重心前移至前脚;右脚蹬地屈膝提起,左脚以前脚掌为轴外旋约 80 度,同时右腿迅速夹膝、送髋、顶髋,大小腿折叠夹紧,以膝关节为轴,快速弹踢小腿,脚面绷紧下压,力达脚尖。踢击目标后迅速回收,自然弹回,落在前方成右势站姿。

图 13.7 前踢

(2)动作要领。

膝关节上提时大小腿折叠,膝关节夹紧,小腿和踝关节放松,有弹性,踢击时顺势往前送髋,高踢时往上送髋。

(3)实战应用。

实战中可以踢击对手的下巴,在生活中作为防身技术也是非常不错的选择,是具有很大杀伤力的腿法之一。

2. 横踢(图 13.8)

(1)动作规格。

左势准备,右脚蹬地,重心移到左脚,右脚屈膝上提,双拳置于腹前;左脚前脚掌支撑外旋,髋关节向左旋转,左膝关节内扣,大小腿折叠夹紧,右小腿与地面平行,小腿快速向左前横踢出;击打目标后迅速回收小腿。右脚落在前方,成右势实战姿势。

图 13.8　横踢

(2)动作要领。

大小腿折叠夹紧,小腿起腿时走直线;支撑脚外旋,注意将击打的力点放在脚背,踝关节放松。

(3)易犯的错误。

①大小腿不夹紧。

②横踢腿起腿时没有走直线。

③上身太直、往前、重心靠前。

④踝关节紧张,脚内侧击打。

3. 下劈(图 13.9)

(1)动作规格。

左势格斗姿势准备,右脚蹬地,重心前移至左脚,右腿以髋关节为轴屈膝上提,双手握拳置于腹前，上提膝关节至胸部，脚尖勾起，右小腿以膝关节为轴向上伸直，将右腿直举于体前，脚过头。然后放松向下，以右脚后跟（或脚掌）为力点向前劈击，击打后放松自然回收落在前方，变成右势格斗姿势。

图 13.9　下劈

（2）动作要领。

腿尽量往高抬，大腿尽量向胸部靠拢，要向上送髋，落地要有控制；起腿要迅速、果断；踝关节要放松。下劈腿的主要攻击部位有头部、脸部和锁骨。

（3）易犯错误。

①起腿不够高，大腿没有贴近身体。

②踝关节紧张，往下压太用力。

③重心不稳，腿控制不好，落地太重。

④上身后仰太多、出腿速度慢，击打效果不好。

4. 双飞踢（图 13.10）

（1）动作规格。

左势实战姿势准备，右腿踢幅度较小的横踢进攻，在落地之前的一瞬间迅速转腰翻胯踢左腿的横踢，两腿在空中交换，右脚先落地。此时，左腿的横踢可以完全放开去踢，将力量完全打出来。

（2）动作要领。

①注意不要过大幅度转髋。

②双腿衔接时间要把握好。

③注意击打位置是脚背面。

（3）易犯的错误及纠正。

①右横踢和左脚起跳时机不对，或早或晚；应先练习右腿横踢控腿，再练习空中转髋接左腿横踢。

②双腿横踢之间间隔时间过长；可利用原地单腿横踢起跳另一条腿横踢空击练习，提高出腿和起跳的速度。

图13.10　双飞踢

5. 后踢(图13.11)

(1)动作规格。

左势格斗势准备,以左脚为轴,向右后方转身背对对手,屈膝夹腿,眼睛用余光看向后方对手位置,脚尖勾起,像直后方蹬出,然后快速收腿,自然落地,落成右势格斗姿势。

(2)动作要领。

起腿后上身微屈,大、小腿折叠夹紧,转身,踢膝,出腿一次性完成,中间没有停顿和二次发力,击打目标在正后方。

(3)易犯错误。

①上身过直,大小腿没有折叠夹紧,直腿往上撩。

②转身,踢腿有停顿。

③击打成弧线,旋转发力。

④肩、上身跟着旋转,变成侧踢。

6. 上格挡(图13.12)

(1)动作规格。

双脚开立步站好,双脚距离一个脚的距离,右手握拳置于左肩膀处,拳心向身体里面,同时左右握拳置于右侧腰处,这是上格挡的准备姿势,然后左右向上走,右手向下走,左手抬置额头前方,拳心向外,右手同时收回右侧腰间,格挡手将自己的头部防守好,小臂将额头前方挡住。

(2)实际应用。

防守对方下劈动作、高位横踢以及手刀劈砍。

图 13.11　后踢

图 13.12　上格挡

7. **下格挡**(图 13.13)

(1)动作规格。

双脚开立步站好,双脚距离一个脚的距离,左手握拳置于右肩膀处,拳心向身体里面,同时右手握拳置于右侧腰处,这是上格挡的准备姿势,然后左手向下走,右手同时收回右侧腰间,格挡手向身体前方做下段格挡,格挡手与大腿约 2 拳距离。

(2)实际应用。

防守对方前踢动作及中段冲拳。

7. **中格挡**(图 13.14)

(1)动作规格。

双脚自然开立,右手向正前方伸直握拳作为辅助手,左手小臂握拳抬起置于耳侧,拳心向外，大小臂成 90 度角，左手向身体里侧方向进行格挡，同时，右手抽回右侧腰间，左手挡在人体中心线位置即可，拳心向里。

图 13.13　下格挡

图 13.14　中格挡

(2)实际应用。

防守对方的横踢进攻和刺拳。

13.3　跆拳道竞赛基本规则

13.3.1　竞赛区的划分

①8 米 ×8 米的区域为竞赛区。

②竞赛区的边缘线为边界线。

③竞赛记录台和临场医务台面对竞赛区的边缘线是第一边界线，顺时针旋转依次为第二边界线、第三边界线、第四边界线。

④边界线以外要铺竞赛垫子，为了保护运动员的安全；尺寸大小要根据竞赛的实际情况确定。

1. 比赛区的位置

①主裁判员：距离竞赛区中心点向第三边界线方向 1.5 米的位置。

②边裁判员：第一边裁判员在第一、二边界线夹角，面向竞赛区中心点向后 0.5 米处；第二边裁判员在第二、三边界线夹角，面向竞赛场地中心点向外 0.5 米处；第三边裁

判员在第三、四边界线夹角，面向竞赛场地中心点向外 0.5 米处；第四边裁判员在第四、一边界线夹角，面向竞赛场地中心点向外 0.5 米处。

③记录台：位于第一边界线向后至少 2 米处，面向竞赛场地。

④临场医务台：置于第一边界线右侧向外 3 米以外处。

⑤运动员：运动员的位置是相对的 2 点，距离竞赛区域中心点各 1 米，距离第一边界线 3.5 米处。

⑥教练员：位于自方运动员一侧的边界线中心点向后 1 米的位置。

⑦检查台：位于竞赛场地入口处附近。

2. 赛场环境

①为参赛运动员提供热身区域和检录的区域。

②竞赛场地的高度、照明、温度和湿度应该适于运动员进行竞赛。

③具备专业的医疗救护设施和措施。

④提供竞赛所需的竞赛景观和体育展示板及其他环境和设施。

竞赛区应铺设有弹性、平整的由中国跆协指定的专用竞赛道垫。颜色搭配必须避免刺眼或引起运动员、观众视觉的疲劳，应与运动员的护具、服装、垫子表面颜色协调一致。竞赛区：应是 8 米 × 8 米的正方形，环绕竞赛区域应有至少 2 米宽的安全区域。

竞赛台和竞赛场地应该按照如图 13.15 和图 13.16 所示选取。

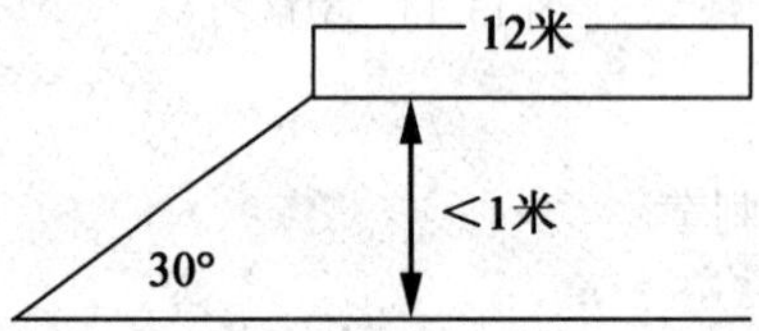

图 13.15　竞赛台

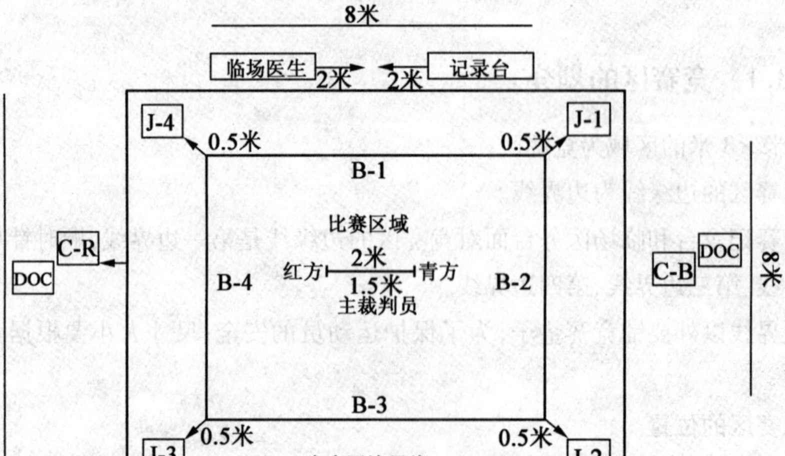

图 13.16　竞赛场地

13.3.2　体重级别

体重分为男、女级。

(1)成年组(表13.1)。

表13.1　成年组

男子	女子
54公斤以下	46千克以下
54千克~57千克	46千克~48千克
58千克~62千克	49千克~52千克
63千克~67千克	53千克~56千克
68千克~73千克	57千克~61千克
74千克~79千克	62千克~66千克
80千克~86千克	67千克~72千克
87千克及以上	73千克及以上

(2)奥运会、全运会(表13.2)。

表13.2　奥运会、全运会

男子	女子
58千克以下	49千克以下
58千克~67千克	49千克~56千克
68千克~79千克	57千克~66千克
80千克及以上	67千克及以上

(3)青年奥运会(表13.3)。

表13.3　青年奥运会

男子	女子
48公斤以下	44公斤以下
48公斤~54公斤	44公斤~48公斤
55公斤~62公斤	49公斤~54公斤
63公斤~71公斤	55公斤~62公斤
73公斤及以上	63公斤及以上

(4)世界青年锦标赛、全国青年锦标赛(表 13.4)。

表 13.4　世界青年锦标赛、全国青年锦标赛

男子	女子
45 千克以下	42 千克以下
45 千克~47 千克	42 千克~43 千克
48 千克~50 千克	44 千克~45 千克
51 千克~54 千克	46 千克~48 千克
55 千克~58 千克	49 千克~51 千克
59 千克~62 千克	52 千克~54 千克
63 千克~67 千克	55 千克~58 千克
68 千克~72 千克	59 千克~62 千克
73 千克~77 千克	63 千克~67 千克
78 千克及以上	68 千克及以上

青少年竞赛的级别设置,在保证安全的基础上,可根据实际情况进行微调。

称量体重的精确程度以小数点之后的百分位为测量标准。例如,50 千克以下级的称量标准,49.99 千克、50.00 千克、50.009 千克均为合格,50.01 千克为不合格。

50 千克以上级的称量标准,49.99 千克为不合格,体重从 50.01 千克起为合格,以此类推。

13.3.3　竞赛程序

1. 检录

运动员在规定时间持有效参赛证件到检录处进行确认,领取护具。

2. 检查

检录后,运动员必须接受赛事组委会指定人员对其进行身体、服装、护具及用品的检查。检查合格后,在指定区域等候点名入场。

运动员、教练员及队医不得携带任何可能造成伤害的物品进入竞赛场地;运动员不得有任何不服从检查的态度或行为。

3. 点名

入场前 3 分钟开始点名,每分钟点名 1 次,共点名 3 次。竞赛开始后的 1 分钟内仍未到场者,按弃赛处理。

4. 入场

点名后,运动员和 1 名教练员进入竞赛场地指定位置,并可以有 1 名队医随同入场。

5. 竞赛开始和结束

①每场竞赛开始前,主裁判员给出“青”(Chung)、“红”(Hong)的口令,示意双方运动员左臂紧夹头盔进入竞赛区。

②双方运动员相向站立,听到主裁判员发出“立正”(Cha-ryeot)和“敬礼”(Kyeong-rye)的口令时互相敬礼。敬礼时自然站立,鞠躬完毕后,运动员戴上头盔。

③主裁判员发出“准备”(Joon-bi)和“开始”(Shi-jak)口令开始竞赛。

④每局竞赛由主裁判员发出“开始”(Shi-jak)口令即开始,主裁判员发出“停”(Keu-man)口令结束。即使主裁判员没有发出“停”(Keu-man)的口令,竞赛仍将按照规定的时间结束。

⑤最后 1 局竞赛结束后,运动员相向站在各自指定位置脱下头盔并用左臂夹紧。主裁判员发出“立正”(Cha-ryeot)、“敬礼”(Kyeong-rye)口令时相互敬礼,在主裁判员宣判竞赛结果后退场。

13.3.4　团体赛程序

①2 个参赛队的所有运动员在指定位置相向站立,按边界线方向顺序站好。

②双方运动员到竞赛场外指定位置等候进场。

③竞赛结束后,双方运动员进场相向列队站立。

④主裁判员宣判竞赛结果后,双方运动员退场。

13.3.5　允许使用的技术、允许攻击的部位

1. 允许使用的技术

(1)拳的技术。

使用正拳进行正面攻击的技术。

(2)脚的技术。

使用踝关节以下脚的部位进行攻击的技术。

①正拳:跆拳道传统技术中,“正拳”(Pa-run-ju-mok)就是用紧握的拳头正面,迅速、有力地直线击打对方躯干正面的技术。

②脚的技术:使用踝关节以下脚的部位所进行的攻击技术是合法的技术,使用踝关节以上腿的部位,如小腿、膝关节等所进行的任何攻击都是不允许被使用的。

2. 允许攻击的部位

(1)躯干。

允许使用拳和脚的技术攻击躯干部位被护胸包裹的部分,但是禁止攻击脊柱。

(2)头部。

锁骨以上的部位,只允许使用脚的技术。

被护甲包裹的部位是允许被攻击的部位。运动员竞赛时须穿戴与其体重级别相对应的带有号码的护甲,如图 13.17 所示。

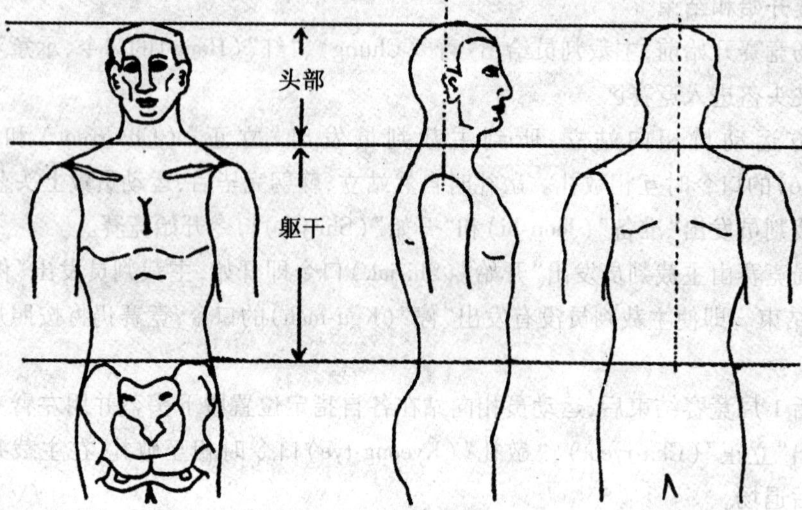

图 13.7 得分部位示意图

13.3.6 得分

用合法的技术,准确、有力地击打得分部位时得分。

准确是指应用合法的攻击技术完全或最大限度地接触对方运动员允许被合法攻击的目标范围之内。

(1)人工计分。

由边裁判员对击打力度和效果进行判定。

(2)电子计分。

由电子护具中的电子感应器来测量击打力度。

1. 得分部位

(1)躯干。

护甲(图 13.18))上蓝色或红色部分覆盖包裹的躯干部位。

(2)头部。

锁骨以上的头颈部位。

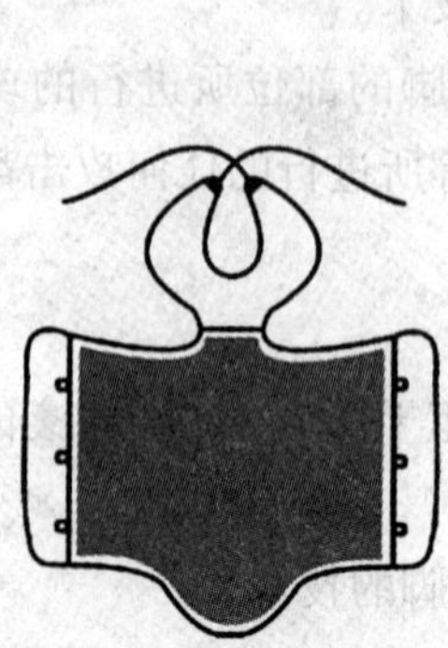
图 13.18 跆拳道比赛护甲

13.3.7　分值

(1)击中躯干计 1 分。

(2)旋转踢技术击中躯干计 2 分。

(3)击中头部计 3 分。

(4)一方运动员每被判 2 次"警告"(Kyong-go)或 1 次"扣分"(Gam-jeom),另一方运动员得 1 分。

"继续"(Kye-sok)的执裁尺度:运动员被击倒时,主裁判员应及时发出"分开"的口令并检查运动员的状态,然后读秒。

使用不合法的技术或犯规行为得分,该得分无效,此时,主裁判员应立即发出"暂停"口令,首先通过手势示意记录台减去分值,然后给予犯规的运动员相应的判罚。

13.3.8　犯规行为的解释

①竞赛过程中所出现的犯规行为,应由场上的主裁执行判罚。

②判罚有"警告"和"扣分"两种。

③2 次"警告"应给对方运动员加 1 分,最后 1 次奇数警告不计入总分。

④1 次"扣分"应给对方运动员加 1 分。

⑤2 个"警告"给对方运动员加 1 分,但是,最后奇数次"警告"不被计入最后得分。

⑥无论犯规行为是否相同,无论犯规现象出现在哪一局竞赛中,被判罚 2 个"警告"均给对方运动员加 1 分。

13.3.9　犯规行为的判罚

1."警告"

以下行为将被判罚"警告":

①双脚同时越出边界线。

②转身背向对方运动员躲避进攻。

③倒地(分为有意倒地和非有意倒地两种情况)。

④故意逃避竞赛,或出现消极状态。

⑤抓、搂抱或推搡对方运动员。

⑥攻击对方运动员腰部以下的部位。

⑦伪装受伤。

⑧用膝盖顶或攻击对方运动员的身体。

⑨用拳攻击对方运动员头部、面部。

⑩教练员或运动员有任何不良的言行。

⑪提膝阻碍或躲避对方运动员的攻击。

2.“扣分”

以下行为将被判罚“扣分”：

①主裁判员发出“分开”(Kal-yeo)口令后攻击对方运动员。

②攻击已经处于倒地状态的对方运动员。

③抓住对方运动员进攻的脚将其摔倒，或用手推倒对方运动员。

④故意用拳击打对方运动员头部。

⑤教练员或运动员故意打断竞赛的进程。

⑥教练员或运动员使用不文明言语、出现严重违反体育道德的行为。

13.3.11 制订犯规条款，禁止犯规行为的目的和意义

①保护双方运动员的安全。

②为了确保公平公正的竞赛。

③鼓励运动员使用合理的或完美的技术。

13.3.12 犯规行为的种类及其在比赛中的表现

1. 运动员被判罚1次“警告”的犯规行为的种类及其在竞赛中的表现

(1)双脚越出边界线。

双脚越出边界线的垂直平面即被视为“出界”。此时，主裁判员将判给犯规运动员1次“警告”。但是当“出界”是对方运动员使用犯规行为造成时，则不属于“出界”，主裁判员有权对犯规运动员进行判罚。

如果“出界”行为在时间上有先后之分，则先“出界”的运动员属于犯规，应被判罚1次“警告”。

(2)转身背向对方运动员逃避进攻。

转身逃避对方运动员的进攻严重违背了公平公正的竞赛精神，并且非常容易导致严重的伤害事故。同样，因逃避对方运动员的进攻而弯腰至腰部以下，也属于“背逃”，将被给予“警告”处罚。

(3)倒地。

运动员倒地应立刻予以“警告”判罚。如果一方运动员因对方运动员的犯规行为而倒地，不应予以判罚，而应判罚对方运动员；因对方运动员使用技术动作导致一方运动员意外倒地，主裁判员提示倒地的运动员“注意”(Joo-eui)(口头警告)；对于因技术动作的连接造成而非故意倒地的运动员，或因失去重心滑倒的运动员应酌情处理，不予判罚。

(4)消极行为。

故意回避竞赛，运动员无意进攻而回避竞赛，判罚将给予更加消极的或连续后退的

一方。若双方运动员都回避、逃避竞赛,则同时给予双方运动员“警告”判罚。但主裁判员应区分故意回避和战略防守,对于以战略防守为目的的技术动作将不给予判罚。

消极行为的表现如下:

①主裁判员发出“进攻”口令后,双方运动员仍然消极,没有进攻动作的情况持续 10 秒。

②主裁判员发出“进攻”口令后,一方运动员从原来的位置向后退或者明显处于被动状态的情况持续 10 秒。

(5)抓、搂抱或推对方运动员。

“抓”,包括用手抓住对方运动员的道服、护具或身体的其他部位,“搂抱”包括用手或手臂压住对方运动员的肩膀或夹住其腋窝,或用手臂搂抱对方运动员的身体;“推”,包括用手掌、肘、肩、躯干或头等部位推开对方运动员使其失去平衡从而利于自己攻击,或推开对方运动员以阻碍其做正常的技术动作。当上述情况出现时,主裁判员将给予“警告”判罚。

(6)攻击对方运动员腰以下部位。

主要指故意攻击对方运动员腰以下部位。为了阻碍对方运动员使用技术动作,而用强有力的推踢或蹬踏动作攻击其大腿、膝关节或胫骨任何部位,此情况主裁应判罚其“警告”。若攻击腰以下部位的动作是因为承受者(被攻击者)自身造成或发生在技术动作转换过程中,不属于此条款规定的内容。

(7)伪装受伤。

此条款的目的是对运动员在竞赛过程中严重缺乏公平公正竞赛精神的行为予以判罚,包括为了表示对方运动员的动作是犯规行为而夸大受伤程度或假装身体某一部位因击打而疼痛,或是为了拖延竞赛时间而夸大其受伤的程度。出现此类情况,主裁判员应对运动员发出 2 次继续竞赛的命令,每 5 秒钟 1 次,如果运动员仍然不服从命令,则给予“警告”判罚。

(8)用膝部顶撞或攻击对方运动员。

主要指在近距离时故意用膝部顶撞或攻击对方运动员。但是,以下 2 种情况不在判罚之列:

①当使用合法的攻击技术时,对方运动员突然向前移动或靠近。

②非故意的或因进攻距离不合适所造成的。

(9)用拳攻击对方运动员面部。

“拳”的概念是指:用拳击打对方运动员头部。但是,由于对方运动员的不经意动作,比如过分低头或随意转身而引起的情况,不在判罚之列。

(10)教练员或运动员有任何不良言行。

“不良行为”包括运动员或教练出现严重违反体育运动精神或跆拳道精神的行为或

态度。具体体现如下：

①任何妨碍竞赛进程的行为。

②以不合法途径对裁判员的判决表示抗议或谩骂竞赛官员。

③用身体动作或行为动作诋毁对方运动员或教练员。

④教练员使用不文明的言语和动作。

(11)提膝超过腰部。

提膝超过腰部故意格挡、阻碍、干扰对方1次进攻的行为，应被判罚“警告”。

2. 运动员被判罚1次“扣分”的犯规行为的种类及其在竞赛中的表现

(1)主裁判员发出“分开”(Kal－yeo)口令后攻击对方运动员。

此类行为十分危险，极有可能导致对方运动员受伤。原因是：

①主裁判员发出“暂停”口令后，对方运动员可能处于无防备的状态。

②主裁判员发出“暂停”口令后，进攻运动员使用的技术的击打力度会增大。

此类攻击运动员的行为是违背跆拳道运动精神的。因此，在“暂停”后，无论击打力度大小，故意攻击对方运动员均应予以判罚。此外，在“暂停”后，如一方运动员假装要攻击对方运动员，也应给予“扣分”判罚。

(2)攻击已倒地的对方运动员。

此类行为十分危险，极有可能导致对方运动员受伤。原因是：

①倒地的运动员可能处于无防备的状态。

②由于倒地运动员处于静止状态，对其使用的任何技术的击打力度会增大。此类攻击倒地运动员的行为是严重违背跆拳道运动精神的。

(3)抓住对方运动员进攻的脚将其摔倒，为了阻碍对方运动员的进攻，用手抓住对方运动员进攻的脚或用手推对方运动员使其倒地。

(4)故意用手攻击对方运动员头部。

主裁判员根据自己的判断，给予下列行为“扣分”判罚：

①当拳攻击的起点位置高于肩膀。

②当拳攻击的路线向上。

(5)教练员或运动员打断竞赛进程。

①教练员在竞赛中离开指定位置而影响竞赛。

②教练员为了阻碍竞赛进程或对裁判员的判罚表示不满而在场地周围走动。

③教练员或运动员威胁、谩骂裁判员或侵犯裁判员的权利。

④教练员或运动员以自己的方式抗议竞赛并打断竞赛进程。

(6)教练员或运动员使用过激的言语或做出严重违反体育道德的行为。

当运动员或者教练员无视或严重违反跆拳道竞赛基本规则、跆拳道竞赛规则和纪律以及主裁判员的指令，主裁判员可以不考虑“警告”或者“扣分”的累计情况，直接判其负。特别是当运动员不顾主裁判员的劝说,意图伤害或者对主裁判员进行明显的侵犯的时候,应立即宣判该名运动员“失格败”。

13.3.13　获胜方式

裁判员等技术官员依据本规则对竞赛胜负进行判定。获胜方式包括以下 6 种：

①击倒胜(K.O 胜)。

②主裁判员终止竞赛胜(RSC 胜)。

③比分或者优势胜。

④弃权胜。

⑤失去资格胜。

⑥判罚犯规胜。

13.3.14　获胜的判定标准

1. 击倒胜

当一方运动员被合法技术击倒,读秒至“8”时仍不能示意可以继续竞赛的时候,主裁判员继续读秒至“10”后,宣布竞赛停止,则另一方运动员获胜。

主裁判员终止竞赛胜:如果主裁判员或者赛事组委会医生确定运动员没有能力继续竞赛,即使 1 分钟恢复期已过,或者该名运动员不服从主裁判员命令仍然想继续竞赛,主裁判员应宣布竞赛停止,则另一方运动员获胜,这是对运动员的一种保护。

2. 弃权胜

①一方运动员在竞赛中因受伤或其他的原因弃权时,则另一方运动员获胜。

②一方运动员在休息时间到后不能继续竞赛或不服从命令,则另一方运动员获胜;

③教练员向竞赛场地扔白色毛巾示意自己的运动员放弃竞赛时,则另一方运动员获胜。

3. 失去资格胜

一方运动员称重不合格或竞赛前运动员身份造假,则另一方运动员获胜。

4. 判罚犯规胜

当一方运动员得到“警告”和“扣分”累计已经达到 4 分时,或者当本规则第 14 条第 6 款规定的情况出现的时候,另一方运动员获胜。

第14章 毽球

【学习目标】

掌握毽球的基本动作和技术要领,同时全面发展学生的身体素质。

【内容提要】

本章主要内容为:毽球运动概述;毽球基本技术及基本战术;毽球竞赛基本规则。

14.1 毽球运动概述

踢毽源于古时蹴鞠,与蹴鞠同宗、同源,是蹴鞠的一个分支。据文物考证,蹴鞠起源于5 000多年前新石器时代的黄河流域,其原始形态为用脚在地面蹭蹴石球相撞击。西汉是竞赛型蹴鞠和表演型蹴鞠成型之时,而六朝及隋唐宋乃是蹴鞠盛行之年代。

现代毽类运动包括毽球和花样踢毽两个项目,起步于20世纪中期。现代毽类运动从初兴就得到了政府及社会各界的积极倡导和大力支持。到20世纪80年代,现代毽类运动得到迅速普及,广泛开展于工厂、学校和机关事业单位当中。随着毽类运动的蓬勃兴旺,全国和地方性毽球组织相继成立。与此同时,竞赛体制基本完善,全国锦标赛、职工赛、学生赛、国际邀请赛等竞赛制度相继建立。进入90年代,毽类运动又先后跻身于全国少数民族运动会、全国农民运动会和全国中学生运动会等大型综合性运动会。同时,毽类运动跨出国门走向世界,先后在亚欧美等多个国家开展起来,并成立了国际组织,建立了世界锦标赛制度。

到了20世纪30年代,踢毽技术在普及的基础上得到了提高,各种踢法丰富多彩,高难翻新的动作层出不穷,不同风格争奇斗艳,使观者眼花缭乱,惊叹不已。我国传统的踢毽运动,日趋完善。

14.2 毽球基本技术

14.2.1 准备姿势与移动

1. 准备姿势

(1)两脚左右开立的准备姿势。

两脚左右开立,比髋略宽,脚跟稍提起,脚掌内侧着地,两膝稍弯曲内扣,重心稍降,上体放松前倾,两臂自然屈于体侧,目视来球,保持静中待动状态。

(2)两脚前后开立的准备姿势。

两脚前后开立,支撑脚在前,左右脚间隔略宽于髋,前脚稍内扣,用脚掌内侧着力,后脚稍内扣,脚跟提起,用前脚掌内侧着地,两膝弯曲内扣,重心稍前移下降,两臂自然屈于体侧,目视来球,保持静中待动状态。

2. 步法移动

移动的目的就是调整好人与球的最佳位置,有利于更好地发挥传、接、攻、防等各种技术。因此,移动必须快速准确,在一般情况下,步伐移动有下列八种。

(1)前上步。

前上步或者斜前上步时,踢球脚蹬地,支撑脚向前或向斜前方迈出一步,踢球脚跟上成踢球准备姿势。

(2)后撤步。

后撤时,支撑脚前脚掌向后蹬地,使重心后移,同时踢球脚向后迈出一步,支撑脚跟上成踢球准备姿势。

(3)左右滑步。

左右开立准备姿势,左(右)脚发力侧蹬地面,重心侧移,同时右(左)脚向侧迈出,左(右)脚迅速跟上,成准备姿势,也可连续滑步。

(4)交叉步。

向右(左)交叉移动时,左(右)脚向右(左)侧蹬地,把身体重心移到右(左)脚,左(右)脚从右(左)脚前往右(左)侧交叉迈出,同时右(左)脚向外侧蹬地,从左(右)脚后侧迈出,成踢球准备姿势。

(5)跨步。

踢球脚蹬地,支撑脚用力向前或者斜前方跨出一大步,踢球脚跟进跨出成准备救球姿势。

(6)并步。

①前并步时,右(左)脚向后蹬地,身体重心前移,左(右)脚向前迈一小步,同时右(左)脚并步跟上成准备接球或启动姿势。

②左(右)并步时,右(左)脚向左(右)侧蹬地,重心向左(右)移,左(右)脚向左(右)

侧迈出一小步,(左)脚并步跟上成准备姿势。

(7)转体上步。

左转体时,以左脚为中枢,右脚蹬地,重心下降稍后移,以髋带动向左转体 90 ~ 180 度,上步成踢球准备姿势;右转体时,以右脚为中枢,左脚蹬地,重心稍下降经右脚前侧向右后转体 90 ~ 180 度迈出一步,右脚跟进上步成踢球准备姿势。

(8)跑动步。

跑动的第一步基本同前上步、后撤步、交叉步的第一步、第二步开始进入逐渐降低重心的正常跑动,最后止步时应有制动动作(脚跟先着地)并重心稍下降成踢球准备姿势。

14.2.2 发球个人技术

发球是竞赛的开始,更是进攻和得分的主要手段之一。主要进攻是发球的指导思想。发球的攻击性、技巧性和准确性是发球个人战术运用的基础。熟练的技术,良好的体力和心理素质是实现发球战术的保证。

1. 发球前应注意的问题

①要观察对方接发球阵型,选择薄弱区域作为攻击目标。

②要了解对方接发球个人的弱点,寻找攻击对象。

③观察对方二传队员和快攻队员的位置和跑动路线。

④要了解对方接不同性能、不同线路发球的适应程度。

⑤了解双方比分增长状况和竞赛形势。

2. 发球个人战术

①拼发球战术:采用正足背地平发球、大力侧抛发球等攻击性发球,力争得分或破坏对方的进攻战术,这是有实力的队经常采用的发球战术。

②找点发球战术:将球发到对方后场两个角上,其次是"中间地带",网前球。

③找人发球战术:找对方接发球差、信心不足,或新换上场的队员作为攻击目标,或者将球准确地发到两人站位的结合部,造成争抢或互让。

④变化发球战术:可利用发球性能及力量变化,发球队员站位变化(发球区左右两边或中间远近),发球线路变化来造成对方不适应。

⑤提高成功率战术:要注意提高发球的成功率,尽量减少失误。特别是采用每球得分制,发球失误或失分甚至直接导致竞赛的失败。另外,竞赛中连续失误极易影响全队的士气和信心。

14.2.3 一接个人技术

为了组织本队的进攻战术面有目的地接发球行动就是一接个人战术。由于各队采取的进攻战术不同,因此对一接的方向、弧度、速度和节奏的要求也不同。

①接发球前应注意的问题:

a. 熟悉本方的进攻阵型和进攻打法,二传队员的基本位置,确定一接的方向、弧度、速度和节奏。

b. 了解对方的发球特点，确定接发球取位以及和同伴协同配合。

c. 树立信心，仔细观察，充分准备。

②一接个人战术：

a. 初学者应将一接球传到二传队员附近上方，弧度稍高，便于做二传。

b. 采用强攻为主的战术打法时，一接弧度宜高，以便二传队员移动到位或其他队员调整传球。

③采用快攻战术打法时，一接弧度不宜太高，速度稍快。

④采用两次球战术打法时，一接弧度要高，落点靠近网口，便于二次进攻。

14.2.4 二传个人技术

二传队员传球或其他队员做调整二传时，都应注意充分发挥本队火力，避开对方拦网，掩护本方进攻。

1. 传球前应注意的问题

①二传队员或其他队员在传球前应充分了解本方队员的位置，每个队员的特点，该轮次的各种战术打法。

②了解对方拦网特点。

③观察发球和接发球一接状况，及时移动到位。同时要熟知本方队员的跑动路线和进攻点。

④一接到位或基本到位时根据队员特点和对方拦网状况，合理地分配球，尽量造成对方无人拦网或单人拦网的状况。

2. 二传个人技术

①传高球时要掌握好集中与拉开，近网、中网、远网、正传与背传，抛物线高与低等。

②传球时运用隐蔽动作或假动作，调动对方拦网队员，形成有利于进攻的突破口，达到避实就虚的目的。

③二传队员利用两次进攻吸引对方拦网，达到牵制对方、掩护本队进攻的目的。

④处理好困难球，临场一接不到位，近网或远网，直冲网口或网下，要灵活地跑动及运用控球技术，力争组成快攻或强攻。对冲网的一接高球，有接扣两次球、吊球或持球。

⑤调整传球时也可运用侧传、背传、集中、拉开的变化，充分利用网长来迷惑对方。

14.2.5 扣球个人技术

扣球是进攻和防守成败的主要体现，是一个队实力的综合反映。在当今的毽球竞赛中快攻要快，强攻要强，重扣轻打相结合应是扣球的指导思想。

1. 扣球前应注意的问题

①扣球前应明确本队的进攻打法和应变措施。应观察一接和二传的情况确定跑动路线、上步时间和起跳地点，主动与同伴配合，并根据二传情况随机应变。

②了解对方该轮次拦网,防守特点,拦网队员集结和后排防守布局情况。

③助跑起跳过程中和起跳后要观察拦网队员的位置,动作及场上防守队员的位置变化,寻找攻击线路和攻击点。

2. 扣球个人战术

(1)扣球时避开拦网队员。

①运用扣球路线的变化,如:扣直线、斜线和小斜线等。

②运用近网的变化,使对方拦网者不易判断过网点与时机。

③扣吊结合。

④熟练运用扣球动作,提早或延迟击球时间。

⑤利用两次球战术使对方不能组成双人拦网或有效的拦网。

(2)扣球时利用拦网队员的身体造成对方失误。

①球接触身体出界。

②轻扣球触及拦网队员的身体,造成球随拦网队员一同下落。

③平打,造成对方拦网触身体后落入后场区或出界。

④运用吊球,使球落在对方网前。

(3)根据临场情况采取的扣球战术。

①根据对方拦网队员的身高和技术情况,避强打弱。如对方身体矮,弹跳力差,就可以从他们的拦网区域进行突破。

②找人找点的技术,将球扣向较差的队员或对方站位的空当。

14.2.6 拦网个人技术

拦网是防守技术,也是进攻手段,拦网必须加强判断和善于运用隐蔽动作和假动作。

1. 拦网前应注意的问题

①要观察对方的一接、二传和进攻队员的跑动情况,判断对方的进攻打法和主要进攻点。

②了解对方二传队员的特点,快攻节奏和强攻队员的特点,从而采取相应的拦网措施。

③注意与同伴配合拦网,以及和后排队员分工,确定主拦线路。

2. 拦网个人战术

①站直线拦斜线或站斜线拦直线,运用取位和空中变化迷惑对方。

②可制造假象,使对方受骗,起跳后有意露出斜线,引诱对方斜线进攻,然后突然移位拦斜线。

14.2.7 防守个人技术

在防守时应选择有利位置,采取合理的击球动作,将球有效防起。

1. 防守前应注意的问题

①根据对方二传的方向、落点和进攻队员跑动的方向及击球点高低,判断对方进攻

的位置和来球落点。

②根据对方进攻特点和空中动作,判断对方是重扣还是轻吊。

2. 防守个人战术

①根据判断,及时移动取位,守住“最危险”区域。

②运用各种击球动作防守起球,力求控制球的高度和落点,使之便于组织进攻。如来球能够控制,要传给二传队员组织快攻和强攻。

14.3 毽球基本战术

14.3.1 阵容配备的方法

1. 一、二阵容

一、二阵容就是在三个上场队员中,有一名主攻手和两名传球手的配备组合。这是一种最基本的阵容配备,它适用球队在初级阶段时的战术需要。如果随着训练水平的不断提高,该队有一名比较高大、攻球力量凶狠、脚法细腻、头脑清醒的主攻手和两名脚下功夫较好的二传手,其战术打法虽变化不多,比较单一、简单,但由于分工明确,稳而不乱,往往也能打出较高的水平。

2. 二、一阵容

二、一阵容就是在三名上场队员中,有一名主攻手、一名副攻手和一名二传手的配备组合。这种阵容配备,适用于勾踏组合的进攻和配备一名传球水平较高的组织能力的二传手的队伍。其特点是:在一次进攻战术组织过程中,可同时组织两个进攻点,进攻变化多,起到相互掩护、攻其不备的作用。

3. 三、三阵容

三、三阵容就是在三名上场队员中,人人都是攻击手,又都是二传手。阵容队员基本功扎实,攻防技术比较全面,在任何一个轮次的任何一个位置上接发球,都可以组织起两点以上的进攻战术打法。其进攻战术组织率之高,进攻战术变化之多,以及适应能力之强,是其他阵容配备所无法比拟的。

14.3.2 阵容配备的战术

1. 进攻战术

(1)“一、二”配备。

“一、二”阵容配备就是在三个上场队员当中有一个是主攻手,两个是二传手。运用此阵容配备时,主攻手一般不参与接发球,两个二传手交替接发球和做二传,这种战术的进攻特点是分工明确、稳而不乱,尤其适用于有高大主攻手善打中一二和两次攻等高举高打的打法。

(2)“二、一”配备。

“二、一”阵容配备是在上场三名队员有一个主攻手、一个副攻手和一个二传手。

“二、一”阵容配备中,主攻手一般也可以不参加接发球,由副攻手、二传手互换接做二传。这种战术的特点是攻球变化多又可以互相掩护,适用于打交叉、插上、掩护等进攻战术。

(3)“三、三”配备。

“三、三”阵容配备就是在上场三名队员中三个都是攻球手又是二传手。“三、三”阵容配备场中队员接球站位一般成倒三角形,任何一个队员接到球后随时都可以组织两人以上同时参与进攻的战术打法,这种阵容可以打出掩护、交叉战术,还可以打出快攻、背溜、双快—掩护等较复杂多变的战术进攻球。

2. 防守战术

(1)“弧形防”。

“弧形防”就是三名队员在中场成小弧形的站位防守。“弧形防”阵型是在对方的攻球威力不大时采用,这种区域联防的特点是防守视线清楚、分工明确,防守一般性攻球效果很好。

(2)“一拦二防”。

在场上三名队员中,一人在网前拦网,另两名队员分别在其两侧分区防守。“一拦二防”这种封线分防的特点是有两道防线,网上拦网封线路,网下中场防落点,拦防结合,利于反击。

(3)“二拦一防”。

“二拦一防”阵型就是在场上三名队员中有两人在网前拦网,另一名队员在其中后方防守。“二拦一防”这种封线补防的特点是网上拦网封线路,网下中场补空缺,具有明显的网上拦网优势。

(4)“拦－堵－防”。

“拦－堵－防”阵型就是一人在网前拦网,一人在侧面网后堵击,另一人在中后场防守。“拦－堵－防”这种封堵联防阵型构成三道防线,它具有拦、堵、防结合,既可以互相补缺又可以灵活机动应变的特点,是目前比较理想的防守阵型。

14.4 毽球竞赛基本规则

14.4.1 毽球竞赛场地

毽球竞赛场地采用羽毛球双打场地,长 11.88 米,宽 6.1 米。场地上空 6 米以内(由地面计算)和场地四周 2 米以内不得有障碍物。

14.4.2 界线

竞赛场地应按平面图画出清晰的界限,线宽 4 厘米,线的宽度包括在场地面积之内。较长的两条边界叫边线,较短的叫端线。连接场地两边线的中点与端线平行的线叫中线。中线将场地分为均等的两个场区。在中线两侧各画一条与中线平行的线叫限制线

（此线包括在限制区内）。中线至限制线的距离为2米。

14.4.3 发球区

距两端线中点两侧各1米处向场外各画一条长20厘米与端线垂直的短线叫发球区线（此线不包括在发球区内）。发球区线向后无限延长的区域叫发球区。

14.4.4 球网

1. 球网的规格

球网长7米，宽76厘米，网孔2厘米见方。球网上沿缝有4厘米宽的双层白布，用绳穿起，将球网张挂在网柱上。球网必须挂在中线的垂直上空。球网为深绿色。网柱安在中线以外，距边线50厘米处。

2. 球网的高度

球网的中部顶端距地面垂直高度为1.60米（男子），1.50米（女子）。网的两端距地面的垂直高度必须相等，两端的高度与中间的高度相差不得超过2厘米。

3. 标志杆与标志带

在球网的两端，垂直于边线和中线交接处，各系有一条宽4厘米、长76厘米的白色带子，叫标志带。在球网上连接标志带外侧应系有两根有韧性的杆，叫标志杆。两杆内侧相距6米。标志杆长1.20米，直径1厘米，用玻璃纤维或类似的材料制成。标志杆应高出球网上沿44厘米，并用鲜明对比的颜色画上10厘米长的格纹。

14.4.5 毽球

毽球由毽毛、毽垫等构成。毽毛为四支白色或彩色鹅羽成十字形插在毛管内，每支羽毛宽3.20～3.50厘米。毽垫直径3.80～4厘米，厚1.30～1.50厘米。毛管高2.50厘米。

毽球的高度为13～15厘米，重量为13～15克。

14.4.6 竞赛规则

1. 队员组成

①竞赛队由6人组成，上场队员3人，其中队长1人（左臂应佩带明显标志）。竞赛前，各队应将参赛队员（包括替补队员）的姓名、号码登记在记分表上。未登记的队员不得参加竞赛。

②也可因时、因地、因人制宜，增加单人、双人毽球赛，规则与3人制大体相同，记分可采取直接得分法。

③教练员和替补队员应坐在指定的位置上。

2. 队员的场上位置

①双方队员必须站在本方场区内。站在靠近球网的两名队员从左至右分别为3号

位和 2 号位队员，靠近端线的队员为 1 号队员。场上队员的位置必须与登记的轮转顺序相符合。

②发球的位置：发球的一方，2、3 号位的队员在发球队员的前方，彼此间相距不得少于 2 米。球发出后，双方队员可以在本方场区内任意交换位置。

③每局竞赛结束之前，队员的轮转顺序不得调换。

3. 教练员和队长

①竞赛成死球时，教练员和队长有权要求暂停或换人。在暂停时间内，教练员可以进行场外指导，但不得进入场区。

②竞赛进行中，场上队长有权向裁判提出询问或要求解释，但必须服从裁判的最终判决。

4. 服装

①竞赛队员应穿着整齐划一的运动服和毽球鞋或运动鞋。

②场上队员上衣的前后须有明显的号码，号码颜色须一致，并与上衣颜色有明显的区别。号码应清晰可见，背后的号码至少高 20 厘米，胸前的号码至少高 10 厘米，笔画至少宽 2 厘米，同队队员不得使用重复号码。队员不得穿戴任何可能危及其他队员的服饰。

第15章 武术

【学习目标】

1. 了解武术的产生及发展。

2. 理解武术的概念和基本功。

3. 了解24式简化太极拳的基本动作。

【内容提要】

本章主要内容为:武术概述、武术基本功和二十四式简化太极拳。

15.1 武术概述

武术一词来源于古人类之间自然搏击打斗方法的演变,由于人类生存区域空间的争夺战争,从而形成了空手的搏击方法(拳术)和器械搏击(武术器械)的技术演变。

武术由两部分组成:①套路,可以锻炼身体的柔韧性、灵活性、协调性、平衡、力量、耐力等。②攻防。

武术以技击动作为主要内容,以套路和格斗为运动形式,是注重内外兼修的中国传统体育项目。其内涵:武,止戈;术,方法。中华武术,大仁大义为先,武德为上。

武术不仅有健身和技击的价值,而且富有浓郁的艺术色彩。表现在运动中攻与防、虚与实、刚与柔、开与合、快与慢、动与静、起与伏等交替变化形成的强烈的动感、均衡的势态、恰当的节奏、和谐的韵律。就单个动作而言,讲究的上、中、下三盘错落,高有鹰击长空的气概,低有鱼翔浅底的雅趣,如"大跃步前穿",忽地凌跃而起,忽地又伏身而下,似长风出谷,若燕子抄水,妙不可言。其套路运动变化,讲究动之如涛、静之如岳、起之如猿、轻之如叶、重之如铁、缓之如鹰、快之如风等充满着矫健、敏捷、洒脱、舒展而遒劲的美,使人的情操在演练中受到陶冶,提高自身的修养和审美能力。

练武对意志品质考验是多面的。练习基本功,要不断克服疼痛关,磨练"冬练三九、夏练三伏",常年有恒,坚持不懈的意志品质。套路练习,要克服枯燥关,培养刻苦耐劳,砥砺精进,永不自满的品质。遇到强手克服消极逃避关,锻炼勇敢无畏、坚韧不屈的战斗意志。经过长期锻炼,可以培养人们勤奋、刻苦、果敢的意志品质。武术运动蕴涵丰富,技理相通,入门之后会有“艺无止境”之感。群众性的武术活动,成为人们切磋技艺、交流思想、增进友谊的良好手段。随着武术在世界广泛传播,还可促进与国外武术爱好者的交流。许多国家武术爱好者喜爱武术套路,也喜爱武术散手,他们通过练武了解中国文化,探求东方的文明。武术通过体育竞技、文化交流等途径,在与世界各国人民友好交往中发挥着越来越重要的作用。

15.2 武术基本功

15.2.1 手型

1.拳

各部位名称:拳眼、拳心、拳面、拳背、拳轮(图 15.1)。

动作说明:五指卷紧,拇指压于食指、中指第二指节上。

要点:拳握紧、拳面平、直腕。

易犯错误:拳面不平、屈腕。

纠正方法:讲解拳的攻防作用。

教法提示:先示范与讲解拳的规格、要求,再采用手型变换练习。

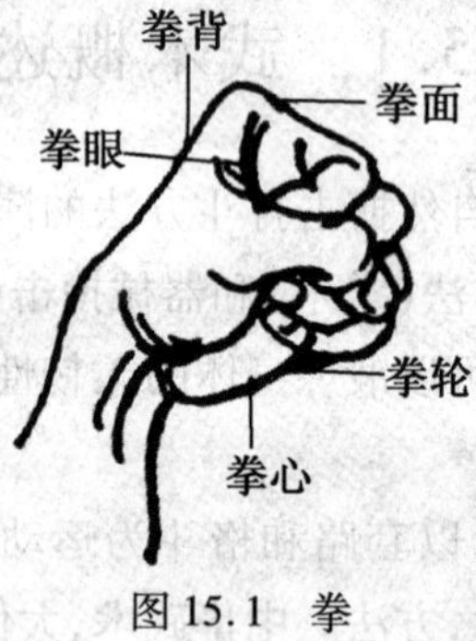

图 15.1 拳

2.掌

各部位名称:掌心、掌背、掌指、掌根、掌外沿(图 15.2)。

动作说明:四指伸直并拢,拇指弯曲紧扣于虎口处。

要点:掌心开展、竖指。

易犯错误:松指、掌背外凸。

纠正方法:讲解掌的攻防作用。

教法提示:先示范与讲解掌的规格、要求,再采用手型变换练习。

3.勾

各部位名称:勾尖、勾顶(图 15.3)。

动作说明:五指撮拢成勾,屈腕。

要点:屈腕。

易犯错误：松指，腕没有扣紧。

纠正方法：讲解勾的攻防作用。

教法提示：先示范与讲解勾的规格、要求，再采用手型变换练习。

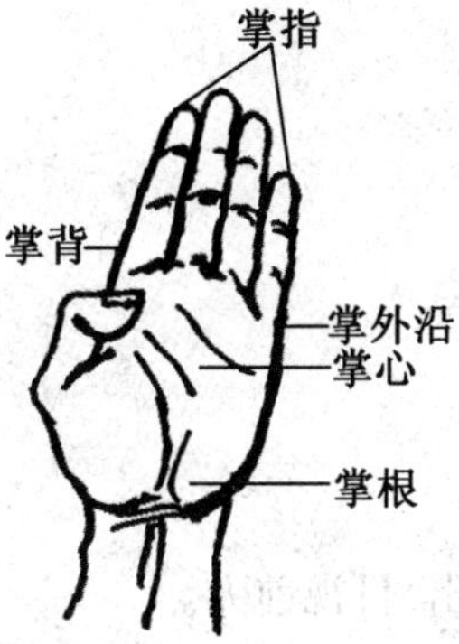

图15.2 掌

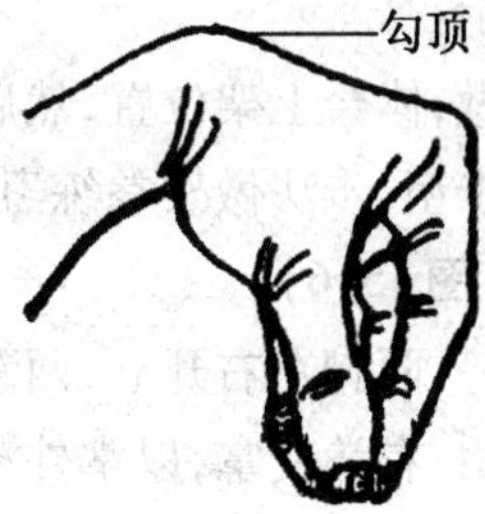

图15.3 勾

15.2.2 手法

1. 冲拳（图15.4）

预备姿势：两脚左右开立，两拳抱于腰间，拳心朝上。

动作说明：右拳从腰间旋臂向前猛力冲出，力达拳面，目视前方。

要点：挺胸、收腹、直腰、出拳快速有力，做好拧腰、顺肩、急旋前臂的动作。

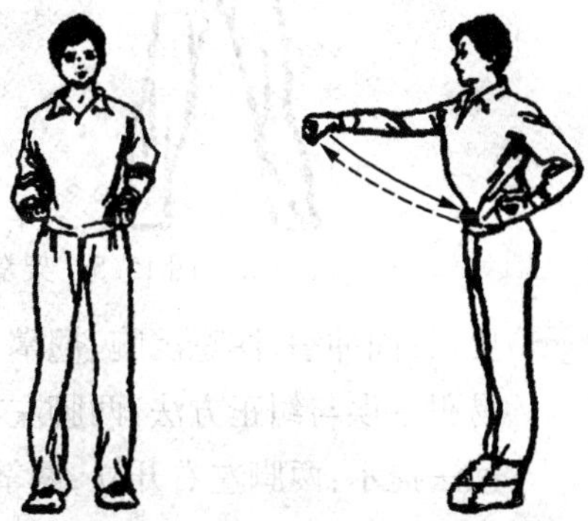

15.4 冲拳

易犯错误和纠正方法：

(1)冲拳无力。

纠正方法：强调拧腰、顺肩、急旋臂、动作快速。

(2)冲拳力点不准。

纠正方法：击靶练习。

(3)拳面不平、屈腕。

纠正方法：讲解拳在攻防中的作用及受力分析。

(4)拳从肩前冲出。

纠正方法：强调肘贴肋运行，使拳内旋冲出。

教法提示：

①先慢做，不要用全力，注意动作的准确性，然后再逐步过渡到快速有力。

②结合步型、步法做冲拳练习。

2. 架拳（图15.5）

预备姿势：两脚左右开立，两拳抱于腰间，拳心朝上。

动作说明：右拳向右上方架起，拳眼向下，目视左方。

要点：松肩、肘微屈、前臂内旋，力达前臂外侧。

易犯错误和纠正方法：

(1)摆臂不顺，架拳不够稳健、舒展。

纠正方法：摆臂要松肩，架拳时前臂内旋、突停。

(2)经体侧架拳，动作路线不对。

纠正方法：利用对方打来之拳，体会上架要求。

教法提示：

①先慢做，体会上架位置，然后再加快练习。

②结合步型、步法做架拳练习。

3. **推掌**(图 15.6)

预备姿势：两脚左右开立，两拳抱于腰间，拳心朝上。

动作说明：右拳变掌，以掌外沿为力点向前猛力推出，目视前方。

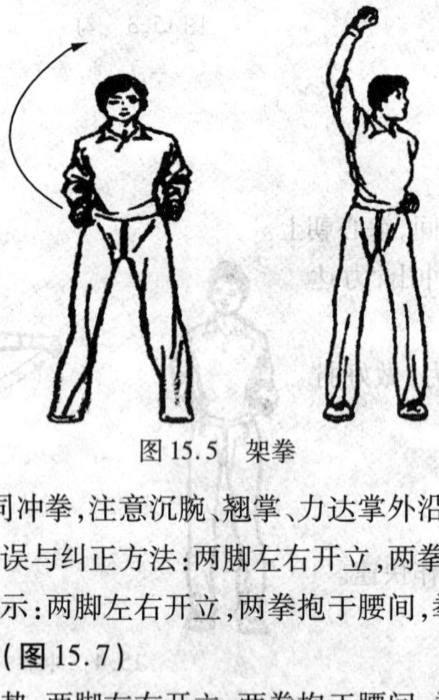

图 15.5　架拳

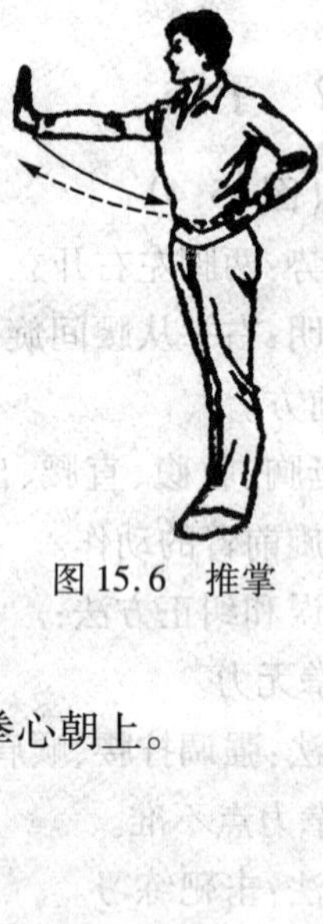

图 15.6　推掌

要点：同冲拳，注意沉腕、翘掌、力达掌外沿。

易犯错误与纠正方法：两脚左右开立，两拳抱于腰间，拳心朝上。

教法提示：两脚左右开立，两拳抱于腰间，拳心朝上。

4. **亮掌**(图 15.7)

预备姿势：两脚左右开立，两拳抱于腰间，拳心朝上。

动作说明：抖腕亮掌，臂成弧形举于头上，目视左方。

要点：抖腕、亮掌与转头要同时完成。

易犯错误和纠正方法：

(1)以臂部动作为主，抖腕动作不明显。

纠正方法：经常做抖腕练习，提高腕部的灵活性。

(2)亮掌与转头不一致。

纠正方法：做亮掌时，用信号或语言提示转头。

教法提示：

①先练习摆臂、抖腕、亮掌、转头动作，而后进行完整动作练习。

图 15.7　亮掌

②结合步型、步法做亮掌练习。

15.2.3 腿功

1. 正压腿(图15.8)

面对一定高度的物体,左脚跟放在物体上,脚尖勾起,两腿伸直,两手扶按在左膝上,或用两手抓握左脚,然后上体立腰向前下方振压,用头顶尽量触及脚尖。两腿交替进行。

学练要点:两腿伸直,立腰挺胸前压。

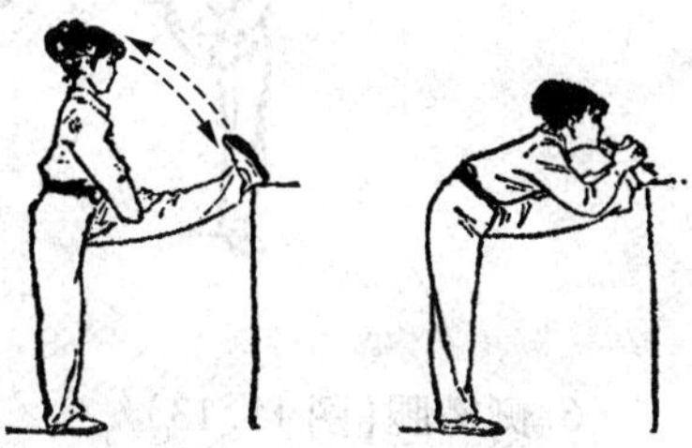

图15.8 正压腿

2. 侧压腿(图15.9)

右腿支撑站立,左脚从体侧放置到一定高度的物体上,脚尖勾起,右臂上举,左掌立于胸前,两腿伸直,腰部挺立,上体向左侧下振压,振压幅度要逐渐加大,直到上体能侧倒在左腿上。两腿交替进行。

学练要点:两腿伸直,开髋立腰挺胸,上体完全侧倒。

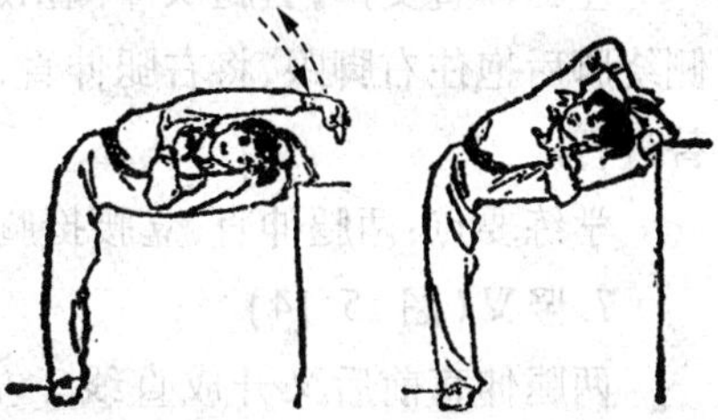

图15.9 侧压腿

3. 后压腿(图15.10)

背对一定高度的物体,两手叉腰,右腿支撑站立,左腿后伸,脚背放到物体上,两腿伸直,上体向后下振压,并逐渐增大振压幅度。两腿交替进行。

学练要点:两腿伸直,立腰挺胸,头随上体后仰。

4. 仆步压腿(图15.11)

右腿屈膝全蹲,全脚着地;左腿向左侧伸直,脚尖内扣;两手分别抓住两脚脚背,成左仆步;腰部挺直,左转前压。左右仆步交替进行。

学练要点:直腰抬头,一腿全蹲,另一腿伸直,两脚压紧地面。

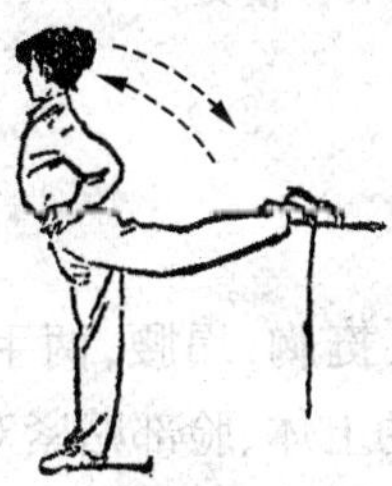

图15.10 后压腿

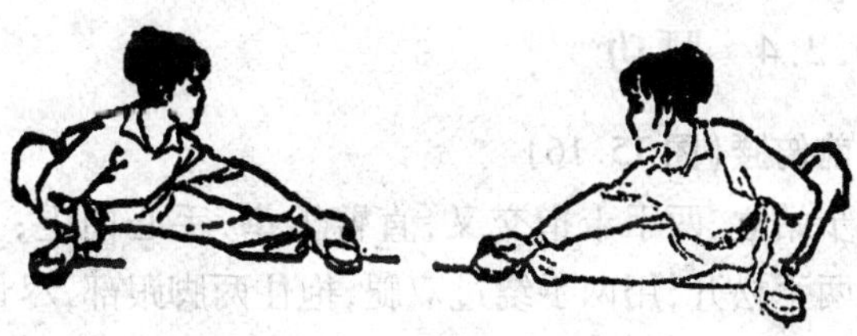

图15.11 仆步压腿

5. 正搬腿(图15.12)

右腿伸直支撑,左腿屈膝提起,左手扶膝,右手抓住左脚,然后将左脚向前方伸出,直至膝关节挺直,左脚外侧朝前。两腿交替进行。

学练要点:两腿伸直,立腰挺胸,被搬腿的脚尖勾紧。

图 15.12　正搬腿

6. 侧搬腿(图 15.13)

左腿伸直支撑,右腿从体侧抬起,右手经右小腿内侧绕脚后抱住右脚跟,将右腿伸直,脚尖勾紧。两腿交替进行。

学练要点:两腿伸直,立腰挺胸,身体直立平稳。

图 15.13　侧搬腿

7. 竖叉(图 15.14)

两腿伸直前后叉开成直线。左腿后侧着地,脚尖上翘;右腿前侧着地,脚背扣在地上,两臂立掌侧平举。两腿交替进行。

学练要点:立腰挺胸,沉髋挺膝。

8. 横叉(图 15.15)

两腿伸直向左右两侧,叉开下坐成直线,两腿内侧着地。两臂立掌侧平举。

学练要点:髋关节完全打开,立腰挺胸。

图 15.14　竖叉

图 15.15　横叉

15.2.4　腰功

1. 前俯腰(图 15.16)

并步站立,两手十指交叉,直臂上举,手心向上;上体前俯,挺胸,塌腰,两手尽力触地。再两手松开,用两手绕过双腿,抱住两脚跟部,尽量使自己的上体、脸部贴紧双腿。

学练要点:两腿挺膝伸直,上体前俯时,挺胸、塌腰、收髋。

图 15.16　前俯腰

2. **甩腰(图15.17)**

开步站立,两臂伸直前举,以腰为轴,上体做前后屈和甩腰动作,两臂也随之甩动。

学练要点:两腿伸直,腰部放松,后甩时抬头挺胸,甩腰动作紧凑而有弹性。

3. **涮腰(图15.18)**

两脚开立,略宽于肩,上体前俯,以髋关节为轴,两臂向左前下方伸出。然后挥动两臂,随上体向前、向右、向后、再向左做翻转绕环。左右涮腰交替进行。

学练要点:两腿伸直,以腰为轴,翻转绕环圆活、和顺。

图15.17 甩腰

图15.18 涮腰

4. **下腰(图15.19)**

两脚开立同肩宽,两臂伸直上举;腰向后弯,抬头,挺腰,双手撑地身体呈桥形。

学练要点:两脚支撑站稳,膝关节尽量挺直,腰部后弯上顶,脚跟不能离地。

图15.19 下腰

15.2.5 肩功

1. **压肩(图15.20)**

面对一定高度的物体,两脚开立同肩宽,上体前俯,两手抓住横杆,抬头挺胸,塌腰,用力向下振压。

学练要点:两腿伸直,肩部松沉,用力震压,力点集中于肩部。

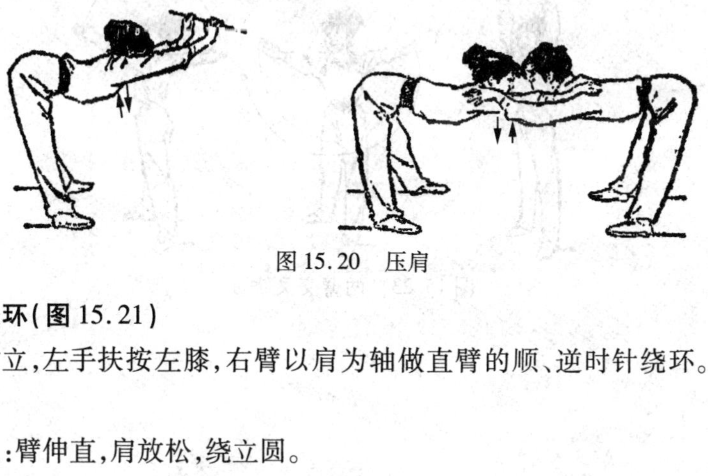

图15.20 压肩

2. **单臂绕环(图15.21)**

左弓步站立,左手扶按左膝,右臂以肩为轴做直臂的顺、逆时针绕环。两臂交替进行。

学练要点:臂伸直,肩放松,绕立圆。

图 15.21　单臂绕环

3. 双臂绕环(图 15.22)

开步站立,以肩关节为轴,两臂分别向前和向后做直臂绕环。顺、逆时针绕环交替进行。

学练要点:身体正直,臂伸直,肩放松,绕环协调和顺。

图 15.22　双臂绕环

4. 两臂交叉绕环(图 15.23)

开步站立,两臂直臂上举,左臂以左肩关节为轴,向前下做顺时针绕环;同时,右臂以右肩关节为轴,向后下做逆时针绕环。两臂顺、逆时针交替进行。

学练要点:身体正直,两臂伸直,绕环协调和顺。

图 15.23　两臂交叉绕环

15.3 二十四式简化太极拳

二十四式太极拳也叫简化太极拳，是国家体委（现为国家体育总局）于1956年组织太极拳专家从汲取杨式太极拳之精华编撰而成的。尽管它只有24个动作，但相比传统的太极拳套路来讲，其内容更显精练，动作更显规范，并且能充分体现杨氏太极拳的运动特点：①虚灵顶劲；②沉肩坠肘；③坐腕舒指；④含胸拔背；⑤松腰敛臀；⑥圆裆松胯；⑦尾闾中正；⑧气沉丹田；⑨运动如抽丝，迈步如猫行；⑩运静有常，势势均匀，前后连惯，绵绵不断。

15.3.1 演练太极拳

演练太极拳要注意以下几点：

1. 心静体松

所谓“心静”，就是在练习太极拳时，思想上应排除一切杂念，不受外界干扰；所谓“体松”，可不是全身松懈疲塌，而是指在练拳时保持身体姿势正确的基础上，有意识地让全身关节、肌肉以及内脏等达到最大限度的放松状态。

2. 圆活连贯

“心静体松”是对太极拳练习的基本要求。而是否做到“圆活连贯”才是衡量一个人功夫深浅的主要依据。太极拳练习所要求的“连贯”是指多方面的。其一是指肢体的连贯，即所谓的“节节贯穿”。肢体的连贯是以腰为枢纽的。在动作转换过程中，则要求：对下肢，是以腰带跨，以跨带膝，以膝带足；对上肢，是以腰带背，以背带肩，以肩带肘，在以肘带手。其二是动作与动作之间的衔接，即“势势相连”，前一动作的结束就是下一个动作的开始，势势之间没有间断和停顿。而“圆活”是在连贯基础上的进一步要求，意指活顺、自然。

3. 虚实分明

要做到“运动如抽丝，迈步似猫行”，首先要注意虚实变换要适当，是肢体各部在运动中没有丝毫不稳定的现象。若不能维持平衡稳定，就根本谈不上什么“迈步如猫行”了。一般来说，下肢以主要支撑体重的腿为实，辅助支撑或移动换步的腿为虚；上肢以体现动作主要内容的手臂为实，辅助配合的手臂为虚。总之虚实不但要互相渗透，还需在意识指导下变化灵活。

4. 呼吸自然

太极拳联系的呼吸方法有自然呼吸、腹式顺呼吸、腹式逆呼吸和拳势呼吸。以上几种呼吸方法，不论采用哪一种，都应自然、匀细，徐徐吞吐，要与动作自然配合。

15.3.2　二十四式简化太极拳图解

简化太极拳图解

1. 起势(图 15.24)

①两脚开立。

②两臂前举。

③屈腿按掌。

图 15.24　起势

2. 野马分鬃(图 15.25)

①抱手收脚。

②转体上步。

③弓步分手。

④转体撇脚。

⑤抱手收脚。

⑥转体上步。

⑦弓步分手。

⑧转体撇脚。

⑨抱手收脚。

⑩转体上步。

⑪弓步分手。

3. 白鹤亮翅(图 15.26)

①跟步抱手。

②后坐转体。

③虚步分手。

4. 搂膝拗步(图 15.27)

①转体摆臂。

②摆臂收脚。

③上步屈肘。

④弓步搂推。

⑤转体撇脚。

图 15.25　野马分鬃

图 15.26　白鹤亮翅

⑥摆臂收脚。
⑦上步屈肘。
⑧弓步搂推。
⑨转体摆臂。
⑩摆臂收脚。
⑪上步屈肘。
⑫弓步搂推。

图 15.27　搂膝拗步

5. 手挥琵琶(图15.28)

①跟步展臂。

②后坐引手。

③虚手合手。

图15.28　手挥琵琶

6. 倒卷肱(图15.29)

①转体撤手。

②退步卷肱。

③虚步推掌。

④转体撤手。

⑤退步卷肱。

⑥虚步推掌。

⑦转体撤手。

⑧退步卷肱。

⑨虚步推掌。

⑩转体撤手。

⑪退步卷肱。

⑫虚步推掌。

图 15.29　倒卷肱

7. 左揽雀尾(图 15.30)

①转体撤手。

②抱手收脚。

③转体上步。

④弓步棚臂。

⑤转体摆臂。

⑥转体后捋。

⑦转体搭手。

⑧弓步前挤。

⑨后坐引手。

⑩弓步前按。

图15.30　左揽雀尾

8. 右揽雀尾(图15.31)

①转体分手。

②抱手收脚。

③转体上步。

④弓步棚臂。

⑤转体摆臂。

⑥转体后捋。

⑦转体搭手。

⑧弓步前挤。

⑨后坐引手。

⑩弓步前按。

图 15.31　右揽雀尾

9. 单鞭(图 15.32)

①转体运臂。

②勾手收脚。

③转体上步。

④弓步推掌。

图 15.32 单鞭

10. 云手(图 15.33)

①转体松勾。

②云手收步。

③云手开步。

④云手收步。

⑤云手开步。

⑥云手收步。

图 15.33　云手

11. **单鞭(图 15.34)**

①转体勾手。

②转体上步。

③弓步推掌。

图 15.34　单鞭

12. **高探马(图 15.35)**

①后脚跟步。

②后坐翻手。

③虚步推掌。

图 15.35　高探马

13. 右蹬腿(图 15.36)

①穿手提脚。

②上步翻手。

③分手弓腿。

④抱收手脚。

⑤翻手提腿。

⑥分手蹬脚。

图 15.36　右蹬腿

14. 双峰贯耳(图 15.37)

①屈膝并手。

②上步落手。

③弓步贯拳。

图 15.37　双峰贯耳

15. 转身右蹬脚(图 15.38)

①转体分手。

②收脚合抱。

③提膝翻手。

④分手蹬脚。

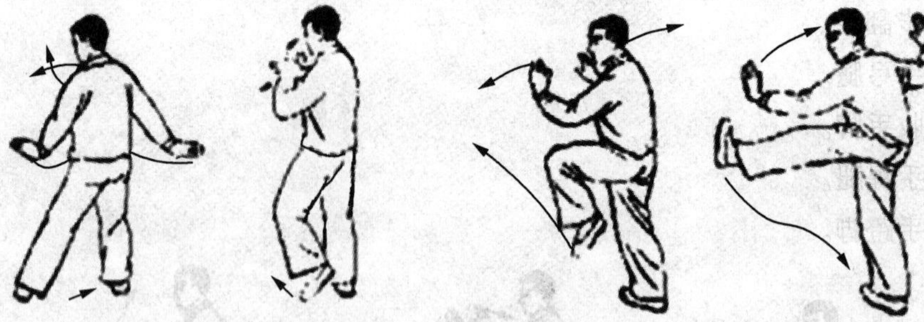

图 15.38　转身右蹬脚

16. 左下势独立(图 15.39)

①收腿勾手。

②屈蹲开步。

③仆步穿掌。

④弓腿起身。

⑤独立挑掌。

图 15.39　左下势独立

17. 右下势独立(图 15.40)

①落脚勾手。

②屈蹲开步。

③仆步穿掌。

④弓腿起身。

⑤独立挑掌。

图 15.40 右下势独立

18. 左右穿梭(图 15.41)

①落脚转体。

②抱手收脚。

③上步错手。

④弓步架推。

⑤转体撇脚。

⑥抱手收脚。

⑦上步错手。

⑧弓步架推。

图 15.41　左右穿梭

19. 海地针(图 15.42)

①后脚跟步。

②后坐提手。

③虚步插掌。

图 15.42　海地针

20. 闪通臂(图 15.43)

①提手收脚。

②上步分手。

③弓步推掌。

图 15.43　闪通臂

21. 转身搬拦捶(图 15.44)

①转身扣脚。

②转体握拳。

③垫步搬拳。

④转体收拳。

⑤上步拦掌。

⑥弓步打拳。

图15.44 转身搬拦捶

22. **如封似闭(图15.45)**

①穿手翻掌。

②后坐引收。

③弓步按掌。

图15.45 如封似闭

23. **十字手**(图 15.46)

①转体扣脚。

②弓腿分手。

③转体落手。

④收脚合抱。

图 15.46　十字手

24. **收势**(图 15.47)

①翻掌分手。

②垂臂落手。

③并脚还原。

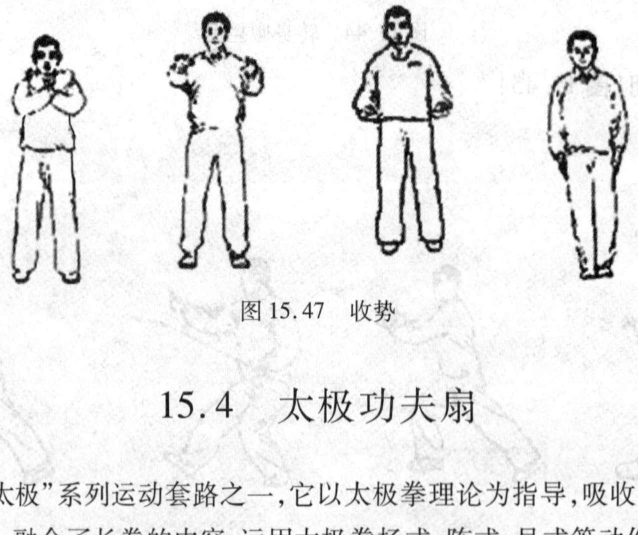

图 15.47　收势

15.4　太极功夫扇

太极扇是“太极”系列运动套路之一,它以太极拳理论为指导,吸收内外家技法融合为一个有机整体,融合了长拳的内容,运用太极拳杨式、陈式、吴式等动作,并以扇子为运动器械,表现各种武术攻防动作,全套 52 式,以横弓步、歇步、仆步、跪步、独立步、交叉步等步型为主,有多种平衡难度动作,扇法凌厉,姿势优美,形式活泼,有较深的艺术内涵和较强的武术攻防意识;有柔和连贯、虚实互变、动静相兼、节奏鲜明、气氛活泼的特点,使武术动作与中国功夫和歌曲旋律巧妙结合,糅合了不同流派的太极拳、太极剑动作,以及快速有力的长拳、南拳、京剧舞蹈动作等等,内容丰富新颖,载歌载“武”,而且易学易练,具有广泛普及性、表演娱乐性、攻防实用性和健体强身性等特点。

15.4.1 演练功夫扇

太极功夫扇练习要注意以下几点：

(1)身体要柔和，姿态要优美，不要僵硬变形，手和脚在伸缩时要留有一定的弯度，不要伸直。练习太极扇对手、眼、身、法、步都有一定的要求，如心平气和、人顺扇走、扇顺意行。

(2)要注意扇子的花样。功夫扇的花样主要有开扇、合扇、刺扇和转扇。开合时要顺着扇子的走向，迅速甩开或握合；刺扇时要合扇用力前刺或下刺；转扇时要把扇子在手心里自由转动，挽扇花的速度要快，才不至于使扇子掉到地上。

(3)步子以弓步、仆步、歇步、交叉步为主，行走间要轻盈自如，切莫硬撑，以免拉伤肌肉。扇子的开合要利索，大开大合，不要只开一点，否则影响美观。

(4)打功夫扇一般都有音乐伴唱，要跟着节拍打。一般要求在一句唱词结束前一拍完成动作，稍有停顿，等姿态摆正再继续下一个动作，只有很少一部分动作要求和歌词一起完成。

15.4.2 太极功夫扇的益处

1. 增加神经系统的灵敏性

练太极扇要心静意定，首先必须令大脑皮层休息(心静)，将协调全身内外器官机能的任务交由中枢神经系统(意定)执行，从而加强了神经系统的灵敏性。

2. 畅通经络、血管、淋巴及循环系统

因练太极扇的时间不会太短，故能像一般的有氧运动一样，使血气运行顺畅。通过身体各部位的运动，动脉血管得到适量挤压及放松，能使血液加速运行，增加氧气的供应，也促进淋巴新陈代谢，增强个人抵抗力。

3. 改进柔韧度、肌力及肌耐力

中国功夫太极扇多以慢速走圆及弧行运动为主，配以屈腿半蹲等运动，加上重心交替变换，使各肌肉的肌力及肌耐力得以提高；再配合多方向及大幅度活动，能改善各关节的柔韧度。

4. 提高心肺功能

练太极扇要保持呼吸自然沉实，透过深、长、细、缓、匀的腹式呼吸方法，增加胸腔的容气量及递增了吸氧呼碳的次数，确保气体能充分交换，相对地提高了各器官的获氧量。从而训练和提高了心肺功能。

15.4.3 太极功夫扇图解

1. 太极功夫扇第一段

(1)开步抱扇(起势)(图 15.48)。

(2)侧弓步举扇(斜飞式)(图 15.49)。

图 15.48 开步抱扇(起势)

图 15.49 侧弓步举扇(斜飞式)

(3)虚步亮扇(白鹤亮翅)(图 15.50)。

(4)进步刺扇(黄蜂入洞)(图 15.51)。

图 15.50 虚步亮扇(白鹤亮翅)

图 15.51 进步刺扇(黄蜂入洞)

(5)转身下刺扇(哪吒探海)(图 15.52)。

(6)独立撩扇(金鸡独立)(图 15.53)。

图 15.52 转身下刺扇(哪吒探海)

图 15.53 独立撩扇(金鸡独立)

(7)翻身劈扇(力劈华山)(图 15.54)。

(8)转身抡压扇(灵猫捕蝶)(图 15.55)。

(9)马步亮扇(坐马观花)(图15.56)。

图15.54 翻身劈扇(力劈华山)

图15.55 转身抡压扇(灵猫捕蝶)

图15.56 马步亮扇(坐马观花)

2. 太极功夫扇第二段

(10)弓步削扇(野马分鬃)(图15.57)。

(11)并步亮扇(雏燕凌空)(图15.58)。

图15.57 弓步削扇(野马分鬃)

图15.58 并步亮扇(雏燕凌空)

(12)进步刺扇(黄蜂入洞)(图15.59)。

(13)震脚推扇(猛虎捕食)(图15.60)。

(14)戳脚撩扇(螳螂捕蝉)(图15.61)。

(15)盖步按扇(勒马回头)(图15.62)。

(16)翻身藏扇(鹞子翻身)(图15.63)。

(17)马步亮扇(坐马观花)(图15.64)。

图 15.59　进步刺扇（黄蜂入洞）

图 15.60　震脚推扇（猛虎捕食）

图 15.61　戳脚撩扇（螳螂捕蝉）

图 15.62　盖步按扇（勒马回头）

图 15.63　翻身藏扇（鹞子翻身）

图 15.64　马步亮扇（坐马观花）

3. 太极功夫扇第三段

（18）马步推扇（举鼎推山）（图 15.65）。

（19）转身刺扇（神龙回首）（图 15.66）。

图 15.65　马步推扇（举鼎推山）

图 15.66　转身刺扇（神龙回首）

(20)叉步反撩扇(挥鞭策马)(图15.67)。

(21)点步挑扇(立马扬鞭)(图15.68)。

图15.67　叉步反撩扇(挥鞭策马)

图15.68　点步挑扇(立马扬鞭)

(22)歇步抱扇(怀中抱月)(图15.69)。

(23)并步贯扇(迎风撩衣)(图15.70)。

图15.69　歇步抱扇(怀中抱月)

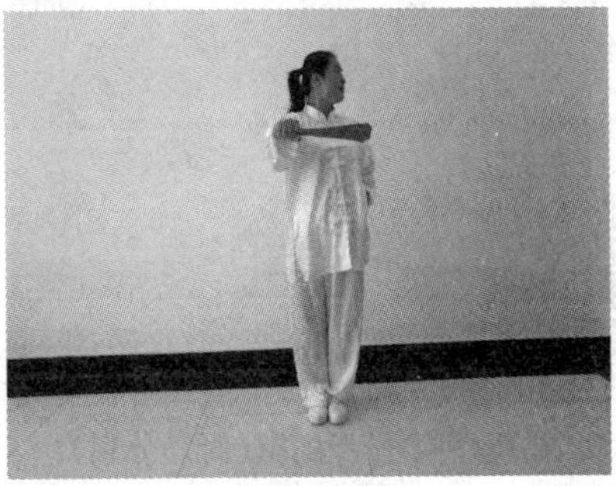

图15.70　并步贯扇(迎风撩衣)

(24)云手劈扇(翻花舞袖)(图15.71)。

(25)歇步亮扇(霸王扬旗)(图15.72)。

(26)开步抱扇(抱扇过门)(图15.73)。

图15.71　云手劈扇(翻花舞袖)

图15.72　歇步亮扇(霸王扬旗)

图 15.73　开步抱扇(抱扇过门)

4. 太极功夫扇第四段

(27)弓步削扇(野马分鬃)(图 15.74)。

(28)并步亮扇(雏燕凌空)(图 15.75)。

图 15.74　弓步削扇(野马分鬃)

图 15.75　并步亮扇(雏燕凌空)

(29)进步刺扇(黄蜂入洞)(图 15.76)。

(30)震脚推扇(猛虎捕食)(图 15.77)。

图 15.76　进步刺扇(黄蜂入洞)

图 15.77　震脚推扇(猛虎捕食)

(31)戳脚撩扇(螳螂捕蝉)(图 15.78)。

(32)盖步按扇(勒马回头)(图 15.79)。

(33)翻身藏扇(鹞子翻身)(图 15.80)。

(34)马步亮扇(坐马观花)(图 15.81)。

图15.78 戳脚撩扇(螳螂捕蝉)

图15.79 盖步按扇(勒马回头)

图15.80 翻身藏扇(鹞子翻身)

图15.81 马步亮扇(坐马观花)

5. 太极功夫扇第五段

(35)马步顶扇(顺鸾肘)(图15.82)。

(36)马步抖扇(裹鞭炮)(图15.83)。

图15.82 马步顶扇(顺鸾肘)

图15.83 马步抖扇(裹鞭炮)

(37)虚步拨扇(前招势)(图15.84)。

(38)震脚拍扇(双震脚)(图15.85)。

(39)蹬脚推扇(龙虎相交)(图15.86)。

(40)望月亮扇(玉女穿梭)(图15.87)。

(41)云扇合抱(天女散花)(图15.88)。

(42)歇步亮扇(霸王扬旗)(图15.89)。

(43)托扇行步(行步过门)(图15.90)。

图 15.84 虚步拨扇(前招势)

图 15.85 震脚拍扇(双震脚)

图 15.86 蹬脚推扇(龙虎相交)

图 15.87 望月亮扇(玉女穿梭)

图 15.88 云扇合抱(天女散花)

图 15.89 歇步亮扇(霸王扬旗)

图 15.90 托扇行步(行步过门)

6. 太极功夫扇第六段

(44)虚步捧扇(七星手)(图 15.91)。

(45)弓步捧扇(揽扎衣)(图 15.92)。

图15.91 虚步捧扇(七星手)

图15.92 弓步捧扇(揽扎衣)

(46)后捋前挤扇(捋挤式)(图15.93)。
(47)并步背扇(苏秦背剑)(图15.94)。

图15.93 后捋前挤扇(捋挤式)

图15.94 并步背扇(苏秦背剑)

(48)弓步戳扇(搂膝拗步)(图15.95)。
(49)仆步穿扇(单鞭下势)(图15.96)。

图15.95 弓步戳扇(搂膝拗步)

图15.96 仆步穿扇(单鞭下势)

(50)弓步架扇(挽弓射虎)(图15.97)。
(51)虚步亮扇(白鹤亮翅)(图15.98)。
(52)抱扇还原(收势)(图15.99)。

图 15.97　弓步架扇(挽弓射虎)

图 15.98　虚步亮扇(白鹤亮翅)

图 15.99　抱扇还原(收势)

第16章 体育舞蹈

【学习目标】

1. 了解体育舞蹈文化。

2. 掌握体育舞蹈的基本理论和基础技术动作。

【内容提要】

本章主要内容为:体育舞蹈概述;体育舞蹈的分类与特点;体育舞蹈的创编;国际标准舞的竞赛规则。

16.1 体育舞蹈概述

体育舞蹈分两个项群:摩登舞和拉丁舞,十个舞种。其中摩登舞项群含有华尔兹、维也纳华尔兹、探戈、狐步和快步舞,拉丁舞项群包括伦巴、恰恰、桑巴、牛仔和斗牛舞。每个舞种均有各自舞曲、舞步及风格。根据各舞种的乐曲和动作要求,组编成各自的成套动作。

摩登舞和拉丁舞风格迥异。摩登舞除了探戈外,都源于欧洲大陆,它的音乐时而激情昂扬,时而缠绵性感,动作细腻严谨,穿着十分讲究,体现欧洲国家男士的绅士风度和女士们的妩媚。男士需身着燕尾服,白领结;女士则以飘逸,艳丽长裙表现出她们的华贵、美丽、高雅、闺秀之美态。拉丁舞除斗牛舞外,都源于美洲各国,它的音乐热情洋溢,奔放,颇具节奏感。以淋漓尽致的脚法律动的引导,自由流畅,展现女性优美线条,动人入情,气氛迷人,生动活泼,热情奔放,充分表达了青春欢乐的气息,男士展现剽悍刚强,气势轩昂,威武雄壮的个性美。

中国体育舞蹈联合会的前身是中国体育舞蹈运动协会,成立于1991年,是我国最早成立的体育舞蹈(国标舞)类国家一级社团组织。中国是世界舞蹈理事会和国际体育舞蹈联合会的正式会员。中国体育舞蹈联合会在加入国际体育舞蹈联合会后,于2002年11月在上海举办了亚洲体育舞蹈锦标赛,于2004年11月在上海举办了IDSF世界青年标准舞锦标赛暨中国上海体育舞蹈公开赛,于2005年3月在上海举办了IDSF世界拉丁舞大奖赛首战赛暨第二届中国上海体育舞蹈公开赛,于2006年12月在上海举办了IDSF世界大奖赛总决赛,于2007年7月和2008年7月在上海先后举办了世界杯标准舞竞赛和世界杯拉丁舞竞赛。此外，中国体育舞蹈联合会于 2004 年 6 月和 11 月先后举办了 WDC 体系的 2004 年中国绵阳国际职业体育舞蹈公开赛和亚太职业体育舞蹈锦标赛。目前，中国已有近 3 000 万体育舞蹈爱好者，其中青少年占了很大比重。每年一届的青少年体育舞蹈锦标赛参赛人数往往多达 3 000 余人。

16.2 体育舞蹈的分类与特点

体育舞蹈按其对社会的作用分为两大类：大众体育舞蹈和竞技体育舞蹈，竞技体育舞蹈又分为标准舞、拉丁舞和集体舞三类。

标准舞也称摩登舞，包括华尔兹、探戈、狐步舞、快步、维也纳华尔兹；拉丁舞，包括：伦巴舞、恰恰恰、桑巴舞、斗牛舞、牛仔舞；集体舞，包括标准舞和拉丁舞。

16.2.1 **标准舞**(Modern dance)

标准舞，也称摩登舞，又译“现代舞”，是体育舞蹈项群之一，包括华尔兹、维也纳华尔兹、探戈、狐步和快步舞。特点是由贴身握抱的姿势开始，沿着舞程线逆时针方向绕场行进。步法规范严谨，上体和胯部保持相对稳定挺拔，完成各种前进、后退、横向、旋转、造型等舞步动作。具有端庄典雅的绅士风度。曲调大多抒情优美，旋律感强。服饰雍容华贵，一般男着燕尾服，女着过膝蓬松长裙，如图 16.1 所示。

图 16.1 摩登舞示意图

摩登舞的一些特点对于广大国标舞爱好者来说，相对于拉丁舞，选择摩登舞的人较少，能跳出摩登舞特点的就更少了。不是说人们不喜欢摩登舞，而是摩登舞对于他们来说，从一开始就要求太多，其中的一个原因是摩登舞开始入门就遇着一个大难题。

摩登舞在整个舞蹈过程中，舞伴之间的“贴身”位置，舞伴之间是通过这种“贴身”去传递舞蹈信息，运用这种身体语言，引导舞伴完成舞蹈动作的。在整个舞蹈过程中保持“贴身”，难度是相当大的，是要求舞者做到身体其他一连串部位的规范要求的配合，即：从头到脚、手架、出步、舞伴之间姿势和体位等，各部位都必须做足功夫，以及处理好自己的重心和舞伴之间在舞蹈演绎过程中的共同重心，才能做到“贴身”。而只有保持这种“贴身”，才能传递舞蹈信息给舞伴，引导舞伴完成舞蹈动作，从而以优美的整体造型，展示摩登舞的舞蹈美给人们。同时，通过这种身体语言传递，帮助舞伴在舞蹈过程中能更好地延伸，舞姿能得以充分的舒展，享受摩登舞带来的快乐。所以舞者在学习摩登舞时就必须注意它的综合基础，排除急于求成的思想。要齐头并进地训练基础动作，不要只注重这部分而忽视另一部分要求，注意综合基础的全面提升，才能真正掌握“贴身”这一特点。

1. 华尔兹舞(Waltz)

用 W 表示，也称“慢三步”，摩登舞项目之一，是维也纳华尔兹(快三步)的变化舞种。舞曲旋律优美抒情，节奏为 3/4 的中慢板，每分钟 28 ~ 30 小节。每小节三拍为一组舞步，每拍一步，第一拍为重拍，三步一起伏循环。通过膝、踝、足底(跟、掌、趾)的动作，结合身体的升降、倾斜、摆荡，带动舞步移动，使舞步起伏连绵，舞姿华丽典雅。19 世纪中叶，维也纳华尔兹传到美国，当时美国崇尚舒缓、优美的舞蹈和音乐，于是将快节奏的维也纳华尔兹逐渐改变成悠扬而缓慢、有抒发性旋律的慢华尔兹舞曲，舞蹈也改变成连贯滑动的慢速步型，即今之华尔兹舞。

2. 维也纳华尔兹(Viennese waltz)

用 V 表示，也称“快三步”，摩登舞项目之一。舞曲旋律流畅华丽，节奏轻松明快，为 3/4 拍节奏，每分钟 56 ~ 60 小节，每小节为三拍，第一拍为重拍，第四拍为次重拍。基本步伐是六拍走六步，两小节为一循环，第一小节为一次起伏。其基本动作是左右快速旋转步，完成反身、倾斜、摆荡、升降等技巧。舞步平稳轻快，翩跹回旋，热烈奔放。舞姿高雅庄重。源于奥地利的一种农民舞蹈，由男女成对扶腰搭肩共同围成一个圆圈而舞，故被称为“圆舞”。著名的音乐家约翰·施特劳斯为华尔兹谱写了许多著名的圆舞曲。

3. 探戈舞(Tango)

用 T 表示，摩登舞项目之一。2/4 拍节奏，每分钟 30 ~ 34 小节。每小节两拍，第一拍为重拍。舞步有快步和慢步，快步(Quick)占半拍，用 Q 表示；慢步(Slow)占一拍，用 S 表示。其基本节奏是慢、慢、快、快、慢(S、S、Q、Q、S)。舞曲节奏带有停顿并强调切分音；舞步顿挫有力，潇洒豪放；身体无起伏、无升降、无旋转；表情严肃，有左顾右盼的头部闪动动作。源于阿根廷民间，20 世纪传入欧洲上层社会，后流行于世界各国。

4. 狐步舞(Foxtrot)

用 F 表示，也称“福克斯”，摩登舞项目之一。舞曲抒情流畅，节奏为 4/4 拍，每分钟 28 ~ 30 小节，每小节为四拍，第一拍为重拍，第三拍为次重拍。其基本步伐是四拍走三步，每四拍为一循环。分快、慢步，第一步为慢步(S)，占两拍；第二、三步为快步(Q)，各占一拍。基本节奏为慢、快、快(S、Q、Q)。以足踝、足底、掌趾的动作，完成升降起伏，注重反身、肩引导和倾斜技术。舞步流畅平滑，步幅宽大，舞态优雅从容飘逸，似行云流水。20 世纪起源于欧美，后流行于全球。据传系模仿狐狸走路的习性创作而成。

5. 快步(Quick step)

用 Q 表示，摩登舞项目之一。舞曲明亮欢快，舞步轻快灵活，跳跃感强，是体育舞蹈中一种轻快欢乐的舞蹈。其节奏为 4/4 拍，每分钟 50 ~ 52 小节，每小节四拍，第一拍为重拍,第三拍为次重拍。舞步分快步和慢步。快步用 Q 表示,时值为两拍;其慢步用 S 表示,时值为两拍。其基本节奏是慢、慢、快、快、慢。舞步组合有跳步、荡腿、滑步等动作。起源于美国,20 世纪流行于欧美和全球。

16.2.2 拉丁舞(Latin)

体育舞蹈项群之一。

其特点是舞伴之间可贴身,可分离。各自在固定范围内辐射式地变换方向角度,展现舞姿。其步法灵活多变,各舞种通过对胯部及身体摆动不同的技术要求,完成各种舞步,表现各种风格。舞姿妩媚潇洒,婀娜多姿。风格生动活泼,热情奔放。曲调缠绵浪漫,活泼热烈,节奏感强。着装浪漫洒脱,男着上短下长的紧身或宽松装,女着紧身短裙,显露女性曲线的美,如图 16.2 所示。

图 16.2 拉丁舞示意图

拉丁舞又称拉丁风情舞或自由社交舞,是拉美人民在漫长的历史长河中形成的具有鲜明特点的激情、浪漫而又富有活力、火热的艺术表现形式,有较大的自由发挥空间,以运动肩部、腹部、腰部、臀部为主的一种舞蹈艺术,内容有伦巴舞、恰恰恰、桑巴舞、斗牛舞和牛仔舞。

1. 伦巴舞(Rumba)

伦巴舞起源于古巴,音乐为4/4 拍,速度为每分钟 27 小节左右。舞步从第 4 拍起跳,由一个慢步和两个快步组成。四拍走三步,慢步占二拍(第 4 拍和下一小节的第一拍),快步各占一拍(第二拍和第三拍)。胯部摆动三次。胯部动作是由控制重心的一脚向另一脚移动而形成向两侧作"∞"型摆动。伦巴舞的特点是:音乐缠绵,舞态柔美,舞步动作婀娜款摆。古巴人习惯头顶东西行走,以胯部向两侧的扭动来调节步伐,保持身体平衡。伦巴的舞步秉承了这一特点。原始的舞蹈风格,融进现代的情调。动作舒展,缠绵妩媚,舞姿抒情,浪漫优美。配上缠绵委婉的音乐,使舞蹈充满浪漫情调。

2. 恰恰恰(Cha Cha Cha)

恰恰恰起源于墨西哥,音乐为4/4 拍,速度为每分钟31 小节左右。每小节四拍,强拍落在第一拍。四拍走五步,包括两个慢步和三个快步。第一步踏在第二拍,时间值占一拍;第二步占一拍:第三、四两步各占半拍;第五步占一拍,踏在舞曲的第一拍上。胯部每小节向两侧摆动六次。恰恰恰,舞曲热情奔放,舞步利落,步频较快,诙谐风趣,音乐有趣,节奏感强,舞态花俏,在全世界广为流行。恰恰恰源于非洲,后传入拉丁美洲,在古巴得到发展。

3. 桑巴舞(Samba)

桑巴舞用 S 表示,拉丁舞项目之一。舞曲欢快热烈,节奏为 2/4 拍或 4/4 拍,每分钟 52 ~54 小节。强拍落在每小节的第二拍或第四拍。每小节完成一个基本舞步。舞步在全脚掌踏地和半脚掌垫步之间交替完成,通过膝盖上下屈伸弹动,使全身前后摇摆,并沿着舞程线绕场行进,属"游走型"舞蹈。其特点是流动性大,动律感强,步法摇曳紧凑,风格热烈奔放。源于巴西,是巴西一年一度狂欢节的舞蹈。

4. **斗牛舞**(Pase doble)

斗牛舞用P表示,拉丁舞项目之一。音乐为旋律高昂雄壮、鲜明有力的西班牙进行曲。节奏为2/4拍,每分钟60~62小节。一拍一步,八拍一循环,特点是舞步流动大,沿着舞池线绕场行进"游走型"舞步。斗牛舞舞姿挺拔,无胯部动作及过分膝盖屈伸。用踝关节和脚掌平踏地面完成舞步。动静鲜明,力度感强,发力迅速,收步敏捷顿挫,源于法国,盛行于西班牙,系据西班牙斗牛场面创作而成。男为斗牛士,气宇轩昂,刚劲威猛,女为红色斗篷,英姿飒爽,柔美多变。

5. **牛仔舞**(Jive)

牛仔舞用J表示,拉丁舞项目之一。旋律欢快,强烈跳跃,节奏为4/4拍,每分钟42~44小节、六拍跳八步。由基本舞步由踏步、并合步,结合跳跃、旋转等动作组合而成。要求脚掌踏地,腰和胯部作钟摆式摆动。牛仔舞起源于美国,原是美国西部牛仔跳的踢踏舞,20世纪50年代爵士乐的流行,加速和完善了这种舞蹈,但其风格上还保持美国西部牛仔刚健、浪漫、豪爽的气派。最早对牛仔舞的记载是由伦敦舞蹈教师Victor Silvester于1944年在欧洲出版的一本介绍牛仔舞的书。波普,摇滚,美国摇摆舞都对牛仔舞有着一定的影响。牛仔舞是一种节奏快、耗体力的舞。在竞赛中牛仔舞之所以被安排在最后跳是因为选手们必须让观众觉得,在跳了前四个舞之后他们仍不觉得累,还能很投入地迎接新的挑战。牛仔舞流行于美国南部。牛仔舞手脚的关节放松、自由地舞蹈,身体自然晃动,脚步轻松地踏着,且不断地与舞伴换位,转圈旋转。其特点是舞步敏捷、跳跃,舞姿轻松、热情、欢快。

16.3　体育舞蹈的创编

从舞蹈艺术的角度看构成体育舞蹈的基本要素是动作、节奏、空间。

无论舞蹈技术的高低好坏,也不管你使用怎样的手法将这些要素进行组合,只要将符合体育舞蹈特性的三大要素进行组合,就能构成体育舞蹈套路。这些要素的组合有很多种,近乎无限,因此体育舞蹈的创编也是无限的。可现在,许多选手习惯了生搬硬套、坐享其成,不是看着录像带模仿,就是将自己见过的套路进行剪辑,将他人的套路生吞活剥。其实,只要加上自己的一些构思,尝试使用动作、节奏、空间这三大基本要素传递某种情感,就会产生不同形式和风格的舞蹈。如果创作侧重于某些要素,那么最后成型的舞蹈套路就会在某方面突出一些。

16.3.1　体育舞蹈动作创编

1. 动作要素

毫无疑问,动作要素是体育舞蹈最基本的特征和表现形式之一。没有了身体动作,体育舞蹈也就不存在了。按照心理学的观点,动作分为不随意和随意两种。体育舞蹈属于随意动作,并且是一种被艺术化、美化了的形体动作,它不仅有着优美的姿态,并且有着律动的要求。因此,在形形色色的舞蹈动作中,要结合动作本身具有特性和需要展现的舞美效果进行选择。譬如表达“分别”“离开”的感觉,就可以多做跨度比较大而最后两个人空间分隔较大的动作;表达“愤怒”和“压抑”则可以使用相对静止但充满力度的动作,这时还需要配合上丰富的面部表情,尤其是积蓄力量的动作,表现“愤怒”和“压抑”的效果非常明显。

2. 节奏要素

人体的任何运动都是有节奏的,舞蹈更是其中节奏感最强烈的。想学好舞蹈一定要学习音乐,这是舞蹈者的共识。抛开音乐与舞蹈之间最深层的内容不谈,即便是初次见到体育舞蹈表演的人,也能够从音乐中感受到清晰的节奏,而舞者的身体动作就和这些节奏共同起伏、变化,没有节奏就没有舞蹈。

体育舞蹈是艺术化、美化了的肢体动作,但是这些动作必须富有节奏感,符合一定的运动规律,才能达到艺术化的表演效果。比如恰恰舞的动作,如果不按照恰恰舞固有的节奏进行展示,根本就不可能称其为“恰恰舞”;或者你想跳维也纳华尔兹时,却跟随着华尔兹的音乐展示维也纳华尔兹的技术动作,这就很难说清你跳的到底是什么舞蹈了。

另外,在遵循节奏进行舞蹈创编时,有一些较为常见的实用法则,比如,快速有力的身体动作要与舒缓柔和的身体动作相结合;音乐伴奏的快板要与慢板相组合。

3. 空间要素

体育舞蹈虽然不受场地大小的限制,但是完成动作仍然需要一定的空间。在芭蕾舞表演中,演员会从所站的地点出发,把四周分为八个方位。这只是指动作方向,而鲁道夫·拉班再进一步,把四周看成是一个立方体,共有六个平面。无论人体意动与静立,都被空间围绕着,舞蹈者必须感受这个空间,想象自己被一个无形的气场笼罩着。由此组成的动作是丰富多彩的,体育舞蹈的编排也可以借鉴拉班的空间理论来科学地处理动作方向、路线,使舞蹈更加立体化。

另外,由于体育舞蹈的典型的男女双人舞,因此对整个舞蹈而言,舞伴之间的情绪就是动作的航向标。譬如当两人相对时,情绪和目光的聚焦点就是动作延伸的方向,而两人分开时,对方所在之处就应该牵引着自己的情绪并且成为即将要去的地方。

16.3.2 体育舞蹈音乐的选编

音乐作为体育舞蹈的另一组成部分,在创编中是不容忽视的。在教学中,应先让学生听标准音速的音乐,给学生灌耳音,使学生了解、感觉标准音速的音乐,到了初学练习阶段,可选编节奏较慢的音乐,借助音乐的伴奏使学生找到节律,使舞步动作与音乐节奏合拍,然后慢慢过渡到标准音速的音乐,特别是拉丁舞中的恰恰、桑巴、牛仔,现代舞中的维也纳华尔兹,由于这些舞的音乐速度很快,舞步也很快,如果一开始就放标准音速的音乐,容易使学生在练习时,舞步与音乐配合不上,顾了舞步,顾不上音乐;顾了音乐,又顾不上舞步,使教学达不到预期的效果。体育舞蹈教学中的音乐,可根据不同舞种、不同音乐来选编。根据具体的教学需要,在不同的练习阶段选编与之相适应的音乐,逐步培养学生的音乐节奏感,直到使学生的舞步与音乐能够很好地配合,并且能较好地欣赏音乐,理解音乐,想象音乐,以此来达到体育舞蹈音乐选编的目的。

16.4 国际标准舞的竞赛规则

16.4.1 总则

体育舞蹈评判标准细则:

“评判标准不统一”是导致体育舞蹈项目还未能进入奥运会的重要因素之一。目前,体育舞蹈竞赛仍旧是依靠裁判评分的方法来评判选手们的成绩。这其中不乏一些裁判会根据自己喜欢的舞种或根据自身对选手在赛场上表现的理解来为选手打分。这种过于主观、不够严谨的评分形式,有时会引起选手们对裁判“公平、公正”方面的质疑。随着近几年越来越多的国际赛事进入中国,世界体育舞蹈组织进一步明确了体育舞蹈赛事中裁判打分的标准即按国际评判标准规定的基本技术、音乐表现力、舞蹈风格、舞蹈编排、临场表现和赛场效果六项进行评分。下面针对我国当前体育舞蹈竞赛的评分标准进行分解介绍。

1. 基本规则

①评判工作自选手进入竞赛位置时开始,只有当音乐停止时方可结束。在整个舞蹈表演过程中,评判必须不断地给选手打分并在必要时修正分数。

②如果音乐没有结束而选手停止表演,则其该项舞蹈的分数列最后一位。如果在决赛中发生这种情况,处理同上。

③裁判必须在规定时间内对选手的特定舞种的表演进行单独评判。考虑任何其他因素,诸如选手的名气、以往的表现或在其他舞种中的表现,都是不允许的。

④裁判无须向选手解释评分结果。在竞赛过程中或两轮竞赛之间,不允许和裁判讨论参赛选手或他们的表现。

⑤对于所有舞种,选手的时值和基本节奏是裁判打分的首要因素。因此,如果选手重复犯此错误,那么其该项舞蹈的分数列最后一位。

2. 评判项目

(1)时值和基本节奏。

裁判必须确定选手是否按时值和基本节奏进行表演。时值是每一步的时间正好与音乐合拍。基本节奏是指舞步在规定时间内完成并且保持正确的舞步关系。

选手的时值和基本节奏错误时,其该项舞蹈的所有分数应该是最低的。这种错误不能通过其在评判规则第五项的良好表现来弥补。

(2)身体线条。

身体线条是指两位选手作为一个整体,在运动中身体各部位构成的整体效果,应表现出优美的姿态。这包括:

①手臂线条。

②背部线条。

③肩部线条。

④胯部线条(骨盆姿势)。

⑤腿部线条。

⑥颈部和头部线条。

⑦左侧和右侧线条。

(3)整体动作。

裁判必须确定选手是否正确掌握该舞蹈的风格特点,并且评估选手动作的起伏、倾斜和平衡。在控制和平衡掌握良好的情况下,动作幅度越大得分越高。

在拉丁舞中,必须评估每种舞蹈典型的胯部动作。

(4)节奏表现力。

裁判必须评估选手的节奏表现力。这揭示出选手对舞蹈节奏的感受、理解与适应能力和在舞蹈中对音乐的理解与表现。但若表现与节奏不合,也应按违反第一项处理。

(5)步伐与技巧。

裁判必须评估选手正确表现舞步的脚法,如每一步足着点是脚掌、脚趾和脚跟等。

3. 竞赛种类

体育舞蹈竞赛分团体和个人赛两种,按预赛(淘汰赛)、复赛(选拔赛)、半决赛(资格赛)、决赛(名次赛)的程序进行。团体赛由每个参赛单位的8对运动员组成,按顺序进行竞赛。个人赛分职业组和业余组,分别进行不同要求的竞赛,对竞赛舞种也有不同的规定。

4. 竞赛场地

竞赛场地一般长23米,宽16米;最小尺寸为长20米,宽15米。

5. 竞赛用音乐

体育舞蹈的音乐不超过1分30秒。

6. 裁判数量

视竞赛规模设5~9名裁判员。

结合国内竞赛的实际情况为了更好地给运动员公正的分数还可以从以下五点来理解:

(1)姿势与平衡。

①姿势和形态,如标准舞的"框架和握姿",拉丁舞的"闭式位和开式位"。

②身体线条和特有的设计形状。

③握持:根据不同舞蹈形式体现出它特有的握持姿态。

④站位:包括相互位置的转换和在移动中姿态的保持。

⑤平衡:包括个人独自表现方面和舞伴双人表现方面。

(2)移动的质量。

动作方面包括常用的舞蹈动作和特殊风格的舞蹈动作。

移动时动作方面使用即是评判其流动与否;重心和重量的运用;时间的掌握;空间感的运用。

(3)移动中的音乐使用。

节奏；速度；韵律；乐句；音乐感。

(4)舞伴之间的配合技巧。

①使用身体的连接状况,舞伴与舞伴之间的沟通。

②非身体接触时的沟通,通常为舞伴与舞伴之间无须外力的自然沟通。

③舞伴与舞伴之间配合的准确性。

④舞伴与舞伴之间配合引领的有效性。

⑤舞蹈的持续状态是否完美。

(5)编舞和表现力。

①良好平衡状态的舞蹈编排以及舞蹈编排内容、体现舞蹈的内涵、移动和运用的空间、舞伴的配合、动作的难度。

②气氛和环境,即一对舞者在现场环境营造的气氛。

③舞蹈的创意。

④表现力,包括舞蹈的表达方式和舞者的神情、神色、神采。

⑤舞蹈特性的演绎和对不同舞蹈风格的诠释。

综上所述,体育舞蹈竞赛评分标准的规范化使裁判对选手成绩的评判更具客观性,能最大限度地保证竞赛的公正性。以上五点标准在竞赛评判中占有同等重要的位置,这就要求体育舞蹈选手在平时的训练当中增强针对性,按每个标准的要求将舞蹈质量做到尽善尽美。

第17章 瑜伽

【学习目标】

1. 了解瑜伽的概述。

2. 了解瑜伽的呼吸、体式。

3. 了解瑜伽的静坐冥想。

【内容提要】

本章主要内容为：瑜伽的概述、呼吸、体式及静坐冥想。

17.1 瑜伽概述

瑜伽起源于印度，流行于世界。瑜伽是东方最古老的强身术之一。目前瑜伽已成为时尚的前沿，在全世界广泛传播。瑜伽注重“内外兼修”，运动方式相对舒缓，体位法练习需要将呼吸与每个姿势和动作配合，并强调练习过程的专注；瑜伽没有竞争性，强调每个人在自己的能力范围之内活动，任何年龄、任何身体状况的人都能从庞大的瑜伽锻炼体系中找到适合自己的锻炼内容。

17.1.1 瑜伽的含义

瑜伽，源于梵文音译，最初的意思是：驾驭牛马，它是自我和原始动因的结合，也代表设想帮助达到最高目的的某些实践或修炼。在古圣贤帕斯坦伽利所著的《瑜伽经》中，瑜伽的定义为：对心作用的控制，有结合、联系、连接之意，即把精神、智慧和肉体完美结合起来，这也是瑜伽的宗旨和目的，即达到冥想而集中意识之义。可究竟是什么同什么“结合”呢？其实瑜伽是指人类本能从较低到较高的“结合”或从较高到较低的“结合”或“同自我结合”，同时也意味着与最高的宇宙万物相同化，使自己从痛苦和灾难中获得解脱，并唤醒内在沉睡的能量得到最高开悟和最大愉悦。

瑜伽，是印度六大哲学体系之一，从广义上讲瑜伽是哲学；从狭义上讲，瑜伽是一种精神和肉体结合的运动，现在一般指练功方法，通过瑜伽姿势的拉、伸、挤、拧，帮助人们调理内脏，伸展筋骨，加强人体机能。目前，不管将它冠以什么样的名称，都是比较注重外形、生理上的瑜伽，这是让人了解并进入瑜伽的最直接的方法，也是人们摆脱对瑜伽的

“无知状态”最简易的方式,但瑜伽绝不是简单的拉伸练习,人们在接受这些瑜伽体位法时,同样应该遵循瑜伽“身心合一”的原则。

17.1.2　瑜伽的分类

1. 传统瑜伽

(1)哈达瑜伽。

哈达瑜伽把体位法、身体洁净和呼吸锻炼结合在一起,是传统体系中最基础、最普及的流派,动作相对缓慢柔和,在全世界传播广泛。

(2)实践派瑜伽。

实践派瑜伽是以身心的行动无私奉献世人的无我修行派瑜伽,提倡在工作中修行。

(3)哲理派瑜伽。

哲理派瑜伽是探讨性明了、体悟世间无常的解脱派瑜伽,是最需要智慧、最艰难的理论性瑜伽修行发。

(4)阿斯汤加瑜伽。

阿斯汤加瑜伽即八支分瑜伽,以体位法、呼吸、冥想、三摩地等八个步骤著称,是最系统的瑜伽体系。

(5)语言冥想瑜伽。

语言冥想瑜伽是通过反复唱诵语音净化身心的瑜伽流派。

(6)坦多罗瑜伽。

坦多罗瑜伽是控制性能量,探讨、开发人体潜力的瑜伽体系。

2. 现代社会派生的瑜伽

(1)阿斯汤加瑜伽。

阿斯汤加瑜伽起源于印度的 Mysore,以“Vinyasa——动作与呼吸紧密相连”为基础,动作前后连贯,一气呵成,是最系统的瑜伽。

(2)力量瑜伽。

力量瑜伽同样以“Vinyasa”为基础,动作更为活泼,可以穿插许多力量性的体位法,注重意志力和生命内在能量的锻炼。

(3)热瑜伽。

热瑜伽是通过外在环境温度的控制而达到减肥、排毒效果的瑜伽。

(4)香薰瑜伽。

香薰瑜伽是在优美舒适的音乐和点燃香薰精油的环境中练习瑜伽,达到放松身心的效果。

(5)形体瑜伽。

形体瑜伽是为减肥、健美、塑身而产生的偏重姿态的瑜伽。

(6)蕙兰瑜伽。

蕙兰瑜伽是张蕙兰女士以自己名字注册的蕙兰瑜伽公司,中央电视台卫星电视推出的普及性瑜伽。

(7)心灵瑜伽。

心灵瑜伽是为缓解心理压力、注重内心平和的瑜伽。

(8)水中瑜伽。

水中瑜伽是为减肥、健身而在水中做体位法的瑜伽。

17.1.3 瑜伽练习的主要内容

瑜伽练习主要由呼吸法、体位法和冥想法三部分组成。

1. 呼吸法

呼吸是生命特征之一,瑜伽呼吸法,是通过各种不同的呼吸方法(根据个体身心状况的不同而确定)有效地按摩内脏,刺激各生理腺体良性的分泌,激活脉、轮(可能也相当于中医所说的经络、穴位)的潜在力量,更好地清理洁净身体,由此,为更高级的精神修养和灵性的开发奠定基础。以瑜伽的观念看来,人类身心的问题都来源于错误呼吸方式,负面的心态情绪和饮食习惯,一个瑜伽修炼者如果不从瑜伽理念的生活化方向努力,而希望以几个瑜伽动作来根本上有益于身心健康,无异于缘木求鱼。从瑜伽教学经验和日常生活中的了解来看,错误的呼吸方式非常普遍。更有甚者认同于这种错误的呼吸方式,以至造成身心的伤害而不自知。

如果呼吸有了问题,身体的循环系统,消化系统,排泄系统都会受影响,大量毒素会蓄积在身体各部分,而成为致病之源。

2. 体位法

几千年前,瑜伽行者在喜马拉雅山的森林中冥想、静坐时,偶尔观察野生动物,并且分享它们美妙的姿势,以打发他们独居的时间。经过深刻的观察,他们察觉大自然孕育、教导动物保有健康、灵敏、警觉的技巧,同时让各种动物天生具有治疗它们自己、放松自己、睡眠或保持清醒的方法。这些瑜伽修行者根据这些动物的姿势并且亲身做实验,发现对身体有很大的益处,然后经过深刻的直观和判断,终于创造了一系列身体锻炼的系统,我们称之为 Asana,亦即瑜伽体位法。这些几千种的 Asana 瑜伽姿势,有许多是依照动物的名称来令名,如眼镜蛇式、孔雀式、鱼式、蝗虫式等。

瑜伽体位法的每个伸展动作都是配合呼吸来完成的。它柔和地按摩人体的各个器官,活化僵硬的关节部位,通畅经络,矫正不良体态,调整自主神经系统和内分泌系统,减少赘肉脂肪,使体形更为紧凑、健美。

3. 瑜伽冥想

冥想就是在排除了一切杂念后,沉思、净虑的过程。冥想帮助我们放松大脑、释放压力和紧张情绪,使身心产生平衡和安宁,使心灵更容易产生反思、直觉、灵感和创造意识,可以更深层的消除我们的紧张,是我们学习深刻内心快乐的途径。冥想还能改善血液循环,调节身体荷尔蒙水平。当我们意识集中、身体充分放松时,体内元气和能量就达到充分的恢复和凝聚。

17.1.4 瑜伽的特点

①瑜伽最显著的特点就是对心灵的调节作用,身体和意识的结合统一。瑜伽具有改

变心理的功效,这也是现代人接受、喜爱它的重要原因。瑜伽更重视通过身体姿势的练习,达到修习心灵的目的。

②瑜伽安全柔和的特质使之适宜人群广泛,可避免运动伤害。在瑜伽课中,音乐舒缓、教师的言语轻柔、语速缓慢,学生的身心在安静的状态下得到锻炼。

③瑜伽体位法能够流畅、对称、柔和而又持续地让身体得到伸展和刺激,而每个动作完成后一般都会有相应的放松动作,对身体起到很好的拉伸与放松作用,舒适而又流畅。

④瑜伽不受场地、时间、经济条件的限制,仅需一个安静的角落,一块洁净的垫子,一颗纯净的心即可。

⑤瑜伽对身体全方位调节和锻炼可以起到辅助医疗的作用,不仅仅锻炼外在体能,还可以对内分泌、微循环、内脏系统起到全方位的调节和改善作用,最难能可贵的是,平日里几乎锻炼不到的内脏、头皮、背部肌肉等"锻炼盲区",瑜伽也都有体位法一一照顾周全。所以瑜伽能对疾病的预防甚至治疗起到间接或直接的作用。

⑥瑜伽还拥有一套完整的体系,包括瑜伽饮食方式、瑜伽清洁法、瑜伽呼吸法、瑜伽放松术、瑜伽的冥想与静坐以及瑜伽的生活方式和理念,博大精深的实践与理论体系使得瑜伽早已超越了一般体育运动的范畴。

17.1.5 瑜伽练习时的注意事项

①练瑜伽要量力而行 在练习瑜伽时应该充分考虑自己的柔韧、平衡和力量素质,一定要遵循量力而行的运动原则,如果强度过大或者难度过高,就可能导致运动损伤。

②练瑜伽不能急于求成

③练习瑜伽千万不能急功近利,瑜伽向来就反对急于求成的急躁心态。通常,初学者一般一周练二至三次比较适合,坚持锻炼三个月才能感觉到效果。

④高血压、低血压、糖尿病等慢性病患者也不能进行热瑜伽锻炼。

⑤练习时,以赤脚为好,穿着宽松,以便身体能够自由活动。首饰、手表最好摘掉。

⑥练瑜伽前必学先做热身运动,不论你从事什么样的运动项目,暖身是一定要的,它能让你为接踵而来的活动做好准备,否则,肌肉容易拉伤。

⑦练习前2个小时内不要进食,结束后1小时内最好不要吃东西。

⑧结束后不要马上洗澡,练习后可以散步,30分钟后洗澡合适,因为皮肤刚锻炼结束后都在张口呼吸,你立即用水洗澡会让皮肤受不了,对身体也有害。

⑨月经期间可以选择些轻松的姿势来做,不做犁式、肩立式和一些增加腹压的姿势。

17.1.6 学习瑜伽的原则

①以愉悦、平和的心情来进行瑜伽练习,可配上轻松、舒缓的音乐

②每一个瑜伽动作应该平缓的完成,并配合有规律的深呼吸来帮助身体放松。

③练习是将意识专注到被伸展和被刺激的部位上,不可说笑或存有杂念。

④每做完一个瑜伽姿势或当日完成所有瑜伽练习后,必须做瑜伽放松,来松弛瑜伽动作造成的紧张感,帮助自己进入冥想状态。

17.2 瑜伽的呼吸、体式

17.2.1 瑜伽的呼吸

1. 常用的呼吸法

(1)腹式呼吸。

腹式呼吸是让横膈膜上下移动。由于吸气时横膈膜会下降,把脏器挤到下方,因此肚子会膨胀,而非胸部膨胀。为此,吐气时横膈膜将会比平常上升,因而可以进行深度呼吸,吐出较多易停滞在肺底部的二氧化碳。腹式呼吸以膈肌运动为主,吸气时胸廓的上、下径增大。正常的胸式呼吸一次约10~15秒,能吸入约500毫升空气。腹式呼吸时,横膈肌会下降,腹压增加,感觉好像是空气直接进入腹部,这时若把手放在肚脐上,会感觉手上下微微抬放。

腹式呼吸练习方法:

①将双手放在脐部,不要施加压力。稀奇时,小腹隆起,双手被小腹抬起。

②呼气时小腹回落。当气快呼尽时双手微向下施压,感觉肚脐内收并上提,彻底呼尽肺底残留气体。

功效:这是所有呼吸技巧的基础,是最安全有效的呼吸练习,可调节神经系统,循环和呼吸系统。所有的腹部器官得到按摩,促进各内脏纤体以正常的方式分泌激素。

(2)胸式呼吸。

大多数人,特别是女性,大都采用胸式呼吸,只是肋骨上下运动及胸部微微扩张,许多肺底部的肺泡没有经过彻底的扩张与收缩,得不到很好的锻炼。这样氧气就不能充分地被输送到身体的各个部位,时间长了,身体的各个器官就会有不同程度的缺氧状况,很多慢性疾病就因此而生。

所以学会呼吸,能有效地增加身体的氧气供给,使血液得到净化,肺部组织也能更加强壮。这样我们就能更好地抵抗感冒、支气管炎、哮喘和其他呼吸系统疾病;同时由于横膈膜和肋间肌也在呼吸中得到锻炼,我们的活力与耐力也都会相应得到增加,精力也就更充沛了。

胸式呼吸练习方法:

①将双手放在第十二肋骨两侧,不要施加压力,保持骨盆中心位。

②收缩腹部,吸气。在保证腹腔壁内收的前提下感觉胸廓下部升高并向两侧推出。

③腹腔壁持续内收,呼气。感觉胸廓回落。

④在吸气与呼气的过程中始终收缩腹部。

功效:加强腹肌力,镇静心脏,净化血液,改善循环。

2. 注意事项

①控制呼吸不要超过自己的能力,在正确的指导下放松地进行。

②呼吸要深长而缓慢。

③用鼻吸气用口呼气。

④一呼一吸掌握在15秒钟左右。即深吸气(鼓起肚子)3~5秒,屏息1秒,然后慢呼气(回缩肚子)3~5秒,屏息1秒。

⑤每次5~15分钟。做30分钟最好。

⑥身体好的人,屏息时间可延长,呼吸节奏尽量放慢加深。身体差的人,可以不屏息,但气要吸足。每天练习1~2次,坐式、卧式、走式、跑式皆可,练到微热微汗即可。腹部尽量做到鼓起缩回50~100次。呼吸过程中如有口津溢出,可徐徐下咽。

17.2.2 瑜伽的体式

1. 初级拜日式

初级拜日式具体有以下12种:

①祈祷式(图17.1)。

②后屈式(图17.2)。

③前屈式(图17.3)。

④骑马式(图17.4)。

⑤顶峰式(图17.5)。

⑥蛇击式(图17.6)。

⑦眼镜蛇式(图17.7)。

图17.1 祈祷式

图17.2 后屈式

图17.3 前屈式

图17.4 骑马式

图17.5 顶峰式

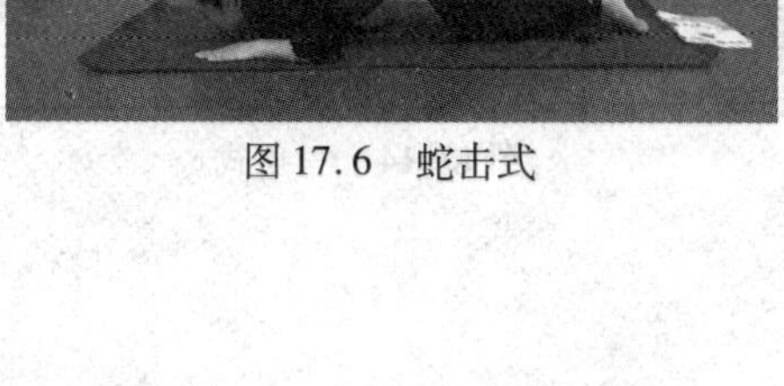

图17.6 蛇击式

图17.7 眼镜蛇式

⑧顶峰式(见图17.8)。

⑨骑马式(见图17.9)。

⑩前屈式(见图17.10)。

⑪后屈式(见图17.11)。

⑫祈祷式(见图17.12)。

图17.8　顶峰式

图17.9　骑马式

图17.10　前屈式

图17.11　后屈式

图17.12　祈祷式

2. 树式(图17.13)

①左腿直立,吸气,右腿弯曲,膝盖向身体旁侧打开,脚跟靠向左大腿根,站稳呼气。

②双手从体侧举过头顶并合十,吸气向上延伸。

功效:这个体式可以增强腿部肌肉,锻炼平衡感。

3. 三角式(图17.14)

①山式站立。

②深吸气,跳步分开两腿,两脚距离90~105厘米。两臂侧平举与肩齐,手掌朝下,手臂与地面保持平行。

图17.13　树式

图17.14　三角式

③右脚向右旋转90度,左脚稍转向右,左腿从内侧保持伸展,膝部保持绷直。

④呼气,向左侧弯曲身体躯干,右手掌接近右脚踝,如果可能的话,右手掌应完全放在地面上。

⑤向上伸展左臂,与右肩成一条直线,并伸展躯干。腿后部、后背以及臀部应该保持在一条直线上。眼睛看向伸展的左手拇指。提升右膝盖,右膝正对脚趾,始终保持右膝挺直。

⑥保持这个姿势半分钟到一分钟,均匀深长地呼吸。然后从地面抬起右掌,吸气回到上面第②步。

⑦把左脚向左旋转90度,右脚也稍转向左,两膝绷直,继续回到第②步。左侧保持的时间与右侧相同。

⑧呼气,跳回到山式。

功效:这个体式可以增强腿部肌肉,缓解背部疼痛以及颈部扭伤。经常练习还能减少腰部的脂肪。

4. 侧角伸展式(图17.15)

①呼气,双脚打开两肩宽,稳稳抓住地面。

②吸气,双臂从身体两侧举起并平行于地面。

③呼气,右手指尖向远向下牵引着身体侧弯,同时抬起左臂垂直于地面,眼睛看向右手指尖最高处。

功效:这个体式可以强化下肢肌肉和关节的力量,减少腰部和臀部的脂肪,同时也能够增加肠胃蠕动,促进排泄。

图17.15 侧角伸展式

5. 幻椅式(图17.16)

①以山式站立。

②两臂伸直,高举过头顶,双掌合十。

③呼气,屈膝,放低躯干,使大腿尽量与地面平行,就像准备要坐在一张高度适中的椅子上一样。

④正常呼吸,保持这个体式数秒。吸气,伸直双腿,抬起上身,呼气,放下手臂,回到站立式。

功效:这个体式可以缓解肩部僵硬,纠正腿部任何细微的畸形;踝骨日益强壮,腿部肌肉也得到均衡的发展；提升横膈膜，心脏也得到轻柔的按摩。

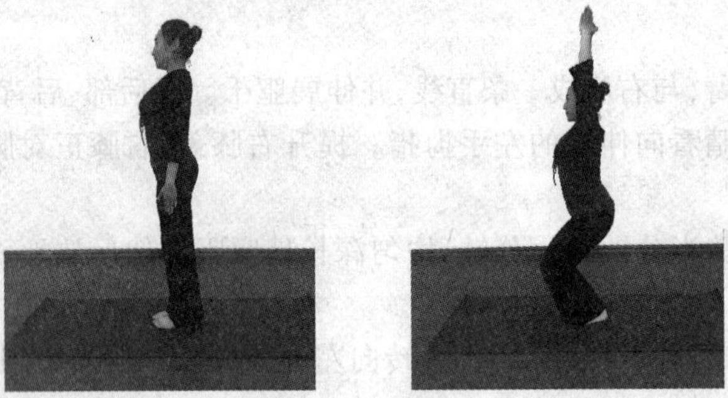

图 17.16　幻椅式

6. 猫伸展式（图 17.17）

①以四角式跪立在垫子上，将两腿分开与髋骨同宽，双臂和双大腿垂直于地面，双手十指大大向外张开，中指指向正前方。

②调匀呼吸，吸气，抬头伸展脊柱，眼睛看向上方 45 度角。呼气，放松肩膀向下沉。保持呼吸。

③呼气，低头拱背，眼睛看肚脐。

④吸气，还原至四角式。

功效：这个体式可以使颈部、肩部、腰部、背部得以放松，消化系统得到调理，腰腹赘肉减少，这也是女性生理期保健的好姿势。

图 17.17　猫伸展式

7. 骆驼式（图 17.18）

①跪立，双脚分开与肩同宽，双臂屈肘，双手扶于腰间，腰背挺直，目视前方。

②吸气，头向后放松，尽量向上推腰、胸到最大限度，保持均匀呼吸。

功效：这个体式可以使脊椎更柔软，调节脊椎神经，灵活肩关节，扩展胸部，增加肺活量，矫正驼背，预防乳房下垂，加强腹肌的力量，伸展骨盆，调理内脏，促进消化，缓解便秘，保养女性生殖系统。

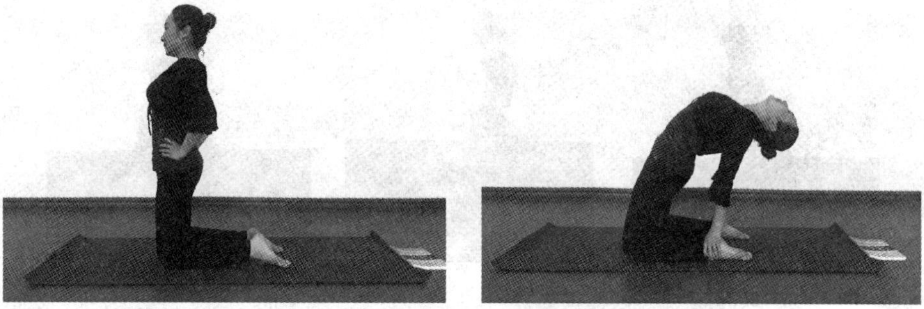

图17.18　半骆驼式

8. **虎式(图17.19)**

①双手、双膝着地的猫伸展式，预备。

②吸气，左腿向后伸出，膝盖绷直。

③呼气，低头，弯曲左膝。

④肌肉出现抖动或疲劳后，放下手臂和腿，回到起始的猫伸展姿势。休息数秒后，换另一侧腿再做。

功效：这个体式除了可以强化腹肌、腰背肌、股二头肌这些肌群的力量外，还具有减少腰腹部脂肪、提臀美腿的效果，同时也可以提高身体的控制力和平衡感。

图17.19　虎式

9. **战士一式**

①按基本三角式站立，右脚尖指向前方，屈右膝，做成右弓步，上身躯干转向右方，吸气，两手慢慢从旁上举，两手举至头顶上方，双手合十，保持肘部伸直。

②呼气，抬头，眼望指尖，自然呼吸30～60秒。

③吸气，脸朝前，眼看前方。

④换左侧做同样的练习。

图 17.20 战士一式

10. **战士二式**(图 17.21)

①两腿开立,有两个肩膀宽,右脚脚尖朝外。

②吸气两手侧平举,掌心朝下,眼睛看向右手手指的方向。

③吸气膝盖伸直,呼气手臂收回、脚尖收回。

④反方向练习同样的动作。左右各做 3 ~5 次。

功效:这个体式可以加强腿部、腹部和背部肌肉的力量,激发能量。

图 17.21 战士二式

11. **单鸽子式**(图 17.22)

①坐在地面上,双腿伸直向前。

②弯曲右膝盖,放在身体的前方地面上,使右脚脚跟贴着左侧腹股沟,并且右膝盖保持靠地。左腿向后靠地,伸直左腿。左大腿前部、膝盖、瑜伽胫骨和左脚脚趾上部应该靠地。

③把双手放在前方地面上,弯曲左膝盖,左脚向上抬起贴近头部。左腿从膝盖到脚踝应该与地面保持垂直,绷紧左大腿肌肉。

④呼气,瑜伽右手臂举过头顶,用右手向后抓左脚。配合几次呼吸。再呼气,左手抓住左脚,把头抵在左脚上(加深姿势:向前推胸部,把双手进一步往下移动,抓住左脚踝,放低头部使嘴唇碰到左脚跟)。

功效:这个体式可以强化侧腰肌、臀肌,减少腰、臀、髋部脂肪,柔软肩关节,伸展臀部肌肉。

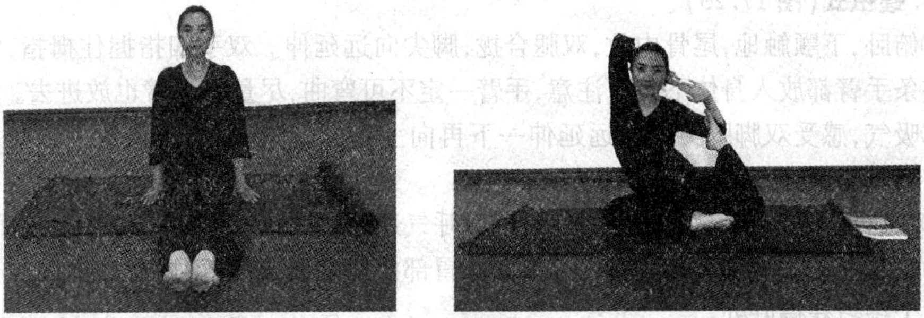

图17.22　单鸽子式

12. **弓式**(图17.23)

①双腿平直伸长,趴在地上,手肘先伸直放在腿旁,然后调整做深呼吸。

②弯曲两膝,两手向后伸,抓住两脚背或脚踝,吸气,双手和两腿尽量向上抬,把双膝抬高,自然呼吸,收功时将两腿和上半身缓慢放下来。

功效:这个体式能通过上下肢的强力撑拉,有效地刺激脊柱,从而消除背部、臀部、后腰的赘肉,增强脊柱的灵活性,使后背展现新的魅力;紧缩大腿肌肉,美化臀部线条,预防臀部下垂,强化大腿力量,并消除背部赘肉。

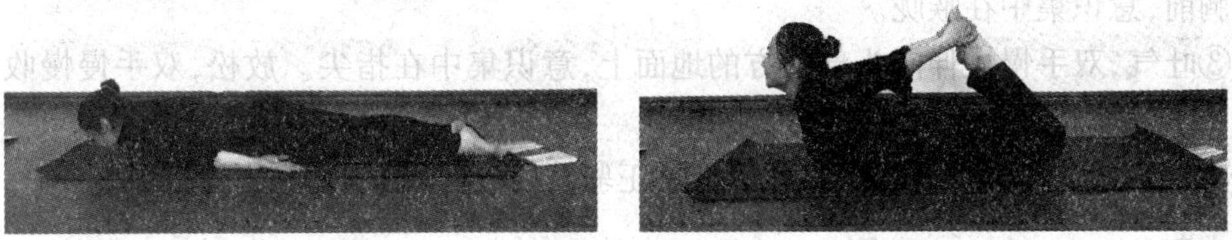

图17.23　半弓式

13. **船式**(图17.24)

①仰卧在垫子上,双臂自然放于身体两侧。

②吸气,抬头,抬肩,同时将两腿抬离地面,双脚并拢,脚的高度与视线同高,两臂前平举,掌心朝下,腰背挺直,保持正常呼吸。

③呼气,将身体慢慢落回地面,放松身体。

功效:这个体式能够调整腰腹气血虚弱,腰肌劳损,气虚耐力不足与气血浮躁,改善消化功能,消除腰部脂肪。

图17.24

14. **蝗虫式**(图 17.25)

①俯卧，下颚触地，尾骨内收，双腿合拢，脚尖向远延伸。双手四指握住拇指，掌心向下将整条手臂都放入身体下方。注意，手臂一定不可弯曲，尽量将大臂也放进去。

②吸气，感受双脚脚尖先向远延伸一下再向上抬起，停在适当的位置上。如果做不到可将双脚略微分开。

③在这里保持 3 ~5 次深长的呼吸，然后呼气还原。

功效：这个体式可以帮助消化，并能消除胃部疾病和肠胃胀气；膀胱和前列腺也能够通过这个练习获得好处。

图 17.25　蝗虫式

15. **鱼式**(图 17.26)

①仰卧，双手置于体测，调整呼吸。

②吸气，背部拱起离地，颈部向后弯，头顶放在地面上，脸部尽量与地面垂直，然后合掌在胸前，意识集中在喉咙。

③吐气，双手慢慢伸向头部前方的地面上，意识集中在指尖。放松，双手慢慢收到胸前。

功效：这个体式可以预防乳房下垂，矫正驼背，美化修长颈部和下巴线条。

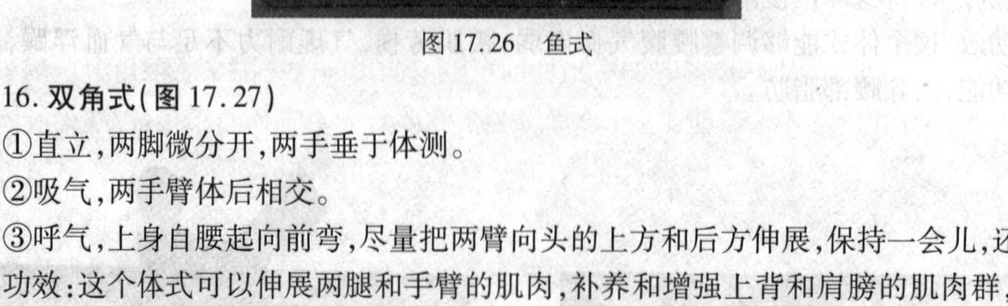

图 17.26　鱼式

16. **双角式**(图 17.27)

①直立，两脚微分开，两手垂于体测。

②吸气，两手臂体后相交。

③呼气，上身自腰起向前弯，尽量把两臂向头的上方和后方伸展，保持一会儿，还原。

功效：这个体式可以伸展两腿和手臂的肌肉，补养和增强上背和肩膀的肌肉群，有助于发展颈部和胸部。

图 17.27 双角式

17. 简化脊柱扭动式(见图 17.28)

①坐直,两腿向前伸直。两手平放在地上,略在臀部后方,两手手指向外。左手放在右手前,左脚放在右膝外侧,右手掌进一步伸向背后。

②吸气,尽量把头转向右方,从而扭动脊柱。

③屏气,保持一会儿。

④呼气,还原。

功效:这个体式可以伸展脊柱,有助于消除较轻的背痛。

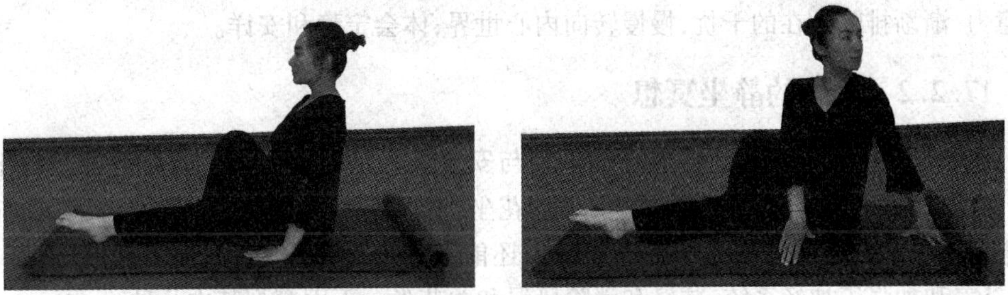

图 17.28 简化脊柱扭动式

17.3 瑜伽的冥想

冥想是瑜伽中最珍贵的一项技法,是实现入定的途径。一切真实无讹的瑜伽冥想术的最终目的都在于把人引导到解脱的境界。瑜伽练习者通过瑜伽冥想来制服心灵(心思意念),并超脱物质欲念。感受到和原始动因(The Original Cause,万源之源)直接沟通。瑜伽冥想的真义是把心、意、灵完全专注在原始之初。

17.2.1 冥想的种类

1. 语音冥想

在所有的瑜伽冥想体系中,没有哪一种比得上瑜伽语音冥想的功效那么直接、久经时间考验或广为人们使用。如前所述,瑜伽语音冥想可以和提升生命之气的功法一起配合着练习中,也可以单项地练习。

瑜伽语音冥想又称曼特拉(Mantra)冥想。梵语词“曼特拉”可以分为两部分,即“曼”(man)和“特拉”(tra)。“曼”的意思是“心灵”。“特拉”的意思是“引开去”。因此,“曼特拉”的意思是能把人的心灵从其种种世俗的思想、忧虑、欲念、精神负担等引离开去的一组特殊语音。一个人只要把注意力集中在他的瑜伽语音上,就能逐渐超越愚昧无知和激情等品质,而处于善良品质的高度上。从这一步,瑜伽冥想更往深处发展,逐渐演变为完美的禅,而最终入定。

2. 烛光冥想

取一支蜡烛,将其放在一臂距离处,高度与目标水平线一致,凝视烛芯1~3分钟,眼泪会慢慢渗出,然后闭上眼睛,试着在眉心继续凝视烛芯。反复3~5次。

3. 走动式冥想

带着感知感受当下迈出的脚步,当意识完全专注时,身心达到联结,喜悦、宁静由内而生。

4. 观想

在大自然中,身心很容易得到平静,一花一草都可以成为我们观和想的对象。停止所有思考,静静地观察花、草、树木、蓝天、白云……感觉自己与观想的对象完全融合为一体,享受大自然的能量。在家中也可以随时进入观想。只要找一个观想对象就可以了,譬如:水晶石、鱼缸、盆栽、图画等,任何你喜欢的对象都可以。这些物体能帮助我们集中注意力,渐渐排除外在的干扰,慢慢转向内心世界,体会宁静和安详。

17.2.2 瑜伽的静坐冥想

瑜伽冥想的目的在于获得内心的平和与安宁。真正的瑜伽冥想的姿势都是打坐式的。打坐又再细分为七种:即简易坐、单莲花坐、双莲花坐、金刚坐、吉祥坐、悉达斯瓦鲁普坐和雷电坐。通过瑜伽的这些坐姿我们还能获得身体的受益,加强了两髋、两膝、两踝、补养和加强了神经系统,减轻和消除风湿和关节炎。下面简列其中几种。

1. 简易坐

简易坐是一种舒适安逸的坐姿。练习者可以根据自己的需要来调整坐姿,比如可以两腿盘坐在垫子上。如果膝部有疾病,可以单腿或双腿向前伸直。

①坐在地上,两腿向前伸直。

②弯曲右小腿,把右腿放在左大腿根处。

③弯曲左小腿,把左腿放在右大腿之下。

④可以把双手结个手印,放在两个膝盖上,最好两手相叠,拇指相对放在腿上。

以此姿势坐着,可以10分钟,20分钟递增。

2. 单莲花坐

①坐在地上,垫一个小垫,便于稳定,两腿向前伸直。

②弯曲右小腿,把右脚紧顶在放在左大腿内侧。

③弯曲左小腿,把左腿放在你的右大腿上面。

④肩背正直,下颌内收,两手相叠,拇指相对放在腿上。

⑤以此姿势坐着,可以10分钟,20分钟递增。

注意:患坐骨神经痛或骶骨有毛病的不适合做这个练习。

3. 双莲花坐

①坐在地上,垫一个小垫,便于稳定,两腿向前伸直。

②弯曲右小腿,把右脚放在左大腿上,脚底朝上。

③弯曲左小腿,把左腿放在右大腿上面,脚底朝上。

④肩背正直,下颌内收,两手相叠,拇指相对放在腿上。

以此姿势坐着,可以10分钟,20分钟递增,每次打坐完后,按摩两膝、大腿、两踝和两小腿腿肚。

4. 金刚坐

①曲起双腿,将臀部坐在脚跟上。

②放松双肩,收紧下巴,挺直脊背。

17.2.3 冥想的练习原则

①选择一个专门的地方来练习,这样可以帮助你找到安宁感,易于进入瑜伽冥想状态。

②选择一个固定的时间——清晨和傍晚比较理想。

③利用相同的时间和地点,让精神更快地放松和平静下来。

④坐下来后,让背部、颈部和头部保持在同一条直线上,面向北面或者东面。

⑤在冥想的过程中,保持身体温暖(天凉时可以给身体围上毯子),引导你的意识保持平静。

⑥让你的呼吸有规律地进行——先做5分钟的深呼吸,然后让呼吸平稳下来。

⑦建立一个有节奏的呼吸结构——吸气3秒,然后呼气3秒。

⑧当你的意识开始游离不定,不要太在意,也不要强迫自己安定下来。

⑨安静下来以后,让意识停留在一个固定的目标上面,可以在眉心或者心脏的位置。

⑩利用你选择的冥想技巧进入冥想状态。

⑪在非常纯净的冥想状态到来之前,不要强迫、让游离的状态继续自然地存在。

⑫经过一段时间的练习,游离的思想状态会慢慢消失,最终进入纯净三摩地(最高意识的知觉状态)。

17.2.4 练习冥想的注意事项

1. 每天坚持冥想

每天都要尝试冥想,一周练习几次,时间可控制在十几分钟到30分钟。最好在每天的同一时间冥想,这样坚持一段时间后,就会发现自己习惯或渴望冥想练习的到来。

2. 正确的动机

不要以为冥想可以使我们获得超凡的能力和神通,否则将使练习者进入歧路。真正的冥想是使练习者能够获得内心长久和平和,明确冥想动机,那就是获得健康、保持心灵平静、意识清晰以及神经过滤和最终成长。

3. 选择合适的冥想地点

进行冥想练习要选择安静或熟悉的环境,若居所不固定或经常出差,也可以尝试在安静且清洁的地方练习。

4. 选择合适体位

可以选择瑜伽的任何坐姿冥想，当然最好是莲花坐或简易坐，保持胸背挺直，双膝放松，调整呼吸，冥想过程中不要将身体倾斜，否则容易感到困倦，也尽量不要选择在床上冥想。

5. 选择合适的冥想方式

在练习开始阶段，希望掌握所有的冥想方式是不可能的，练习者应该在冥想导师的指导下进行有选择的练习。

6. 冥想时间的掌握

应循序渐进，从几分钟到十几分钟，再到几十分钟。好的冥想应控制在二十几分钟或者三十几分钟为宜。如果练习的时间让你感到不舒服，千万要及时停止，另外确保冥想时要有一丝清醒，可以保证在适当的时间让你从冥想状态下苏醒，刚开始可以用声音（振铃或音乐）提示，在练习一段时间之后，你自己将有能力做到收放自如。

7. 练习冥想的思想准备

不要刚开始练习就对冥想有很高的期望值，要控制繁杂的心灵实践起来是相当困难的，每个练习者都要有一个过程，因此，在练习前可以先听听轻柔的音乐，也可以放松地沐浴，至少洗洗脸和双手，让思维放松一下。

8. 视冥想为一生的课程

冥想是连接自我与宇宙融洽的桥梁和途径，不可能一朝一夕就达到它的最高境界。在学习瑜伽的过程当中，你的每一次学习都会获得回报。因此，如果在练习一段时间后，发现效果没有你期望的那样，也不要轻易放弃或认为冥想的练习没有效果，相反，应该了解瑜伽的哲学体系和文化背景，然后继续坚持。

9. 将冥想与生活相联系

瑜伽是一种生活方式，而冥想则是生活和生命的感悟。我们要运用生活中的经历进行对冥想练习方法的对应和感悟，这样，在冥想中获得的净化和顿悟才有意义。在冥想过程中，常会有一些重要的感悟，练习者需要将这些得到的知识和信息运用到日常生活中，这样冥想练习才会有更大的进步。

第18章

速度滑冰

【学习目标】

1. 了解速度滑冰的产生原因及发展历史。
2. 掌握速度滑冰的各项基本技术动作。
3. 了解滑冰运动的竞赛规则。

【内容提要】

本章主要内容为:速度滑冰运动概述;速度滑冰基本技术;速度滑冰竞赛基本规则。

18.1 速度滑冰运动概述

滑冰运动在世界上有悠久的历史。最早的冰上活动可以追溯到远古的新石器时代。古代生活在寒冷地带的人们,在冬季冰封的江河湖泊中以木制的爬犁作为交通运输的手段。在冬季冰封的江河湖泊中以滑冰作为交通运输的手段。以后,随着社会的进步,逐步发展为滑冰游戏 ,直到现代的速滑运动。滑冰运动的发展,从滑冰工具的改进上可以看得出来。从 10 世纪开始,出现用骨制的冰刀滑冰。

到 1250 年左右,荷兰盛行钉在木板上的铁制冰刀,绑在鞋上,在冰面上滑行。17 世纪,铁制冰刀有了改进,有人发明了管式铁制冰刀,使速滑运动有了新的发展。

19 世纪末,欧洲的滑冰运动传入中国,速滑运动逐渐成为北方人民群众所爱好的冬季运动项目,1935 年,在北京举行过 1 次滑冰竞赛。1943 年 2 月,在延安举行的冰上运动会竞赛项目有男、女 100 米速滑以及各项表演。

速度滑冰(Speed Skating)是一项竞赛滑行速度的冰上体育运动,从事速滑运动有助于增进身心健康,促进人体新陈代谢,提高心肺功能,增强防寒能力,培养坚毅顽强的意志品质。速滑项目按照国际滑冰联盟的规则规定,分短距离、中距离、长距离和全能四种,每种均分男女组。

18.2　速度滑冰基本技术

18.2.1　滑冰运动的陆地模拟练习方法

学会速度滑冰,必须掌握速滑运动的三项基本技术,即直道滑行、弯道滑行和起跑技术。

1. 滑冰基本姿势练习

滑冰基本姿势练习目的是掌握滑冰的基本姿势。方法:两脚两腿并拢,两手在背后互握成蹲屈姿势(图 18.1)。大小腿的夹角成 110 度,上体与地面的夹角为 15 度,小腿尽力前弓,头微抬起,眼视前方 5 米处。每次下蹲要静蹲 2 ~3 秒。再站起,站起后要挺胸。如此反复,一组练习五次,最好做 3 ~5 组。每组练习后,休息一分钟,做放松走步练习。

2. 蹬冰收腿练习

蹬冰收腿练习目的是练习蹬冰方向和收腿方法。在蹲屈姿势的基础上,做左右脚轮流侧出和收腿的练习,脚侧出时脚内沿擦地,两脚平行,两脚尖在一条线上,侧出腿向后收到后位,大腿小腿与脚各成 90 度,接着收回后位腿,至两脚并拢,换另一条腿重复上述动作(图 18.2)。

图 18.1　基本姿势练习示意图

图 18.2　蹬冰收腿练习示意图

3. 倾倒练习

倾倒动作的练习可归纳为两句口诀:蹲提倾蹬移,落并还原一(图 18.3)。

图 18.3　倾倒练习示意图

练习动作一为"蹲",以滑冰的蹲踞姿势为开始,体重放到蹬冰腿上(如右腿),浮腿(左腿)用大腿带动抬起小腿,脚离开地面。

练习动作二为“倾”，身体要保持三点（即：脚、膝、头）一线，先自然向左倾倒（右腿为蹬冰腿时）到与地面成 80 ~ 75 度时，直到要跌倒为止。

练习动作三为“蹬”“移”结合，当身体倾倒到有要跌倒的感觉时，体重控制在“蹬冰”腿上，当蹬地腿接近蹬直时，浮腿才能落在身体总重心之下而着地。一定不要侧跨，否则就会形成反支撑，这是最严重的错误动作。腿蹬地和上体移动要同时完成，这是滑冰中最核心的动作，一定要反复练习。

练习动作四为“落”“并”还原一。当蹬地腿接近伸直时浮腿才能落地，要达到使脚落在身体总重心之下。只有浮腿、臀、上体同时移动，浮腿才能落在身体重心之下。浮腿落地后承担体重，原支撑脚离地面抬起并向后做收腿动作到后位，收到与承担体重的腿并拢，还原到练习动作一，然后换腿，反复练习上述动作。

18.2.2　直道滑行技术

开始做直道滑行时，首先要学习和掌握从单蹬单滑马上接双脚并拢滑行的练习动作。练习方法如图 18.4 所示。

图 18.4　单蹬单滑接双脚滑行示意图

①按图 18.4 中 a 做蹬冰动作。

②按图 18.4 中 b 做单脚支撑滑进，单脚支撑滑进距离，随着练习时间的加长而加长。

③按图 18.4 中 c 做双脚支撑滑进。

要反复练习这个动作，只有当单脚或双脚支撑滑进时，冰刀是用正刃支撑才算掌握了这个动作。只有掌握了单蹬单滑马上接双脚并拢滑行的练习之后，才能做出真正的直道滑行。

18.2.3　速度滑冰的直道滑跑技术

直道滑跑技术包括九个细节，即直道滑跑姿势、单腿支撑蹬冰、双腿支撑蹬冰、收腿、摆腿、冰刀着冰、惯性滑进、摆臂和全身配合。

1. 直道滑跑姿势

直道滑跑姿势是上体前倾，支撑腿弯曲，双手放于背后（长距离多用背臂，短、中距离多用单摆臂或双摆臂），上体与冰面夹角为 10 ~ 15 度（短距离 15 度，长距离为 10 度），大腿与小腿的夹角为 90 ~ 110 度（短距离为 90 度，长距离为 110 度），小腿与冰面的夹角为 50 ~ 70 度（短距离为 50 度，长距离为 70 度）。这一特定的姿势是指单脚支撑蹬冰开始前的姿势，在直道滑跑过程中外形姿势相似，但三个角度是变化的。所以采用这种蹲屈姿势就是为了减少迎面空气阻力，增加腿部蹬冰时的有效伸展距离。

2. 单腿支撑蹬冰

从惯性滑进结束起（图 18.5），到浮腿冰刀着冰止（图 18.6），为单腿支撑蹬冰。利用全刀向侧蹬冰，使体重稳定地放在支撑腿上，利用体重和腿的伸展完成蹬冰动作。腿的伸展方法是先展髋、压膝踝、展膝踝、腿还没有完全伸直时，完成单腿支撑蹬冰动作。

图 18.5　惯性滑行示意图

图 18.6　浮腿冰刀着冰示意图

3. 双腿支撑蹬冰

从浮腿冰刀着冰起，到蹬冰腿结束蹬冰冰刀离冰止，为双腿支撑蹬冰阶段。

在单腿支撑蹬冰的基础上，快速伸展蹬冰腿，膝踝关节充分伸直，以展踝结束双腿支撑蹬冰动作。

4. 收腿

从蹬冰脚的冰刀离冰起，到变为浮腿的冰刀收到后位止（即腿成为后拉姿势）为收腿动作。

利用蹬冰腿剩余的肌紧张和冰面的反弹力开始收腿，以屈膝为主，大小腿成一平面，膝内转将腿收到后位，与支撑腿靠拢。

5. 摆腿

浮腿冰刀从后位摆向身体总重心移动的方向起，到浮腿冰刀着冰止，为摆腿。

摆腿时以大腿带动小腿，膝盖领先以加速方法摆向新的滑跑方向。摆腿的节奏必须与蹬冰腿的节奏配合好。

6. 冰刀着冰

从冰刀着冰起，到承接体重止，为冰刀着冰。

冰刀着冰的位置与蹬冰的刀靠边，并超前半刀长着冰，着冰方向与身体总重心新的运动方向相一致，用冰刀的中后部以冰刀的外刃开始接触冰面，到冰刀转变为正刃时体重交给了新的支撑腿。

7. 惯性滑进

从承接体重起，到单腿支撑蹬冰开始止，为惯性滑进。

为了有效地做到延续滑行，惯性滑进时要降低滑跑姿势，减少空气阻力，并为蹬冰作好身体姿势上的准备。在惯性滑进中要保持支撑腿的冰刀、膝盖、头部三点成一线。

8. 摆臂

两臂为对称前后摆动,每支臂要经过三个位向点,即前高点、下垂点、后高点,当左臂为前高点时,右臂为后高点,当左臂为下垂点时,右臂也为下垂点,当右臂为前高点时,左臂为后高点,以此循环摆动。手的摆动方向,后摆时为侧后,前摆时为新的滑跑方向,前手的高度不超过鼻部,后手不超过肩高。单摆时用右臂,摆动幅度比双摆臂时大,前摆时可以超过身体中线。

9. 全身配合

全身配合,包括三个配合关系,即两腿的配合关系,臂与腿的配合关系,全身的配合关系。

两腿的配合关系:为四个时期,六个阶段,十二个动作。四个时期:即单脚支撑时期,双脚支撑时期,单脚支撑时期,双脚支撑时期。六个阶段是惯性滑进阶段,单脚支撑蹬冰阶段,双脚支撑蹬冰阶段,惯性滑进阶段,单脚支撑蹬冰阶段,双脚支撑蹬冰阶段。十二个动作为惯性滑进动作,单脚支撑蹬冰动作,双脚支撑蹬冰动作,收腿动作,摆腿动作,下刀动作。一条腿六个动作,两条腿即十二动作,两条腿的协调关系差三个动作。

臂与腿的配合关系:当臂摆至前高点时,同侧的蹬冰腿即将达到蹬冰的结束点,当臂摆至下垂点时,同侧腿位于摆腿的开始点,异侧腿正处于单脚支撑蹬冰的开始点。

全身的配合关系:除要遵照两腿配合关系和臂与腿的配合关系外,在蹬冰过程中上体与臀部要保持平动将体重交给新的支撑腿。在支撑滑进过程中和体重没有交给新的支撑腿之前,要保持冰刀、膝关节、头部三点成一线。

18.2.4　停止法

初步掌握了直道滑行技术之后,为了保证在冰场上的安全,必须使初学者掌握停止法。停止法主要有如下五种。

1. 内八字停止法

内八字停止法又称犁状停止法。停止时,上体稍前倾,两腿微屈,两膝向里并拢,用两刀内刃压冰,此时上体后坐,重心下降,两刀跟随着向前滑进逐渐分开,使力点在冰刀的后半部。用力的程度越大,停下来的速度就越快。这种方法多在中高速滑跑中停止时使用(图 18.7)。

图 18.7　内八字停止法示意图

2. 刀尖停止法

一腿支撑,一腿成后拉位置,后拉腿的冰刀尖垂直于冰面,使刀尖在冰面上做滑压动作,就慢慢地停下来了。此种方法在高速滑跑中,实用价值不大(图 18.8)。

图 18.8　刀尖停止法示意图

3. 刀跟停止法

一腿支撑滑进，另一腿伸直位于支撑腿的侧前方，冰刀与伸直的小腿垂直，用刀跟正刃压划冰面，同时支撑腿微屈，重心下降，即可停下来。这种停止法适于低速滑行中采用，高速滑行时，使用较少，有时还可能发生意外（图18.9）。

图18.9　刀跟停止法示意图

4. 内外刃停止法

两腿并拢，两刀平行向左（右）转体90度，同时后坐，上体前倾，身体向左（右）倾倒，用右刀内刃、左刀外刃，或左刀外刃、右刀内刃逐渐用力压切冰面，即可停下来。此种停止法可在高速滑跑中使用（图18.10）。

图18.10　内外刃停止法示意图

5. 右脚外刃停止法

右脚外刃停止法的做法是，在滑行中，身体成直立姿势，用右脚正刃支撑，左腿抬离冰面，自然放松位于右腿侧旁，此时身体与右脚冰刀，同时快速向右转动，直体后坐，身体向右侧倾倒，用冰刀外刃刮压冰面，即可停下来。此种停止法多用在中低速滑跑时使用（图18.11）。

图18.11　右脚外刃停止法示意图

18.2.5　弯道滑跑技术

弯道滑跑与直道滑跑技术不同，弯道滑跑时身体向左倾斜，两腿成交叉步伐，同向右侧蹬冰，以这种姿势动作滑跑弯道，因此弯道滑跑技术有它本身的滑跑特点。这些特点决定了弯道滑跑比直道快。

弯道的技术动作结构由四个时期、四个阶段、八个动作组成，动作协调关系差两个动作，与直道相比每条腿少了两个动作，即惯性滑进动作和收腿动作。

1. 弯道左腿滑跑技术（图18.12）

图18.12　弯道左腿滑跑技术示意图

从技术上看，直弯道技术不同，直道技术可用一条腿六个动作来分析，但弯道两条腿的动作不同，所以必须用两条腿的八个动作来分析。

弯道技术包括十一个技术细节，一条腿四个动作，两条腿八个动作，再加上臂腿配合，全身配合和进出弯道技术，共十一个技术细节。

(1)左腿单脚支撑蹬冰动作。

从右腿离冰起，到右腿以摆动动作着冰止，为左腿单脚支撑蹬冰动作。

身体成一直线向左倾斜，以左刀外刃支撑，并在弯道的切线方向上完成左腿单脚支撑蹬冰动作。左腿的蹬冰动作要与右腿的摆腿相配合，右腿在左腿的前方摆越与左腿形成剪切动作。

(2)左腿双脚支撑蹬冰动作。

从右腿以冰刀内刃着冰起，到左腿蹬冰结束止，这一阶段为左腿双脚支撑蹬冰动作。

双脚支撑蹬冰时，身体重量控制在蹬冰腿上，只有蹬冰腿蹬直后，体重才能交给新的支撑腿。蹬冰方法用左刀外刃，以加速的方法在右腿的后方成交叉姿势，向右侧蹬冰，直至伸直左腿提起足跟完成左腿双脚支撑蹬冰动作。

(3)左腿摆腿动作。

从左腿离冰起，到左腿冰刀着冰止为左腿摆腿动作。

左脚蹬冰结束后，利用冰面的反弹力拉回左腿，摆向新的滑跑方向的切线上，以冰刀的中后部着冰。

(4)左腿着冰动作。

从左脚冰刀以外刃着冰起，到左脚冰刀以外刃支撑承接体重止，为左脚着冰动作。

着冰的方向是在新的运动方向上，着冰时要前送左腿，用冰刀的外刃以冰刀的中后部着冰。开始着冰时只是冰刀浮在冰面上，不承担体重，只有当蹬冰腿即将蹬冰结束时，体重才交给着冰腿。

2. 弯道右腿滑跑技术

弯道滑跑技术中两腿的动作是不一样的，所以要学习弯道滑跑技术两腿的动作必须分开学习。弯道滑跑技术中右腿的动作同样也有四个动作，同时讲解一下弯道的全身配合、进出弯道技术及摆臂动作(图 18.13)。

图 18.13　弯道右腿滑跑技术示意图

(1)右腿单脚支撑蹬冰动作。

从右腿冰刀以内刃承接体重起,到左腿以摆动的方法用冰刀的外刃着冰止为右腿单脚支撑蹬冰动作。

右腿冰刀以内刃支撑,身体保持三点一线向左倾,以蹬冰的展腿顺序向右侧蹬冰,当左摆腿与右腿膝部并拢时,要加速伸展蹬冰腿,当左摆腿以外刃着冰前,完成右腿单脚支撑蹬冰任务。

(2)右腿双脚支撑蹬冰动作。

从左刀外刃着冰起,到右腿蹬冰结束止,为右腿双脚支撑蹬冰动作。

右腿以内刃向右侧蹬冰,蹬冰时要注意右腿的膝盖要控制在胸下,只有当右腿蹬冰结束的同时,体重才能交给新的支撑腿。

(3)右腿的摆腿动作。

从右脚离冰起,右腿经过与左腿成前交叉,到右腿以内刃着冰止,为右腿摆腿动作。

由于弯道没有收腿动作,所以弯道右腿摆腿的开始点是从右腿离冰起,马上开始做摆腿动作,方法是屈髋提腿用膝使外展的腿做内收和前跨动作,使右刀刀根贴近左刀尖,做交叉跨越摆向新的滑跑方向,即新的切线方向。

(4)右腿着冰动作。

从右腿冰刀以内刃着冰起,到右腿冰刀内刃支撑承接体重止,为右腿着冰动作。

着冰方法是刀尖抬起,用冰刀的中后部以内刃着冰。着冰方向是新的运动方向,即切线方向。

(5)弯道全身配合动作。

①两腿的协调关系。弯道两腿的协调关系为四个时期,四个阶段,八个动作,协调关系差两个动作。

②上体与腿的配合关系。在弯道滑跑中上体要平动,在单腿支撑蹬冰阶段,上体与下肢成三点一线,在双腿支撑蹬冰阶段,上体与蹬冰腿的冰刀形成一定的夹角,但体重要放在蹬冰腿上,当蹬冰结束时上体与新的支撑腿冰刀方向形成三点一线。

(6)摆臂动作。

弯道的摆臂的目的与直道基本相同,即增加蹬冰力、提高滑跑频率、有助于上下肢协调。

弯道的摆臂方法与直道不同,摆右臂时前摆,摆向新的运动方向,即摆向新的切线方向,向后摆时是侧后。摆左臂时大臂不动屈小臂勾向左胸前,后摆时大臂贴躯干,伸直小臂,手的高度不超过肩,左臂只起协调作用。

(7)进出弯道技术

进好弯道是滑好弯道的关键,出好弯道是利用弯道速度的关键。

①进弯道。进弯道的目的是改变运动方向。

入弯道的方法,右脚以正刃从直道滑入弯道,当右脚蹬冰后保持身体的倾斜度,收回的左脚尽量贴近弯道用冰刀外刃着冰,即完成了进弯道的技术动作。这种入弯道的方法是近年来提出的一种新方法。

②出弯道。出弯道的任务,合理地利用滑出弯道的速度惯性,顺势甩出弯道。

出弯道的方法,用右脚滑出弯道,此时头肩右移,上体紧压右腿,左摆腿时不要急,当右腿滑出弯道后,左腿冰刀以微偏外刃的方法着冰,接着左脚冰刀转成正刃,即开始直道滑行。

18.2.6　起跑技术

起跑是滑跑的开始,它的任务是要求运动员在最短的时间内摆脱静止状态,从而获得本项目的最佳速度(图18.14)。

图18.14　起跑技术示意图

起跑技术根据距离的不同分为两种,一种叫短距离起跑法,另一种叫长距离起跑法。由四部分构成,既预备姿势、启动、疾跑、衔接。

1.预备姿势

预备姿势有两种,一种是侧面起跑法的预备姿势,另一种是正面起跑法的预备姿势。侧面起跑法常用的有三种,一种是两刀平行式的起跑法,即两刀平行用内刃压冰,前刀贴切起跑线,两刀与起跑线成20~30度角,重心放在两刀之间,两腿蹲屈,膝内压,前臂下垂,后臂侧后平举,眼视前方8~10米处。另一种是丁字步起跑法,方法基本上同第一种,不同点是前刀与起跑线成90度角,用正刃着冰。第三种是点冰式起跑法,做法是两刀平行与肩同宽,无力脚在前,有力脚在后,用内刃压冰与起跑线成10~15度角,然后前刀刀跟抬起用冰刀尖内刃紧贴起跑线后用力压冰,两腿蹲屈,体重的2/3放在前脚上,前臂自然下垂,后臂侧后平举,眼视前方8~10米处。

正面起跑法有两种,一种叫外八字起跑法,两冰刀刀尖紧贴起跑线,两刀的夹角为50~70度,有力脚的臂要放在侧后。余下的预备动作与其他预备姿势相同。

正面蛙式起跑法,又称蹲踞式起跑法。蛙式起跑法的预备姿势是两刀与起跑线的距离为70厘米左右,两刀成外八字,两刀根相距5~10厘米,两手以大拇指与食指分开成虎口状,两臂比肩稍宽的距离放到紧贴起跑线后,当听到预备口令时,两刀用内刃蹬压冰,双肩探出起跑线,2/3 的体重放到两手上,即完成了蛙式的预备姿势。

2. 启动

启动为起跑的第一步,启动的好坏决定起跑的好坏,所以启动是起跑的关键。要特别注意,侧面起跑法第一步是先出无力脚,正面起跑法是先出有力脚,第一步的主要技术要点是冰刀尽力外转,用内刃踏切冰造成身体最佳的倾斜度。

3. 疾跑

疾跑技术是起跑技术的重点,疾跑技术完成的好与坏,直接关系到起跑能不能以最经济的体力、最短的距离、最少的时间,获得项目的最佳速度。疾跑的方法有三种,切跑式疾跑法、滑跑式疾跑法、扭滑式疾跑法。所谓切跑法就是以冰刀内刃,两刀成外八字踏切跑的方法。优点是起速快,缺点是体力消耗大,疾跑与衔接间不好掌握,中、短距离竞赛中多用此法。滑跑法,就是以正常的滑跑动作,提高滑跑频率来完成疾跑任务的方法。在长距离竞赛中多用此法。扭滑法是指切跑法与滑跑法相结合的方法。中、短距离竞赛中多用此法。疾跑段的距离以短为佳,一般为 30 ~ 40 米,疾跑段分三个小阶段,即起速段、加速段和最大速阶段。

4. 衔接

衔接技术的目的有三点,一是把疾跑段的速度以不减速的方法转移到正常滑跑中去。二是疾跑后的小憩,正常滑跑前的准备。三是完成身体姿势的转移。

所谓衔接技术就是疾跑后采用 2 ~ 3 个单步,利用惯性速度把疾跑中已获得的最大速度转移到正常滑跑中去的动作,就是衔接技术。

18.2.7 冲刺

当今冲刺技术有新的发展,冲刺技术分为两小段,一是冲刺滑跑段,二是最后一步的箭步冲刺动作。所以采用箭步做最后一步是因为速滑到达终点是以冰刀触及终点线为准,箭步的动作比正常滑步要早到达终点,同时双臂、上体与前弓腿,用力前送,争取以更大的弓箭步冲向终点(图 18.15)。

图 18.15　冲刺技术示意图

18.3　速度滑冰竞赛基本规则

18.3.1　速度滑冰的场地、器材

1. 竞赛跑道

标准速滑竞赛跑道最大周长为 400 米,最小为 333.33 米,内弯道半径不能小于 25 米或大于 26 米,每条跑道宽 5 米,最窄 4 米。短跑道速滑跑道周长 111.12 米,内弯道半径 8.25 米,直道长 128.07 米。

2. 服装

速滑运动员穿尼龙紧身全连服(衣、裤、帽、袜、手套连在一起)。由于尼龙服保温不好,在温度较低的气候条件下,运动员需穿贴身的棉毛内衣。男运动员还要穿三角裤衩或护身。天气奇寒时则应在膝、胸等部位垫上防风纸或其他物品。做准备活动时,冰鞋要套上保温较好的鞋套,以防脚冻伤。练习时要穿保暖服,裤子两侧缝上拉锁,以利穿脱。

3. 冰刀、冰鞋

速滑冰刀刀长刃窄,用滑度好、耐磨、硬度适宜的轻合金材料制成,冰鞋用优质厚牛皮缝成,冰刀刀刃厚薄要均匀,两刀刃高度要相同,刀刃要笔直,没有凹凸不平等毛病。冰刀与鞋号相同或比鞋大一号。鞋穿在脚上要感到舒适,贴脚,又不太紧。刀尖比鞋尖要长 8 ~9 厘米,刀跟比鞋跟长 5 ~6 厘米,左脚刀刃与鞋的纵向中线吻合,右脚刀尖稍偏左。

18.3.2　速度滑冰的一般规则

1. 起跑

运动员听到“各就位”口令后,须站在预备线与起跑线中间,保持直立姿势,听到“预备”口令后,应迅速做好起跑姿势,静止等候枪响。此时,运动员的冰刀不得越过或踏上起跑线,只能用冰刀的尖端触线。如果运动员有意不立即站好位置或在鸣枪之前跑出,即为犯规。应叫回运动员,并对犯规者给予警告。如果由于某一运动员抢跑而引起另一运动员抢跑,只警告前者,不处罚后者。如同一运动员第二次抢跑即被取消其竞赛资格。

2. 滑跑

运动员在竞赛时须按照逆时针方向滑跑,须在自己抽签决定的跑道内滑跑,如侵入他人的跑道滑跑,则被取消该项竞赛的资格。运动员若在滑跑中摔倒,站立后可以继续滑跑,但不得妨碍他人的滑跑,否则将被取消该项的录取资格。在进出弯道及在弯道中滑跑时,不得以缩短距离为目的而触及和穿过雪线,违者将被取消录取资格。如果运动员被不属于自己的过失影响了滑跑,经裁判允许,可以让他重新滑跑,并取其两次滑跑中较好的那次成绩。但如果是因为冰刀损坏或冰场不洁而影响了滑跑,则不允许重新滑

跑。

3. 交换跑道

内、外跑道的运动员滑跑到换道区时必须交换跑道。凡在换道区起跑的项目,开始起跑时不换道。内、外跑道的运动员同时到达换道区并进行滑跑时,要让外道的运动员先换进里道,处于里道的运动员必须在外道的运动员由其前面穿过后方可换道。

4. 在同一跑道内滑跑

运动员在同一跑道内前后滑跑时,后者必须保持与前者有 5 米的距离,或者超越前者,但不得平行滑跑或带跑,否则予以警告,如再犯则取消竞赛资格,并勒令立即退出跑道。后者可以由内侧或外侧超越前者,但不得妨碍前者,如因此发生碰撞,则取消后者的该项的录取资格。但在后者要超越前者时,前者不得阻碍后者的超越,否则将取消前者的该项录取资格。

5. 到达终点

运动员到达终点,以冰刀触及终点线为准。如临近终点时摔倒,只要冰刀触及终点线,即可判作已到达终点,运动员摔倒后,可以伸脚力争触及终点线,但不得因此妨碍他人滑跑,否则取消其录取资格。

6. 计分方法

速滑各单项竞赛以时间计成绩,排列名次。速滑的全能总分计算方法是:运动员在每个单项中的得分是以其500 米的平均速度按 1 秒钟作 1 分折算而成。速度越快,所需的时间越少,得分就越少,总分越少,名次越好。如 500 米的成绩是 40″5,即得 40.5 分;1 500米成绩是 2′10″5,按每 500 米平均速度算为 43″5,得 43.5 分;500 米成绩是 8′14″8,得分是49.48 分;10 000 米成绩是 17′11″2,得分 51.56,四项加起来共得 185.04 分。短距离全能计分方法与此相同。

18.3.3 短道速滑的规则

1. 起跑

短跑道速滑竞赛采用多人同组同一跑道同时出发的方法,规则规定 400 ~ 1 000 米的半决赛和决赛,每组不能多于 4 人,1 500 米的竞赛,每组不能多于 6 人。每组起跑时,横排不超过 6 人。运动员起跑时站的位置在检录时由抽签决定。发令员喊“各就位”时,运动员须在各自预备起跑线后的位置,采取直立姿势静止站好。当“预备”口令发出后,运动员立即到各自起跑线的位置,采取起跑姿势并保持静止,等待枪响。

运动员抢跑,将被警告;如多名运动员同时抢跑,均应受到警告;如因一人抢跑犯规引起他人冲击或移动,则只警告首先抢跑者。被警告过的运动员如第二次抢跑犯规,则取消其该项的竞赛资格。

如运动员出发后,在起跑线至第一个弯道弧顶标志物之间摔倒,则发令员可以召回所有运动员重新起跑。重新起跑时,发令员不再使用口令,直接鸣枪发令。

2. **滑跑**

竞赛均为逆时针方向滑跑。运动员在滑跑中若想超越前面的运动员,必须保证前面的运动员做正常滑跑动作,如果发生阻碍或碰撞,由超越者负责。但被超越者也不得用身体任何部位阻挡或推撞他人。

任何运动员因不正常的减速而造成他人减速或发生碰撞,或故意横切、推人等妨碍、阻挡他人滑行,或缩短滑跑路线,或与其他运动员串通而不是靠自己实力来取得好成绩时,均为犯规,将被取消录取资格。

当出现运动员被扣圈时,应沿外道滑行,给扣圈的运动员让出内道。

3. **接力**

接力竞赛每队由四名队员上场参加。竞赛采用接触方式,即替换的运动员滑到跑道上,让被替换的运动员接触后方可滑跑。接力替换的次数和每人滑跑的距离都没有限制,可一圈一换,也可一圈半、两圈或多圈一换,但最后两圈必须由一人滑完。如果滑最后两圈的运动员摔倒,可由其他队员接替。

4. **竞赛方法**

竞赛均采用淘汰制,以预赛、次赛、半决赛、决赛方式进行。在各赛次竞赛中,每组前两名运动员参加下一赛次的竞赛。人数不足的从该赛次的各组第三名内,按计时成绩选优补人。

每名运动员参加每轮次竞赛,都要根据在本组的名次计算行进分,下一项竞赛的顺序根据每名运动员的累积行进分排列。3 000 米竞赛的参加资格,是根据前几项累积决赛分的排列,只有积分前 8 名的运动员才有资格参加 3 000 米竞赛,而且 3 000 米竞赛只进行一次决赛。

第19章 轮 滑

【学习目标】

掌握轮滑的基本动作和技术要领,同时全面发展学生的身体素质。

【内容提要】

本章主要内容为:轮滑运动概述;轮滑基本技术;轮滑运动安全。

19.1 轮滑运动概述

轮滑是一项全身性运动,它能促进心脑血管系统和呼吸系统机能的改善和代谢作用的加强,例如促进心脑血管系统和呼吸系统机能的改善和代谢,能增强臂、腿、腰、腹等各处肌肉的力量和身体各个关节的灵活性,特别是在对人平衡能力的掌握上有很大的帮助和协调作用。同时,轮滑也是一项健康的有氧运动,一般来说轮滑的最大氧气消耗量(测量运动强度的基准)是跑步的90%,而保持有氧运动的最佳强度和有明显效果是保持23千米/小时的速度。滑轮滑时测量的心跳数是最大心跳数的74%,这属于典型的有氧运动,可以达到强化心脑血管和燃烧脂肪的效果。所以,也有越来越多的青年把轮滑作为一项改善体形、减肥塑身的运动。

除了上述特性外,轮滑还具有很多体育项目所不具备的一个特性,就是它可以当作交通工具。一般情况下,在平整的路面上,轮滑都可以代步成为交通工具。在交通越来越拥挤、生活节奏越来越快的今天,只要环境和路况允许,轮滑就可以成为一种流行和时髦的交通工具。

19.2 轮滑基本技术

19.2.1 普通的轮滑技巧

1. 站姿

一种是普通的平行站立,即将两只脚平行稍窄于肩,双膝微弯以保持重心,以脚踝的力量控制好不要让脚左右摆动,要保证轮子垂直于地面。穿专业平滑鞋平行站立时因为鞋的结构设计影响,两脚会自然地向外压外刃。第二种是应用于非平整地面的丁字形站立(也叫T字形站立),即一只鞋的最后一个轮子抵在另一只鞋的第二和第三只轮子之间,双膝微弯,双腿之间稍有间隙,以保持重心,仍然是以脚踝控制鞋子,如图19.1所示。

2. 起步

从T字形站姿起步,让一只脚保持前进姿势,脚尖向前,另一只脚向身体侧后方蹬地推出,就会有向前前进之力量。此时身体的重心应完全放在前脚上,身体稍向前倾(不是驼背),这样后脚的发力收回过程才能顺畅。后脚收回后,换另一只脚向身体侧后方蹬出,重心位置依然放在前脚上。以此类推,如图19.2所示。

图19.1　站姿示意图

图19.2　起步示意图

3. 滑行

滑行时为保持较好的平衡,要尽量屈膝弯腰,目的是稳定重心和便于发力,如图19.3所示。

图19.3　滑行示意图

4. 身体的重心

滑行时身体的重心要始终稍向前倾,随着两脚的不断交替,重心要不断地转移。当一只脚向侧后方蹬出时,身体重心必须要完全放在另一条腿上,这样才能保证蹬出的腿很顺畅地收回来。当这条腿收回落地时,重心马上转移到这条腿上,再把另一条腿蹬出。切记每次蹬腿时身体重心都要完全放在另一条腿上。如此循环,如图 19.4 所示。

5. 滑行姿势

双膝微弯,身体稍向前倾以保持重心。滑行速度越快,屈膝弯腰的幅度越大。标准的速滑姿势为双手自然背后(无摆臂的情况下),背部与地面平行,大腿与小腿弯曲角度不大于 120°,如图 19.5 所示。

图 19.4　身体的重心示意图

图 19.5　滑行姿势示意图

6. 停止

以上述姿势滑行,双脚靠近保持平行,鞋上有煞车块的脚稍稍向前,使两脚距离相差约有半个脚,提起脚尖直到煞车块碰触到地面,然后慢慢将重心移到鞋上有煞车块的脚,增加压力,直到停下来。

19.2.2　轮滑练习

轮滑是一项极易掌握的体育运动,任何人都能很快地学会它。但对很多人来说,初次接触轮滑时,心理上会产生一种畏惧感——担心摔跤。其实,只要简单地掌握一些轮滑的方法和技巧,就能把这项运动变成乐趣。

初学轮滑者一定要有耐心,请记住以下禁忌:滑行前不做准备活动;不戴护具;滑行后立即喝水。初学时一定要注意培养正确姿势,滑行时腰、膝、踝关节保持自然弯曲,降低身体重心,身体失去平衡时要向下蹲。

平衡是掌握轮滑的基础,掌握平衡是非常重要的。初学者可以通过控轮练习来慢慢地掌握平衡,控轮练习的目的就是尽快地熟悉脚下的鞋和轮子,找到轮上的感觉,保持平衡。具体的做法是:

1. 原地错步

平行站立姿势预备。身体正直但不要僵硬,双臂必要时可自然张开调整重心,双腿自然弯曲保持重心,两脚一前一后错开,交错幅度视个人身高而定,两脚尖错开的距离以一肩宽为宜。交错后两脚仍然保持平行,两脚尖朝前。身体保持原地不动,待重心稳定后两脚收回,换脚错开,要领同上。要点:每错开一步要等重心稳定后,即身体不再乱晃时，方可收回再做下一步。

2. 原地高抬腿

平行站立姿势预备。身体正直但不要僵硬，双臂必要时可自然张开调整重心。首先将重心移至一条腿上，另一条腿尽可能高地缓缓向上提膝，不要有滞空停留，缓缓落下。此过程中身体要始终保持正直，不可乱晃，待身体稳定后再换另一条腿抬起，要领同上。

要点：循环过程中要始终保持身体正直不乱晃，抬腿落腿时尽可能地慢，高度尽可能地高。

3. 平行行走

平行站立姿势预备。身体正直但不要僵硬，双臂必要时可自然张开调整重心。首先平行向身体的一侧横向迈出该方向的一条腿，跨度视个人身高而定，以1.5倍的肩宽为宜。待身体稳定后向迈出的方向收回另一条腿，平行站立姿势站好。此过程要保持身体的稳定，不可前后乱晃。待身体稳定后再向同一方向走四步，要领同上。此方向走五步后，再向相反方向平行走五步，要领同上。

要点：每横向跨出一步，要待身体稳定后方可收回至平行站立姿势，平行站立站好稳定后方可再走下一步。循环过程中身体要始终保持正直稳定不乱晃。

标准速滑基础姿势简称"静蹲姿势"。

要领：两脚平行且两脚尖向前，两脚打开约一拳宽；膝盖弯曲下蹲，大腿与小腿约成110～120度角，小腿与地面约成60～70度角，膝盖之间的距离与脚保持同宽；弯腰俯身抬头向前，脊椎自然弯曲不僵直，保持背与地面平行，头抬起目视前方7～10米处地面；双臂自然背后。

19.2.3　重心转移的练习

重心转移是轮滑练习最重要的一项，因为轮滑运动本身其实就是重心不断转移的过程。

要领：静蹲姿势预备。首先在保持身体原地不动的基础上，向身体的一侧横向蹬出该侧的腿，蹬出的腿要蹬直，此时一定要保持身体的重心完全放在没有蹬出去的那条腿上，且上身的姿势仍保持静蹲姿势不变。然后上身保持静蹲姿势不变的情况下向蹬出的腿的方向平行移动（两脚仍在原地保持不动），上身移动至蹬出的腿的上方，刚才蹬出的腿就是现在的支撑腿，刚才的支撑腿就是现在的蹬出腿，此时的重心仍然要完全放在现在的支撑腿上。重心转移时上身切不可左右摇摆或忽高忽低，平移的过程中从头至臀的轴线要始终保持朝向正前方，以静蹲姿势平移过去。如此循环练习，要领同上。

要点：循环练习中上身要始终保持静蹲姿势，不可左右摇摆或忽高忽低；平移的过程中从头至臀的轴线要始终保持朝向正前方；每次重心转移必须将重心完全放在支撑腿上，待稳定后再做下步动作。

19.2.4　直线滑行

(1)分解直线滑行练习。

静蹲姿势准备，首先身体将重心转移至一条腿上，另一条腿用脚内侧向斜后方蹬地，蹬地后迅速收回至静蹲姿势自由滑行，此过程中上身始终保持静蹲姿势，不能变。接着重心转向另一侧，换用另一条腿蹬地，左右如此往复练习，要领同上。

要点：重心转移要到位，上身要始终保持静蹲姿势。

(2)直线滑行练习。

分解直线滑行练习，只是蹬出脚收回至静蹲姿势时，不必再保持静蹲姿势自由滑行，而是一条腿蹬出收回后，另一条腿马上再蹬出收回，如此循环练习；重心、姿势的要领、要点同分解直线滑行练习。

(3)直道滑行的摆臂动作。

滑行过程中加入摆臂动作的目的和我们陆地上跑步、走步摆臂的原理是一样的，都是为了更好地保持平衡以达到平稳加速的目的。

直线滑行时的摆臂：两臂用力一前一后摆动，摆幅高度为向前摆时手的高度不超过面部，以视线以下为佳；向后摆动时，手要从身体下面过再向上摆动，手臂伸直，尽量向身体内侧收，不要太向外打，摆动高度为尽可能地向后摆的一个自由高度，如图 19.6 所示。

图 19.6　直线滑行时摆臂示意图

19.2.5　弯道滑行

弯道滑行要克服的难点就是身体自重造成的离心力，由于弯道时的离心力，我们的身体就要向弯道内侧倾斜，而且转弯半径越小的弯道，身体倾斜度就得越大。这就给一些胆子比较小的初学者带来了不小的难题。

(1)平行转弯。

平行转弯是直线滑行的基本转弯。

要领:入弯时两脚一前一后平行错开,弯道内侧的脚向前错,弯道外侧的脚向后错,然后身体重心向弯道内侧倒,同时,身体头尾的纵轴线的朝向,也要跟着弯道转向。直至出弯后再收回两脚。

要点:重心的倾斜和身体轴线的转向要同步,两脚错开的距离根据个人身高要适当。

(2)弯道夹脚。

弯道夹脚是标准速滑的转弯动作,它的特点就是利用弯道进行加速。平行转弯的过程是个减速的过程,但是弯道夹脚却是个加速的过程,所以,在速滑竞赛中,运动员们都是利用狭小的弯道空间进行加速超过对手。

要领:入弯时静蹲姿势,身体重心向弯道内侧倾斜,同时弯道外侧的脚向外侧蹬出,蹬出后收回至内侧脚的前面,此时两脚呈交叉状。外侧腿收回至内侧腿前面的同时,内侧腿就要向外侧蹬出,这样等外侧腿收回后可直接收回内侧腿蹬出外侧腿。内侧腿收回后要放在身体重心的下方,以稳定重心,此时外侧腿已开始蹬出回收。如此往复练习,要领同上。

要点:重心的倾斜和身体轴线的转向要同步;两脚蹬出收回要紧凑,两腿的蹬出都要发力,同时上身始终保持静蹲姿势;始终要保持一腿蹬出时另一腿已经收回,一脚落地时,另一脚已离开地面,一定要紧凑。

弯道时的摆臂:入弯时弯道内侧的手臂自然背后,外侧的手臂用力摆动以保持平衡。此时摆臂的幅度可稍减小,如图19.7所示。

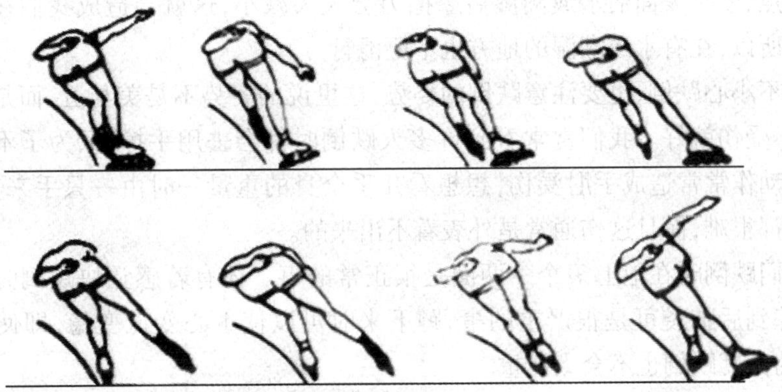

图19.7 弯道滑行示意图

19.2.6 停止法

不少初学者要面对的难题不仅仅是转弯,还有更重要的刹停。所谓刹停就是刹车停止。最基本的刹车就是T刹,它适用于一般的直线滑行的刹停。而急速的速滑选手则需要进行减速之后再用一种叫“A刹”的刹车方式停止。

要领:在向前滑行中,先将重心完全放在一条腿上,该腿膝盖弯曲,同时抬起另一只脚横放在支撑脚后,让两脚脚尖角度为 90 度,然后后面的脚轻拖地面,减缓滑行速度,直到停止滑行。此过程中,重心始终放在前面的腿上,上身始终保持正直,后腿的膝盖朝向要和后脚脚尖的朝向一致,两膝盖不可紧挨。

19.3 轮滑运动注意事项

在穿轮滑鞋之前多做一些热身运动,尤其是身体各主要关节部位,可以多做一些伸展操。场地的选择也很重要,尽量不要在非平整地面滑,若轮子太硬或是自己关节的柔软度不够,常常会在不知不觉中会造成脚踝和膝关节震伤,形成劳损,这也是为什么我们强烈建议不要用太差的鞋子来滑的原因之一。这样不仅会对我们的身体造成伤害,而且非平整的地面还会减少轮滑鞋轴承和轮子的寿命。所以,尽量不要在坎坷的地面和有沙、石、泥的地面滑行。

非平整地面会对我们的身体和鞋子造成伤害,在平整的地面上也不可完全放松警惕。有些平整的地面相对比较光滑,比如地砖地面、水磨石地面等。这种情况下就要避免做急转弯或极速滑行。因为地面较滑,摩擦力太小,轮子很容易打滑。如果是相对比较粗糙的平整地面,如水泥地面、马路地面、石材地砖等。这种地面相对较粗糙,摩擦力较大,且不会对身体和鞋子造成伤害,所以基本可以放心滑行。在平整地面滑行时,无论是在较光滑和较粗糙的地面都要特别注意的一点是,不要往有水或地面湿润潮湿的地方滑行。因为水不仅会让轴承生锈从而影响轴承寿命,而且会造成轮子打滑,给我们的人身安全造成极大的危害。因为现在大多数轮滑鞋轮子的轮胶材料都是 PU 橡胶,这种材料有一个弱点,就是表面沾水或潮湿后摩擦力会大大减小,这就会造成我们在滑行时打滑的现象。所以,在有水或潮湿的地方也不要滑行。

若真的不小心跌倒,也要注意跌倒的姿势,这里说的姿势不是美与丑,而是无论跌得多丑,只要不受伤就好。我们常常看到许多人跌倒时都会去用手撑,只为了不让臂部着地。这样的动作常常造成手肘受伤,想想看几乎全身的重量一时由一只手来支撑,这样手臂不受伤都很难,而且这伤通常是外表看不出来的。

通常我们跌倒时在地上滚个一两圈是很正常的事。还有若感觉快跌倒时就赶快往前蹲,因为摔到后脑袋可是很严重的事,蹲下来时可以使重心变低变稳,即使还是会跌倒,蹲下来的高度跌倒也不会太严重。

第20章

滑　雪

【学习目标】

1. 领会滑雪运动的锻炼价值。

2. 初步了解滑雪运动的常识。

3. 掌握滑雪运动的基本技能。

【内容提要】

本章主要内容为：滑雪运动概述；滑雪基本技术；滑雪运动注意事项。

20.1　滑雪运动概述

20.1.1　滑雪运动简介

滑雪是一项既浪漫又刺激的体育运动。它是运动员把滑雪板装在靴底在雪地上进行速度、跳跃和滑降的竞赛运动。滑雪板用木材、金属材料和塑料混合制成。滑雪运动员成站立姿态，手持滑雪杖、足踏滑雪板在雪面上滑行，如图20.1所示。

图20.1　滑雪运动示意图

1. 滑雪运动的起源

滑雪运动起源于斯堪的纳维亚国家。国际滑雪联合会成立于1924年。在世界滑雪运动中居领先地位的国家有斯堪的纳维亚各国，如挪威、瑞典、芬兰，还有西欧的阿尔卑斯山脉周围的国家，如法国、意大利、奥地利、德国和瑞士，以及美国、俄罗斯等。一般来说，斯堪的纳维亚国家在平地滑雪项目上占优势，而阿尔卑斯山脉国家在高山滑雪项目上占优势。

2. 滑雪运动项目的分类

滑雪运动（特别是现代竞技滑雪）发展到当今，项目在不断增多，领域在不断扩展，目前世界竞赛正规的大项目分为：高山滑雪、北欧滑雪（越野滑雪、跳台滑雪）、自由式滑雪、冬季两项滑雪、雪上滑板滑雪等,每大项又分众多小项。

滑雪竞赛主要有两种:北欧滑雪和高山滑雪。高山滑雪由滑降、小回转和大回转(障碍滑雪)组成。高山滑雪混合项目,由上述三个项目组成。北欧滑雪(竞赛)包括个人越野滑雪赛、男子接力赛和女子接力赛。此外还有跳台滑雪赛,以及北欧混合项目竞赛,包括越野赛和跳台赛。

高山滑雪的规范竞赛项目有:滑降、超级大回转、大回转、回转、全能等。高山滑雪的技术种类很多,如不同的滑降技术,多变的转弯技术,应急的加速、减速、停止技术,惊险的跳跃技术及特殊技术等。一般初学者应根据自身的体育素质、年龄,滑雪基础、场地条件,可投入的时间等因素,选取滑雪入门的最优方案。初学者切忌求急、随意、莽撞,因滑雪运动是在滑动中操纵技术,重心不易控制,易形成错误动作,故应在入门的第一天起,就在专业技术人员严格指导下,在姿势、要领、动作方面做到"三正确",从练习基本动作起步,扎实掌握技巧功底,为以后的提高奠定基础。要高度认识到滑雪错误的姿势和技术一旦形成,极难纠正,会留下深深的遗憾。

20.1.2 滑雪运动项目

1. 自由滑雪

自由滑雪主要分为雪上技巧、空中技巧、场地追逐等。自由式滑雪产生于20世纪60年代末,为美国具有开拓精神的年轻一代滑雪运动员们所创。最初人们称这种滑雪运动为花样滑雪。1988年第15届冬季奥运会列为表演项目。1992年第16届冬季奥运会将自由式滑雪中的雪上技巧(男女)列为正式竞赛项目。

(1)雪上技巧。

雪上技巧是在设置一系列雪包的陡坡线路上进行回旋动作、空中动作以及滑降速度的竞赛,包括单人雪上技巧和双人雪上技巧。

(2)空中技巧。

空中技巧始于20世纪初。1928年美国卡尔顿(John Carleton)成为世界上第一个穿着滑雪板完成雪上空翻动作的运动员。1958年瑞士滑雪教练费尤雷尔(Art Fyurrer)在滑跳中完成空翻和转体动作。空中技巧运动员使用的滑雪板,男子不短于1.90米,女子不短于1.80米,如图20.2所示。

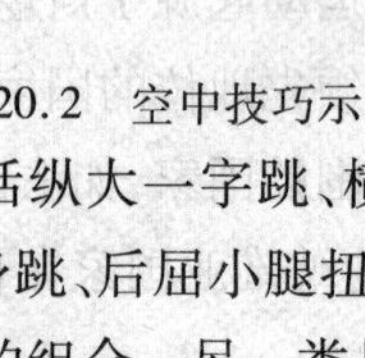

图20.2 空中技巧示意图

空中技巧基本技术分为两类,一类是非空翻技术动作,包括纵大一字跳、横大一字跳、哥萨克跳、直体上肢扭摆90度、跳台飞跃姿势、后屈小腿挺身跳、后屈小腿扭摆、直体转体360度、直体转体720度,以及上述动作的重复或几个动作的组合。另一类是空翻技术,包括前空翻、后空翻和侧空翻三个方向的翻转及加转体组成的技术动作,而且翻转中身体姿势又分为团身、屈体和直体。一个空翻中的转体又可分为180度、360度、540度、720度、900度和1 080度。

(3)场地追逐。

场地追逐竞赛分为资格赛、八分之一决赛、四分之一决赛、半决赛和决赛。所有选手分组进行竞赛，每组竞赛四个人，其中前两名晋级下一轮，最后的“大决赛”决定第1~4名，“小决赛”决定第5~8名。

2. 越野滑雪

运动员足蹬滑雪板、手持雪杖滑行于旷野雪原。因起源于北欧，又称北欧滑雪。1924年第1届冬季奥运会即已列为正式竞赛项目。越野滑雪是最古老的冬季运动。设男子1.6公里传统式、男子1.6公里团体、男子(15+15)公里追逐、女子(7.5+7.5)公里追逐赛、男子个人竞速赛、女子个人竞速赛、男子团体竞速赛、女子团体竞速赛、男子4×10公里接力赛、女子4×5公里接力赛、男子15公里间隔出发、女子10公里间隔出发、男子50公里集体出发、女子30公里集体出发、女子1.2公里传统式，竞赛线路是上坡、下坡和平地各约占1/3。为有利于发挥速度，应避免坡度过长、过陡和急转弯地段。

3. 高山滑雪

特定的地理环境产生特定的求生方式，经常处于冰天雪地的北欧早在5 000多年前就已经开始有滑雪运动。与其他起源于欧洲的冰上运动类似，它也是由原始狩猎演变而来并逐渐成为一种交通方式在北欧流行开来。

(1)高山速度滑雪。

要求运动员从山顶按规定线路穿过用旗插成的门形向下滑行，是竞速滑雪竞赛项目。线路长2 000米以上，坡度5~35度，平均20度，起点到终点高度，男子为500~700米。线路两旁插一定数量的旗杆作为各种门形。男子竞赛插红色旗，女子竞赛插红蓝两色旗。旗门间距为4~8米，上下旗门间距一般为30米左右，以滑降两次的时间计算成绩，决定名次。高山速度技术动作有直滑降、斜滑降、Z形滑降、起伏地滑降、犁式和半犁式滑降等；身体姿势分高、中、低三种。

(2)山地小回转滑雪。

图20.3　回转滑雪示意图

小回转滑雪(图20.3)，要求运动员从高山上滑下时不断穿过门形和障碍物，连续转弯高速下滑，是一项竞速滑雪竞赛。竞赛线路长度，男子为600~700米，女子为400~500米，坡度30度以上的段落占竞赛全程的四分之一。标高差男子为140~200米，女子为120~180米。在男子的竞赛线路上插有55~75个门形，女子竞赛线路上插有45~60个门形。竞赛中在高速转弯通过线路上的各种门形时，需要两脚过门。碰倒旗杆不算犯规，漏门或骑杆过门算犯规，不计成绩。在两条线路上各滑一次，以两次成绩总和评定名次，如第一次犯规则不能滑第二次。竞赛前可以从上向下察看线路，但不能着滑雪板从上向下模拟滑行或穿越门形。

(3)大回转滑雪。

大回转滑雪是高山滑雪竞赛项目之一。运动员要快速从山上向下沿线路连续转弯，穿越各种门形。男子竞赛线路长度为1 500~2 000米，女子为1 000米以上。男子线路标高差为300~400米，女子为250~350米。坡度为15~32度。以两次滑行时间计算成绩。大回转的转弯设计速度为15~20米/秒。

(4)超级大回转。

竞赛按一次滑行成绩决出名次。滑降道落差最大，距离也最长，最高时速达130公里。超级大回转由于旗门数较多，速度稍慢。

4. 单板滑雪

(1)平行大回转。

场地长936米，平均坡度18.21度，坡高290米。高度差为120~200米，三角旗门交替放置在左右，约有25个旗门，旗门间距至少8米。起点旗门(高1.10米，底座宽1.30米)的两个立柱高度不同，中间有一面三角旗。竞赛开始时，出发门自动开启，两名选手同时出发。选手穿越旗门瞬间，把压力集中在脚尖上，胸部向前挺穿越，通过以后将压力集中在脚跟上。其主要技术动作为左右回转。大回转用靴与滑雪靴相似，但更有弹性。滑板坚硬、狭窄，以利于转向和高速滑行。以滑行速度评定名次。规则规定两次预赛成绩相加排名前16位的晋级决赛，之后进行淘汰赛，16进8、1/4决赛、半决赛和决赛。正式竞赛时选手抽签每两人一组，在平行赛道上进行两次预赛，第二次预赛要交换赛道。第一次竞赛中落后的选手延迟出发，延迟的时间为第一次竞赛落后的时间。第二次竞赛中率先抵达终点的选手取胜。

(2)U形池。

场地为U形滑道，长120米，宽15米，深3.5米，平均坡度为18度。滑板稍软，较宽，靴底较厚。竞赛时运动员在音乐伴奏下在U形滑道内边滑行边利用滑道做各种旋转和跳跃动作，一般为5~8个造型，五名裁判员根据完成的动作难度和效果评分，每人最高分不超过10分，五个得分之和为该选手本轮竞赛得分。竞赛共有两轮预选赛，首轮预选赛前六名选手直接晋级决赛。其余选手参加第二轮预选赛，前六名选手也获得决赛权。最后12名决赛选手进行两轮竞赛，根据两轮决赛中的最好成绩排定最后的名次。其主要动作有跃起抓板、跃起非抓板、倒立、跃起倒立、旋转等。

(3)单板滑雪越野赛。

2006年都灵冬季奥运会增设单板滑雪越野赛，竞赛场地高度差为100~240米，平均坡度为14%~18%，路线长度为500~900米，赛道宽度为40米，竞赛用时为40~70秒。竞赛沿途分布着雪丘、跳跃点和急转弯，时常发生碰撞，单板滑雪的参赛选手要通过自己的各种技术越过障碍来完成竞赛。竞赛最后的成绩以到达终点的时间判定。都灵冬奥会上有男女各32名选手参赛，两轮资格赛上每个选手单独出发，用时排在前16名的选手进入1/4决赛。从1/4竞赛开始，每组有四名选手参赛，获得前两名的进入下一轮。

5. 跳台滑雪

运动员脚着特制的滑雪板，沿着跳台的倾斜助滑道下滑。借助速度和弹跳力，使身体跃入空中，使整个身体在空中飞行4~5秒钟后，落在山坡上。1972年首届世界跳台滑雪锦标赛在南斯拉夫举行。该项目从1924年第一届冬奥会即被列为竞赛项目。根据国际滑雪联合会规定,在冬季奥运会及世界滑雪锦标赛的跳台滑雪竞赛中,设有70米级和90米级台两个跳雪项目。从1964年第九届冬奥会开始统一跳台级别,分别规定为上述的70米和90米两种。这并不单指跳台高度,还包括跳台助滑道的坡度即35~40度,以及长度80~100米,如图20.4所示。

图20.4 跳台滑雪示意图

跳台滑雪技术如下:

①助滑是为了在起跳端造成更快的初速度,以延长空中飞行距离的一种技术。在顺着助滑道的倾斜面前进时,运动员两腿尽量深蹲,上体前倾成流线型姿势,力求与雪面大致平行,以最大限度地减少空气阻力。

②起跳是整个技术动作的关键,起跳动作的好坏决定着运动员的成绩。由于助滑的最快速度可达每秒钟30多米,因此,掌握起跳的最佳时机是衡量运动员技术水平高低的主要标准。起跳用力的方法与跳高或跳远都不相同,确切地说,它不是跳而是两腿快速下蹬的动作。运动员顺着助滑道快速滑行,一般当雪板尖到达台端时立即起跳,上体向前伸展。

③空中飞行运动员只有保持大胆、沉着、稳定和善于控制雪板的空中飞行姿势,才能获得理想的成绩,这时,运动员的上体应充分伸展,上体与下肢间稍有曲折,两雪板平行并与脚底呈锐角上仰,上体与雪板基本保持平行,两臂伸直贴放于身体两侧。

④经过助滑、起跳和空中飞行,最后再完成正确成功的着陆动作,使整套运作连贯一致,一气呵成,运动员由此便可获得高分。着陆时,应具有弹性和稳定性,两脚成弓箭步前后分开,身体重量分别落于两脚,雪板后跟略领先于板尖着陆,两腿屈膝做缓冲,两臂左右平伸,以维持身体平衡。落地后,保持平衡姿势顺利滑到终止区,全部动作即算完成。

20.2 滑雪基本技术

20.2.1 滑雪的基本要领

1. 步行

穿上滑雪器最初的动作就是步行。其动作与一般的走路并没有两样,开始时也许不习惯,可先穿上一只滑雪器来回走两趟,再两只一起穿上,一步一杖地适应平衡。

2. 跌倒

以侧身着地最为安全,亦即以大腿外侧、腰下侧着地,同时举起双雪杖并用力地将两脚伸直,以防不必要的受伤。

3. 方向变换

以滑雪器之前端或尾端为圆心，将欲转变方向内侧之滑雪器，向欲转换方向分开成V字形，再将外侧滑雪器靠拢过来。本方向变换仅适合于在平坦的雪地上进行，若是于斜坡上则不适用。

4. 登山

最简单的方法就是坐缆车上山。可是有的滑雪场通常没有好的缆车，此时最方便的做法就是把滑雪器脱掉，扛着滑雪器走上去，也可以穿着滑雪器往山上走，要领就是把持滑雪器与斜坡成90度，以防止滑雪器自动滑下去。

5. 平地滑行

两脚平行站立，利用手腕力量将两雪杖向后推动，使身体和两滑雪器同时向前滑行前进。身体重心不可置于后，否则会有身体后倾的情况发生，那将会导致后坐跌倒。

20.2.2 滑雪的基本技巧

1. 滑降

(1)直线滑降。

双板平行，沿"滚落线"直线下滑，雪杖支撑作调整，肩板同宽板平行。向下对准"滚落线"，目视前方头抬起。胫骨微压靴前壳，上体放松体前倾。肩臂放松臂前伸，两膝微屈体微蹲。雪杖两侧自然分，两脚前掌承重心。

(2)八字滑降。

八字滑降也称犁式滑降，指雪板呈八字形从山上直线滑下的技术动作。

八字减速控滑行，技术动作七要领：板尾同时向外展，头窄尾宽八字形；双膝微屈稍内扣，内刃立起嵌雪里；控制强度靠变刃，两脚后跟侧前蹬；减速、停止同用力，小八减速大八停；两眼目视前下方，重心落在两板间；臀部切忌往后坐，脚前内侧承重心；手握雪杖放髋部，上体放松体前倾。

(3)八字转弯。

八字转弯也称犁式转弯。在滑行中保持雪板成八字形，依靠身体重心向一侧板移动或加大一侧雪板的蹬雪力量来改变方向。八字直线滑降时，重心速向一腿移。内刃承重侧下压，加力蹬伸下压体。身体姿势不能变，浮腿保持八字形。两(内)刃轮流压重心，滑行路线S形。

(4)半八字转弯。

一板是八字滑降板型，另一板是直滑降板型。

一板八字一板直，八字板上承重心。立刃、加压、加蹬伸，浮板收近保平行。

(5)半八字连续转弯。

在进行左右各一次的半八字转弯过程中，加上一个双板平行滑行的过渡滑行阶段。

左右半八转弯间，加进双板平行滑。按照压雪板不同，转弯方式分两种。两种方法交替练，先慢后快变节奏。

2. 斜滑降

用直线斜着滑过坡面,双板平行膝微屈,膝踝关节向外(山上)倾。肩髋扭动朝山下,身体形成反弓形。肩、髋、两膝各连线,几乎与坡面平行。三分之一板承重,双刃(上外、下内)嵌入山体里。体重上下两板分,下板更多承重心。上板前出约半脚,两刃刻入前滑行。杖握身前臂放松,目视前方约10米。防止拖滑和横滑,保持姿势体放松。减速后跟压下板,增速体重往前移。

3. 横滑降

雪板横着沿垂直"滚落线"方向直线或斜线滑行。上板超前约半脚,两脚靠近板平行。身体侧对"滚落线",上体尽量向(山)下拧。双腿微屈向外(山上)压,目视山下稳重心。双板后部向下推,下板更多承重心。控制方向靠雪板,配合转向扭上体。控制速度靠两刃(上外、下内),平放滑行嵌入停。横滑速度不要快,可与斜滑作交替。横着向前或向后,臀部后坐或前顶。

4. 双板平行连续转弯

两雪板保持平行状态进行的转弯姿势同斜滑降,双板平行两脚近(约10厘米)。左转之前下屈体,左杖点下体上引。身体引向前上方,向左"倾过"换重心。双板同时立左刃,右脚承重左脚起。重心内移体下压,扣膝翻掌踝内拧。右板内刃侧蹬伸,左板(外刃)辅助保平行。转弯滑入"滚落线",继续向前屈踝膝。右转弯前下屈体,右杖点下体上引。

20.3 滑雪运动注意事项

20.3.1 滑雪前要掌握的基本知识

1. 初学须知

滑雪是一项动感强烈、富于刺激的体育运动。初学者首先应该学好基本的滑雪技术,要请一名富有经验的滑雪教练进行系统的培训。初学者在选择滑雪场地时,坡度不能太陡,6度左右最好,滑雪道要宽,50米左右为宜,要有乘坐式索道来运送滑雪者(牵引式索道不利于滑雪者休息),雪质要好,要有大型雪道机对雪面进行修整和保养,这一点对初学者很重要。在时间的安排上,学习滑雪的时间不应少于三天,在这期间主要学习高山滑雪器材的使用方法;三种基本的滑降技术,包括直滑降、斜滑降、犁式滑降;两种转弯技术,犁式转弯技术、犁式摆动转弯技术。在初级滑雪道上对这些技术反复练习,力求在实践中掌握要领,切不可只图痛快和刺激长时间玩直滑降,虽然直滑降很有乐趣,但玩得时间再长,水平也不会有太大长进,应拿出大部分时间学习转弯技术,因为它是滑雪技术的精华所在。

2. 雪质判断

一般来说,由于下雪时和下雪后的气象条件不同,所以雪质会呈现各种各样的形态。

大自然中的雪有粉状雪、片状雪、雨夹雪、易碎雪、壳状雪、浆状雪、粒状雪、泥状雪、冰状雪等。人工造的雪主要有压实的粉状雪、雪道雪等共计 60 余种。每种雪在滑雪板下都会使滑雪者产生不同的感受,当然针对每种雪质所使用的滑雪技巧也会不同。

在中国,由于大多数滑雪场建在北方的内陆,不受海洋季风的影响,具有空气干燥、寒冷、风大的特点,大多数为粉状雪、壳状雪、冰状雪、浆状雪。目前国内的滑雪场主要是将上述雪搅拌后形成的雪道雪。在清晨时,雪质呈现冰状雪形态,表层有一层薄的硬冰壳,这种雪质的表面与滑雪板的摩擦力非常小,滑雪板无须打蜡,滑雪速度很快,滑雪者要有一定的滑行技术。

上午 10 点以后,随着温度的升高、阳光的照射,雪的表面慢慢融化,呈粉状雪形态,这种雪对滑雪者来说感觉最好,不软不硬,滑行舒适。下午,在阳光的照耀下和雪板的不断翻动下,雪质呈浆状雪形态,雪质发黏,摩擦力增大,初学者在这种雪质上滑雪较容易控制滑雪板。技术好的滑雪者可以在滑雪板的底面打蜡,以减小滑行阻力。

在下了新雪以后,如果不用雪道机搅拌和压实,几天后会在雪的表面形成一层硬壳。在这种雪上滑行,要求滑行者有较大的前冲力,以冲破这层雪滑行。这种雪质一般在雪道机无法到达的较高、较陡的高级滑雪道上,所以要求滑雪者有较高技术水平才能在这种又高又陡,需要较大前冲力的雪面上滑行。

3. 滑雪路程

应仔细了解滑雪场的高度、宽度、长度、坡度以及走向。由于高山滑雪是一项处于高速运动中的体育项目,看来很远的地方一眨眼就到了眼前,滑雪者不事先了解滑雪道的状况,滑行中一旦出现意外情况,根本就来不及做出反应,这一点对初学者尤其重要。

了解滑雪索道的开放时间,在无工作人员看守时切勿乘坐,因为此时极有可能是工作人员乘坐的下班索道,在工作人员到达下车站后,索道即停止运行,如果滑雪者在空中被吊上一夜,发生冻伤事故的概率是非常高的。

要根据自己的水平选择适合自己的滑雪道,切不可过高估计自己的水平而贸然行事,要循序渐进,最好能请一名滑雪教练。

在滑行中如果对前方情况不明,或感觉滑雪器材有异常,应停下来检查,切勿冒险。

在结伴滑行时,相互间一定要拉开距离,切不可为追赶同伴而急速滑降,那样很容易摔倒或与他人相撞,初学者很容易发生这种事故。在中途休息时要停在滑雪道的边上,不能停在陡坡下,并注意从上面滑下来的滑雪者。

滑行中如果失控跌倒,应迅速降低重心,向后坐,不要随意挣扎,可抬起四肢,屈身,任其向下滑动。要避免头朝下,更要绝对避免翻滚。

视力不好的滑雪者,不要戴隐形眼镜滑雪,如果跌倒后隐形眼镜掉落,找回来的可能性几乎不存在。尽量佩戴有边框的由树脂镜片制造的眼镜,它在受到撞击后不易碎裂。

4. 饮食注意

应注意每日多饮水,适当补充一些水果降火,如橙子、鸭梨等,橘子吃多了易上火,最好不吃,如果能备点润喉片,不失为一种好选择。

5. 挑选器材

滑雪器材主要有滑雪板、杖、靴，各种固定器，滑雪蜡，滑雪装，盔形帽，有色镜、防风镜等，如图 20.5 所示。通常滑雪场有器材出租，游客不妨租借。

高山滑雪板的种类很多，由于功能及种类不同，高山滑雪板间的档次及价位差别很大。

①按竞技滑雪项目分有回转板、大回转板、超级大回转板、滑降板。

②按滑雪水平分有初学者板、中级板、高级板、竞赛板、世界杯用板等。

图 20.5　滑雪器材示意图

③按雪质分有适于滑硬质雪的板、适于滑粉状雪的板、适于特技的滑雪板等。

6. 滑雪板

滑雪板分单板 SNOWBOARD，和双板 SKI。一般滑雪板有木质、玻璃纤维和金属之分。

现在主流的是玻璃纤维滑雪板，适合任何雪质的雪地，而且日新月异融入了很多高科技工艺，混合了木质与铝合金材质，最受滑雪者欢迎。

铝合金的金属滑雪板在轻而燥的深雪及冰面上回转轻便，价格较高。

木质的滑雪板已经很少有人用，虽轻而价格便宜，但易受潮变形，故使用前应涂抹特制油脂，不易黏雪还可防止雪浸入。

初学者最好选用弹性好、长度短、雪板头较大、轻便的滑雪板。如果经济条件允许，滑雪者应考虑选购一套自己专用的滑雪器材（包括滑雪板、固定器、滑雪鞋、滑雪杖）。选购器材时主要应考虑厂家与商家的诚信度、雪板的质量与性能、售后的维护服务等方面，一定不能购置和使用质量低劣的滑雪板。

7. 滑雪装

首先要考虑其防水、防风雪的性能，其次是保温透气功能设计，防风裙设计，填充棉设计等，应以舒适合身、不妨碍行动及尽量减少风的阻力为原则，滑雪服已经发展为时尚与功能融合的产物，不仅仅适合滑雪，平时穿也很漂亮。滑雪最重要的就是服装，雪服都是以高韧度防水透气面料工艺设计，不仅美观而且能更好地让滑雪者体会滑雪的乐趣。

8. 滑雪靴

首先确定是玩单板 SNOWBOARD 还是双板 SKI，二者配合的滑雪靴是不一样的。滑雪靴一般是双层设计，也就是外层固定外壳和内层保暖内里。

9. 固定器

所有的滑雪板上都有将滑雪靴固定在其上的装置，在滑雪者跌倒时固定器会迅速松脱，是避免滑雪伤害的重要防护器具之一。

10. 滑雪杖

滑雪杖（单板不用）用于保持平衡，简称雪杖，其作用是帮助滑行及维持身体的平衡。

选择时以质轻、不易折断、平衡感好、适合自己身高为原则。一般由拦雪轮起算,最长不过肩,最短不低于肋下。可将之穿过皮手环,握杖挥动时适手为佳。

11. 滑雪眼镜

滑雪眼镜不可少。雪地上因阳光反射强烈,容易造成雪盲症,必须戴上雪镜来保护眼睛。镜架以塑胶制品较为安全;镜片颜色以黄色或茶色为佳。

12. 防进雪技巧

滑雪时难免会有跌倒的时候,如果没有专用滑雪服,跌倒后雪会从脚脖子、手腕、领子等处钻进服装里。因此需要一副护膝,一副宽条松紧带外加一条围巾。由腈纶棉织成的有弹性的长筒护膝,长约40厘米,将其一头套在滑雪靴上半部,另一头套在腿上,即可有效防止进雪;用一副宽条带尼龙贴扣的松紧带将滑雪手套腕口紧紧扎住,雪就进不去了;用一条围巾将领子与脖子之间的空间稍加填充,可保证雪不会进入领口,而且能起到保温的作用。这些物品既简单又实用,采购起来还很方便。

20.3.2 滑雪前的准备活动

1. 腹部

锻炼理由:腹部是身体的核心肌肉群,是人体上半身和下半身的枢纽部位,做任何事情都需要用腹部的力量,滑雪也不例外。而且滑雪对平衡性、协调性要求很高,有力量的腹部是控制运动的关键。

动作要领:身体俯卧,双腿伸直,用手臂和腹部力量使肩部、腹部、臀部、脚跟成一条直线,身体重心在腹部。注意不要抬起臀部。

2. 大腿

锻炼理由:滑雪对腿部力量要求很高,滑行时有80%的力量靠大腿,主要是保持身体的平衡和整个运动的力量。

动作要领:

①收腹,抬头挺胸,目视前方,身体保持垂直状态,左脚和右脚在行走时尽量拉开步子,保持一米左右的距离,身体重心在腹部。注意弯曲的膝关节不能超过脚尖。

②一只手扶在墙面上,找到身体平衡。一条腿抬起,吸气,让膝关节与臀部成一条直线,然后把小腿伸出去,同样保持一条直线,以提高运动的强度,慢慢还原,吐气。

3. 手臂

锻炼理由:滑雪杖起到在运动中平衡身体的作用,而使雪杖发力的是双臂,用手臂的力量来推动身体前行,所以手臂的力量也非常重要。

动作要领:

①手握哑铃或重物,肘关节成90度,让双臂以肩为轴慢慢运动至与肩平行,注意不要耸肩,用肘部力量带动手臂的运动。

②手握重物,肘关节成90度,用肘部力量带动手臂向内水平运动,保持肩部放松。

4. 臀部

锻炼理由：在滑雪运动中，主要的重心都是在下半身，尤其是臀部，有力量的臀部可保持身体的稳定性。

动作要领：

①收腹，抬头挺胸，目视前方，身体微屈而不是前倾，让身体慢慢做下沉运动，吸气，臀部下沉最低要与膝关节保持同一直线，不要低于膝关节，再慢慢还原，吐气。整个过程感觉肌肉收缩，放松。

②双脚并拢是基础训练；双脚分开并与肩同宽，可增加运动的强度。

5. 小腿

锻炼理由：剩下20%的力量来自小腿，主要用于"刹车"。如果小腿力量不够，碰到需要"刹车"的情况，可能会导致小腿抽筋。

动作要领：双手扶在墙面上，保持前脚掌着地，慢慢抬起脚后跟，并且尽可能地抬高，这样坚持10秒钟之后再缓慢放下。在整个练习过程中尽量使腿保持伸直，膝盖要稍稍弯曲，以增加难度。

6. 其他

①滑雪运动对心肺功能要求很高，因此有氧训练必不可少。

②滑雪时很容易忽略补水，在运动过程中要经常性地喝水，如果口渴时表明已严重缺水。

③锻炼顺序遵守先大肌肉群后小肌肉群的原则。

④每个动作后休息2~3分钟。

⑤在滑雪前的3周开始进行全面的肌肉训练。

⑥每个动作做3~4组，每组10~15次。

附录　大学生体质测试标准对照表

大学生体质测试标准对照表见附表 1 至附表 6。

附表 1　大学男生体重指数(BMI)评分表

等级	得分	大学
正常	100	17.9～23.9
低体重	80	≤17.8
超重	80	24.0～27.9
肥胖	60	≥28.0

注:体重指数(BMI)= 体重(千克)/身高^2(米^2)。

(单位:千克/米^2)

附表 2　大学生体质健康标准评分表——男生

等级	项目	肺活量		坐位体前屈		立定跳远		引体向上		50 米		1 000 米	
	得分	一二	三四	一二	三四	一二	三四	一二	三四	一二	三四	一二	三四
优秀	100	5 040	5 140	24.9	25.1	273	275	19	20	6.7	6.6	3′17″	3′15″
	95	4 920	5 020	23.1	23.3	268	270	18	19	6.8	6.7	3′22″	3′20″
	90	4 800	4 900	21.3	21.5	263	265	17	18	6.9	6.8	3′27″	3′25″
良好	85	4 550	4 650	19.5	19.9	256	258	16	17	7.0	6.9	3′34″	3′32″
	80	4 300	4 400	17.7	18.2	248	250	15	16	7.1	7.0	3′42″	3′40″
及格	78	4 180	4 280	16.3	16.8	244	246			7.3	7.2	3′47″	3′45″
	76	4 060	4 160	14.9	15.4	240	242	14	15	7.5	7.4	3′52″	3′50″
	74	3 940	4 040	13.5	14.0	236	238			7.7	7.6	3′57″	3′55″
	72	3 820	3 920	12.1	12.6	232	234	13	14	7.9	7.8	4′02″	4′00″
	70	3 700	3 800	10.7	11.2	228	230			8.1	8.0	4′07″	4′05″
	68	3 580	3 680	9.3	9.8	224	226	12	13	8.3	8.2	4′12″	4′10″
	66	3 460	3 560	7.9	8.4	220	222			8.5	8.4	4′17″	4′15″
	64	3 340	3 440	6.5	7.0	216	218	11	12	8.7	8.6	4′22″	4′20″
	62	3 220	3 320	5.1	5.6	212	214			8.9	8.8	4′27″	4′25″
	60	3 100	3 200	3.7	4.2	208	210	10	11	9.1	9.0	4′32″	4′30″

续附表 2

等级	项目	肺活量		坐位体前屈		立定跳远		引体向上		50 米		1000 米	
	得分	一二	三四	一二	三四	一二	三四	一二	三四	一二	三四	一二	三四
不及格	50	2 940	3 030	2.7	3.2	203	205	9	10	9.3	9.2	4′52″	4′50″
	40	2 780	2 860	1.7	2.2	198	200	8	9	9.5	9.4	5′12″	5′10″
	30	2 620	2 690	0.7	1.2	193	195	7	8	9.7	9.6	5′32″	5′30″
	20	2 460	2 520	−0.3	0.2	188	190	6	7	9.9	9.8	5′52″	5′50″
	10	2 300	2 350	−1.3	−0.8	183	185	5	6	10.1	10.0	6′12″	6′10″

附表 3　大学生体质健康标准加分表——男生

加分	1 000 米		引体向上		加分	1 000 米		引体向上	
	一二	三四	一二	三四		一二	三四	一二	三四
5	−20″	−20″	5	5	10	−35″	−35″	10	10
4	−16″	−16″	4	4	9	−32″	−32″	9	9
3	−12″	−12″	3	3	8	−29″	−29″	8	8
2	−8″	−8″	2	2	7	−26″	−26″	7	7
1	−4″	−4″	1	1	6	−23″	−23″	6	6

注:1. 引体向上为高优指标,学生成绩超过单项评分 100 分后,以超过的次数所对应的分数进行加分

2. 1 000 米跑为低优指标,学生成绩低于单项评分 100 分后,以减少的秒数所对应的分数进行加分

3. 单项指标与权重(各单项得分占总分比例):体重指数—15%;肺活量—15%;50 米跑—20%;坐位体前屈—10%;立定跳远—10%;引体向上—10%;1000 米跑—20%

附表 4　大学女生体重指数(BMI)评分表

等级	得分	大学	
正常	100	17.2～23.9	注:体重指数(BMI) = 体重(千克)/身高^2(米^2)。(单位:千克/米^2)
低体重	80	≤17.1	
超重		24.0～27.9	
肥胖	60	≥28.0	

附表 5　大学生体质健康标准评分表——女生

等级	项目	肺活量		坐位体前屈		立定跳远		引体向上		50 米		1 000 米	
	得分	一二	三四	一二	三四	一二	三四	一二	三四	一二	三四	一二	三四
优秀	100	3 400	3 450	25.8	26.3	207	208	56	57	7.5	7.4	3′18″	3′16″
	95	3 350	3 400	24.0	24.4	201	202	54	55	7.6	7.5	3′24″	3′22″
	90	3 300	3 350	22.2	22.4	195	196	52	53	7.7	7.6	3′30″	3′28″

续附表 5

等级	项目	肺活量		坐位体前屈		立定跳远		引体向上		50 米		1000 米	
	得分	一二	三四	一二	三四	一二	三四	一二	三四	一二	三四	一二	三四
良好	85	3 150	3 200	20.6	21.0	188	189	49	50	8.0	7.9	3′37″	3′35″
	80	3 000	3 050	19.0	19.5	181	182	46	47	8.3	8.2	3′44″	3′42″
及格	78	2 900	2 950	17.7	18.2	178	179	44	45	8.5	8.4	3′49″	3′47″
	76	2 800	2 850	16.4	16.9	175	176	42	43	8.7	8.6	3′54″	3′52″
	74	2 700	2 750	15.1	15.6	172	173	40	41	8.9	8.8	3′59″	3′57″
	72	2 600	2 650	13.8	14.3	169	170	38	39	9.1	9.0	4′04″	4′02″
	70	2 500	2 550	12.5	13.0	166	167	36	37	9.3	9.2	4′09″	4′07″
	68	2 400	2 450	11.2	11.7	163	164	34	35	9.5	9.4	4′14″	4′12″
	66	2 300	2 350	9.9	10.4	160	161	32	33	9.7	9.6	4′19″	4′17″
	64	2 200	2 250	8.6	9.1	157	158	30	31	9.9	9.8	4′24″	4′22″
	62	2 100	2 150	7.3	7.8	154	155	28	29	10.1	10.0	4′29″	4′27″
	60	2 000	2 050	6.0	6.5	151	152	26	27	10.3	10.2	4′34″	4′32″
不及格	50	1 960	2 010	5.2	5.7	146	147	24	25	10.5	10.4	4′44″	4′42″
	40	1 920	1 970	4.4	4.9	141	142	22	23	10.7	10.6	4′54″	4′52″
	30	1 880	1 930	3.6	4.1	136	137	20	21	10.9	10.8	5′04″	5′02″
	20	1 840	1 890	2.8	3.3	131	132	18	19	11.1	11.0	5′14″	5′12″
	10	1 800	1 850	2.0	2.5	126	127	16	17	11.3	11.2	5′24″	5′22″

附表 6　大学生体质健康标准加分表——女生

加分	800 米		仰卧起坐		加分	800 米		仰卧起坐	
	一二	三四	一二	三四		一二	三四	一二	三四
5	−25″	−25″	8	8	10	−50″	−50″	13	13
4	−20″	−20″	7	7	9	−45″	−45″	12	12
3	−15″	−15″	6	6	8	−40″	−40″	11	11
2	−10″	−10″	4	4	7	−35″	−35″	10	10
1	−5″	−5″	2	2	6	−30″	−30″	9	9

注:1. 仰卧起坐为高优指标,学生成绩超过单项评分 100 分后,以超过的次数所对应的分数进行加分

2. 800 米跑为低优指标,学生成绩低于单项评分 100 分后,以减少的秒数所对应的分数进行加分

3. 单项指标与权重(各单项得分占总分比例):体重指数—15%;肺活量—15%;50 米跑—20%;坐位体前屈—10%;立定跳远—10%;仰卧起坐—10%;800 米跑—20%

参考文献

[1] 张桂梅. 现代大学体育选项教程[M]. 北京:人民体育出版社,2009.
[2] 纪烈维. 新编大学体育理论教程[M]. 哈尔滨:黑龙江科学技术出版社,2010.
[3] 井文华. 新编体育与健康[M]. 天津:天津科学技术出版社,2011.
[4] 庄建国,韩国纲,安殿英. 大学体育[M]. 北京:首都经济贸易大学出版社,2003.
[5] 杨长虹. 现代体育素质教育训练丛书[M]. 长春:吉林文史出版社,吉林音像出版社,2007.
[6] 刘俊庭,吴纪饶. 大学生健康教育[M]. 北京:高等教育出版社,1999.
[7] 邹继豪,孙麒麟. 体育与健康教程[M]. 沈阳:辽宁大学出版社,2004.
[8] 郝光安. 体育实践与学生健康[M]. 北京:人民体育出版社,2011.
[9] 孙麒麟,顾圣益. 体育与健康[M]. 上海:上海大学出版社,2010.
[10] 赵凯,乔晓维,邵洋. 大学体育与健康[M]. 北京:人民邮电出版社,2011.
[11] 石雷. 大学体育选项指导教程[M]. 北京:人民体育出版社,2009.
[12] 王萍,李德祥. 大学生体育与健康教程[M]. 北京:北京师范大学出版社,2010.
[13] 沈文益. 游泳[M]. 北京:人民体育出版社,2001.
[14] 陈智勇. 现代大学生体育教程[M]. 北京:北京体育大学出版社,2006.
[15] 钱宏颖,葛丽华. 体育舞蹈与排舞[M]. 杭州:浙江大学出版社,2011.
[16] 张瑞林,崔云霞. 健美操. [M]. 2 版. 北京:高等教育出版社,2010.
[17] 黄宽柔,姜桂萍. 体育舞蹈[M]. 北京:高等教育出版社,2006.
[18] 雷米・埃斯. 华尔兹史话[M]. 郑慧慧,译. 上海:上海音乐出版社,2006.
[19] 张岚,田颖华. 健身健美操教程[M]. 武汉:华中科技大学出版社,2009.
[20] 马鸿涛. 健美操创编理论与实践[M]. 北京:高等教育出版社, 2004.
[21] 肖光来. 健美操[M]. 北京:人民体育出版社,2004.
[22] 吴健,刘杰,洪国梁. 乒乓球:普通高等学校体育选项课教材[M]. 北京:化学工业出版社,2012.
[23] 董杰. 网球教程[M]. 北京:高等教育出版社,2005.
[24] 孙民治. 篮球纵横[M]. 北京:人民体育出版社,1993.
[25] 刘天锡. 最新篮球运动[M]. 上海:北新书局,1953.
[26] 林建成. 羽毛球技、战术训练与运用[M]. 北京:人民出版社,2009.
[27] 杨桦. 篮球战术创新理论[J]. 成都体育学院学报,1982(3):28-32.
[28] 王世安. 篮球[M]. 北京:北京体育大学出版社,1998.
[29] 李杰凯. 体育教学原理与教学模式[J]. 沈阳体育学院学报,1996,13(2):30-40.

[30] 杨崟. 滑雪技巧图解[M]. 北京:北京体育大学出版社,2006.
[31] 全国体育学院教材委员会. 冰雪运动[M]. 北京:人民体育出版社,2000.
[32] 孙庆杰. 田径[M]. 2 版. 北京:高等教育出版社,2001.
[33] 魏洪峰,程亮. 大学体育与健康[M]. 哈尔滨:黑龙江人民出版社,2008.
[34] 刘伟光,许寒雷,朱丹. 体育与健康教程[M]. 长春:吉林大学出版社,2011.
[35] 叶国雄. 篮球运动研究必读[M]. 北京:人民体育出版社,1999.
[36] 李久全,高捷. 单板滑雪技巧图解[M]. 北京:北京体育大学出版社, 2007.
[37] 国家体育总局职业技能鉴定指导中心. 滑雪[M]. 北京:人民体育出版社,2011.
[38] 单兆鉴. 滑雪运动指南[M]. 北京:人民体育出版社,2001.
[39] 全国体育学院教材委员会. 现代足球[M]. 北京:人民体育出版社,2000.
[40] 中国足球协会. 足球竞赛规则[M]. 北京:人民体育出版社,2007.
[41] 彼德・特雷德韦尔. 足球技巧训练[M]. 王跃新,译. 北京:人民体育出版社,2001.
[42] 麻雪田. 足球技巧图解[M]. 北京:北京体育大学出版社,2001.
[43] 陈志勇. 现代大学体育教程[M]. 北京:北京体育大学出版社,2003.